江戸から令和まで

新・ロジスティクスの歴史物語

苦瀬 博仁【著】

東京 白桃書房 神田

新・ロジスティクスの歴史物語　刊行にあたって

本書の第6章までは、ロジスティクスの視点から、江戸と明治に続き太平洋戦争を経て、戦後から平成までの出来事を書いている。歴史については素人なので「物語」と付けながらも、ロジスティクスの役割や位置付けを描いてきたつもりである。そして、多くの方が拙著を手にしてくださったことに、心より感謝申し上げたい。本当に、ありがとうございました。

前書を出版して約四年たった頃、出版社からの「平成から令和についても書き加えたらどうか」とのお勧めがあった。確かに初版のあとがきの最後の部分で「次の時代のロジスティクスを書かなければならない」と記したが、これについては本書での加筆ではなく、別の形を考えていた。しかも、始まったばかりの令和の出来事や次の時代のことを「歴史物語」に含むことには、ためらいもあった。

そんなとき、昭和の大学院生時代に出会ったpost-dictionという珍しい英単語を思い出した。「過去の状態や出来事を分析することで、本質や原則を見い出すこと」というような意味だったと思う。当時は妙に感激しながら、「予言・予測（prediction）」と一対の言葉になるなら、日本語では何と訳せばよいのだろうか。「復言・復測」だろうか、「去言・去測」はどうか、と仲間うちで盛り上がった。そして令和の今になって、無意識ながらpost-dictionを意図して第6章までを書いていたかもしれないと思いつき、手前味噌に呆れつつも舞い上がってしまった。ならば思いつきついでに、postとpreの対比に倣って、加筆部分は「現在」

と「将来」でも良いはずと、決め込むことにした。

そこで、第7章は「現在」として、「平成から令和にかけて起きてきた出来事」に的を絞ることにした。まずは、昭和や平成の時代から続く排出ガス削減対策に代表される環境負荷削減対策と、東日本大震災や熊本地震などでの被災時の緊急支援物資の補給対策とした。次に、平成時代から準備を進め開催時期が令和時代となったスポーツイベントとして、ラグビーワールドカップとオリンピック・パラリンピック東京大会（東京2020大会）を取り上げることにした。

第8章は、過去と現在に続く「将来」として、これからの「令和時代のロジスティクス」を占ってみることにした。軍事やビジネスにおいて、黒子ないし脇役のような存在だったロジスティクスだが、実は日常生活でも必要不可欠だからこそ、都市や地域社会を支えるロジスティクスが少しずつ表舞台に登場しつつある。そこで、令和時代に人々の生活様式や価値観を変えるパラダイムシフトが起きて、従来の経済的価値だけでなく社会的価値も加わった新たなロジスティクス（ソーシャル・ロジスティクス）が必要になるのではないかと考えてみた。これを踏まえて、都市や地域社会という生活の場でのロジスティクスの将来について、期待を込めつつ書くことにした。

今回、加筆した第7章（現在）と第8章（将来）が、果たして本書に相応しいか否か、また将来の予想が当たるか否かについては、賢明なる読者の皆様の判断に委ねたい。独断と偏見に過ぎないかもしれないという心配は尽きないが、過去を振り返り現在を見つめ、将に来るだろう次の時代を予め語ることで、少しでも読者の皆様のお役に立つことがあれば、筆者としては望外の幸せである。

はじめに

私たちが日ごろ立ち寄るコンビニには、約三千品目の商品があると言われている。それらの商品を、顧客のニーズに合わせて毎日店舗に届ける仕組みがあるからこそ、欲しいときに欲しい商品を手に入れることができる。インターネット通販で注文すれば、自宅に居ながらにして書籍もペットボトル飲料も届けてもらえる。旅行やゴルフに行くときは、手荷物やゴルフバッグを、宅配便で先回りして送ることができる。

ところが、東日本大震災で経験したように、食料品や生活物資が手元に届かなければ、日々の生活を続けることさえ危うくなってしまう。オフィスでも、コピー用紙や書類が配達されなければ、仕事を快適に進めることはできない。海外からの石油輸送が滞ってしまえば、自動車もトラックも動かない。

つまり、私たちの生活は、「物の運び」があってこそ成り立っている。

このような「物の運び」を、最近はロジスティクスと称している。ロジスティクスの本来の意味は兵站《へいたん》であり、もともと戦略・戦術とならぶ三大軍事用語の一つであるが、現在ではビジネスの世界でも使用されている。少し専門的に表現すると、ロジスティクスとは、「商品や物資を顧客の要求に合わせて届けるとき、発地から着地までの、商流（受発注と金融）と物流（輸送、保管、流通加工、包装、荷役、情報）を、効率的かつ効果的に、計画・実施・統制すること」である。

大学に勤めて十年ほどたったとき、ロジスティクスの歴史を知りたいと思い、手始めに東京の日本橋や深川の歴史を調べてみた。すると、ロジスティクスが街の歴史に深く関わっていることに気がついた。そこで、流通システムが確立したとされる江戸時代から平成の現在までの、さまざまな場面におけるロジスティクスを調べようと思いたったのである。とはいえ歴史の専門家ではないため、全国各地を訪ね歩き、資料を調べ、文献を収集することに専念した。

当初は学会などで地方に用事があるたびに、いろいろな街に立ち寄り、ロジスティクスとの関わりを手当たり次第に調べた。ひなびた川沿いの街であれば特産品と河川舟運、地方都市であれば地場産業と原材料調達、旧軍都であれば富国強兵というように、どんな街にもロジスティクスの面影が残っていた。その後、廻船、舟運、鉄道、軍事などのテーマに沿って、各地を歩くようになった。こうして、「物の運びがあってこそ、人々の生活があり産業がある」、「物の運びは、歴史をも変える」と、確信を持つようになったのである。

ただしロジスティクスは、災害や事故など不幸な出来事により目立つことが多い。だからこそ普段は目立たないことが望ましいし、「目立たないための努力」を重ねることこそが、ロジスティクスには相応しい。ただ哀しいことに、その努力を重ねれば重ねるほど、人の目からは遠ざかり、人々から忘れられてしまう。

江戸時代から明治初期までのロジスティクスは、「主役」とまでは言わないものの、少なくとも「脇役」として堂々と表舞台に立っていた。その後、明治後期から昭和初期には「端役」へと追いやられ、さらには一般の人の目に映らない「黒子」になってしまった。しかし戦後になると、経済成長とともに長い時間のなかで、「黒子」となっているロジスティクスの役割と重要性が改めて見直されるようになってきた。加えて経済のグローバル化が進むにつれて、また大きな災害のたびに、ロジスティクスにスポットライトが当たるようになっている。それゆえ、今ロジスティクスが表舞台に「復活しつつある」ように思えるのである。

いささか乱暴なくくり方ではあるが、江戸時代や明治中期までが「ロジスティクス重視」の時代、日露戦争から太平洋戦争終結までが「ロジスティクス軽視」の時代、戦後から平成の現在までが「ロジスティクス復活」の時代と思うのである。この仮説をもとに、江戸時代から現代までの歴史のなかで、ロジスティクスが深く関わった事例を取り出したものが本書である。

歴史の読み取り方や時代区分は、素人ゆえ自信にはほど遠い。独断と偏見で好みの場面を切り取っただけかも知れないと思うと、立ちすくむような気分にさえなってしまう。しかし、人の目に映りにくいロジスティクスの役割を振り返りながら、将来のあるべき姿を探ることも、価値があるだろう。

本書が、ささやかながらも歴史のなかに埋もれているロジスティクスを掘り起こす契機となり、日本のロジスティクスの将来を考えるヒントになれば、筆者にとってこれ以上の幸せはない。

▩目次

第2章　江戸時代の廻船・舟運・陸の道

第3章　明治時代の殖産興業と鉄道

第6章 平成時代のロジスティクスの課題

第7章　平成から令和にかけての出来事

第8章 令和時代に始まるソーシャル・ロジスティクス

第1章

江戸の街とロジスティクス

1・1　都市の成り立ちと物資供給

（1）水辺に面する世界の大都市

世界の大都市は、川や海などの水辺に面している。東京であれば隅田川や東京湾、ニューヨークはハドソン川とニューヨーク湾、ロンドンはテームズ川、パリはセーヌ川などである。では、なぜ水辺に面しているのだろうか。私は、その理由がロジスティクスにあると考えている。

ロジスティクス（兵站《へいたん》）は、もともと戦略・戦術とならぶ三大軍事要素の一つであり、「食糧・兵器・弾薬などを調達し、前線の兵士に補給すること」である。しかし平時のロジスティクスの目的の一つには、都市に住む人々のために、食料、飲料水、衣料品などの生活物資を確保することがある。

小さな街が大都市に発展するときは、人々に供給する生活物資も大量になる。しかし、現在の大都市が誕生した頃は、自動車や鉄道もなく、陸上輸送は馬や荷車しかなかった。これでは運ぶ量もたかが知れている。当時、物資を大量輸送できるのは船だけだったから、世界の大都市は海運や河川舟運を利用するために、水辺に面していなければならなかった。

言い換えれば、物資輸送に有利な水辺に面している都市だけが、大都市に成長できたのである。

（2）家康が江戸を選んだ理由

江戸（現東京）は、徳川家康が居を構えることで大都市への発展が始まった。

家康が関東の任地として江戸に赴いた理由には、いくつかの説がある。もっとも知られているのは、「家康の実力を恐れた豊臣秀吉が、京都や大坂（現大阪）から遠ざけるために先祖伝来の地である三河から関東に移封し、かつ武蔵国の江戸という寒村に城を構えるように命じた」という謀略説である。室町時代の武将の太田道灌が長禄元年（一四五七）に築いた江戸城は、とても粗末で荒れた湿地帯のなかにあった。ここに家康が城下町を建設するとなると、多くの工事が必要で出費もかさむ。「家康は、しぶしぶ秀吉の命に従った」というのが定説である。家康びいきの人にしてみれば、「秀吉にしてやられた」という思いだろう。

一方で、家康は物資輸送上の利点に注目していたとの説がある。歴史学者の岡野友彦は、伊勢と品川を結ぶ太平洋海運や、銚子・関宿から浅草に通じていた利根川・常陸川水系に着目し、「中世を通じて東国水上交通の要衝であった江戸を家康が選ぶのは、あまりにも当然の選択であった」としている(1)。

大都市へと発展するためには、物資輸送の拠点としての資質を備えていなければならないが、当時の江戸はすでに関東の流通の中心地だった。戦国の世を戦い抜いてきた家康が、そもそもロジスティクスを軽視するはずはないから、江戸という新しい都市の建設にあたっても、物資輸送路と上水（飲料水）の確保を重視したことだろう。こう考えれば、秀吉に移封を命じられたとき、部下たちの憤慨をよそに、家康は「江戸なら物資輸送も容易で、大都市を建設できる。全国統治のためには、江戸こそが打って付けの場所だ」

と、ひそかに微笑みを浮かべていたかもしれない[2][3]（図表1‐1）。

(3) 風水による都市づくり

都市には物資供給が必須だからこそ、城下町を建設するときも、水運による物資輸送路の確保が考えられていた。

戦国の武将が城下町を建設するときは、「地取《ちど》り、縄張《なわば》り、普請《ふしん》、作事《さくじ》」という四つの手順に従った。現代の言葉に置き換えれば、「立地場所の選定、測量と都市計画、土木工事、建築工事」である[4]。

城下町を築くときは、敵からの防衛にすぐれ、風光明媚で交通至便で、しかも都市としての発展可能性を秘めた土地を選びたい。このような立地選定を「地取り」という。次が「縄張り」である。この言葉には、「他の集団の侵入を許さない領域」という意味があって、会社内での業務範囲や野生動物の勢力争いにも使われている。しかし、もともとは文字通り縄を張って、敷地の境界や建物の位置を定めることだった。こうして都市の骨格を決めると、地盤造成や道路建設の「土木工事（普請）」

図表1-1　江戸時代の江戸の町と河川

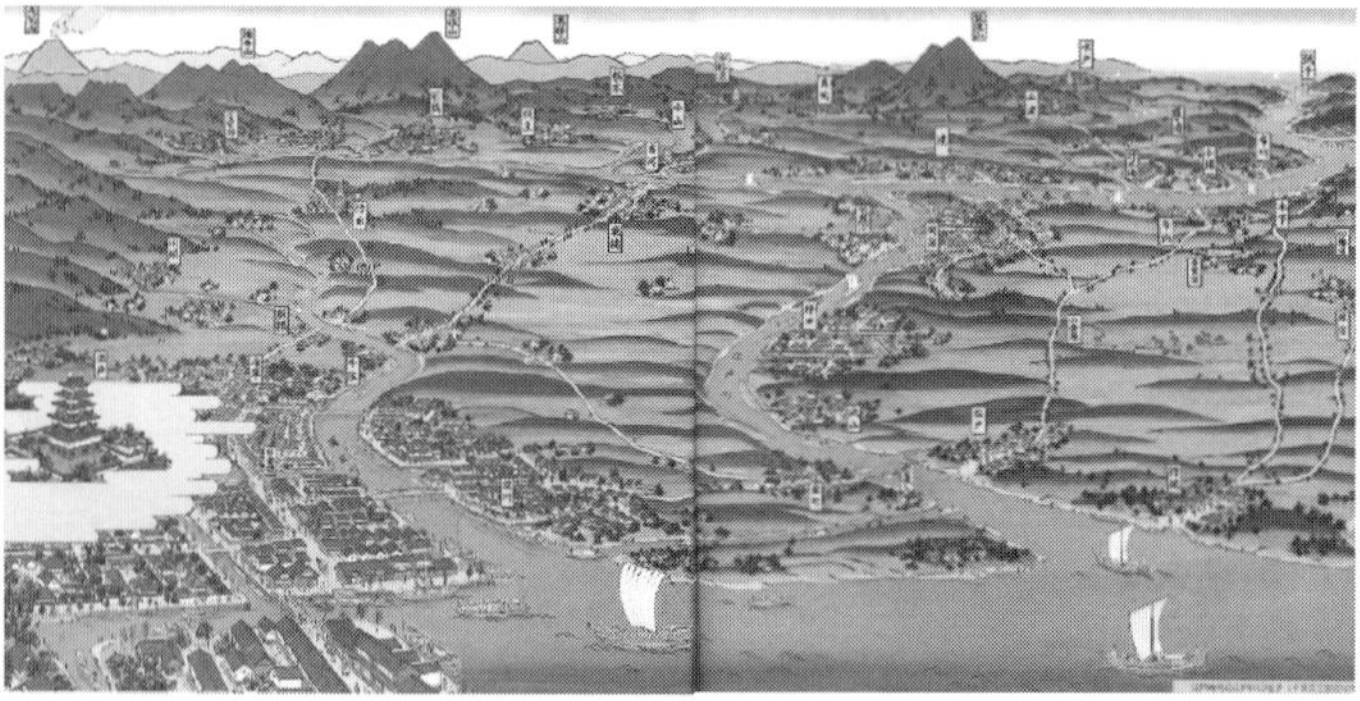

出所：野田市郷土博物館『図録江戸川誕生物語』野田市郷土博物館，2002年，pp.8-9。
千葉県立関宿城博物館所蔵「東関東鳥瞰図」。

に移る。普請というと家を建てることも指すが、本来は道路・橋梁・水路・堤防などの土木工事である。この土木工事が終わると、最後に「建築工事（作事）」が始まる。これらを取り仕切っていたのが、普請奉行と作事奉行である。

　このうち「地取り」では、風水《ふうすい》の四神相応《しじんそうおう》の思想に従っていた。風水とは、古代中国の思想で、都市・建築・住居などの吉凶を考慮して、土木構造物や建築物の位置を定めるものである。そして四神相応とは、天の四つの方角を司る「四神」に対応させることであり、四神とは、北の玄武、東の青龍、南の朱雀、西の白虎である。この四神は、地形と色と季節に

図表1-2　城下町建設と四神相応

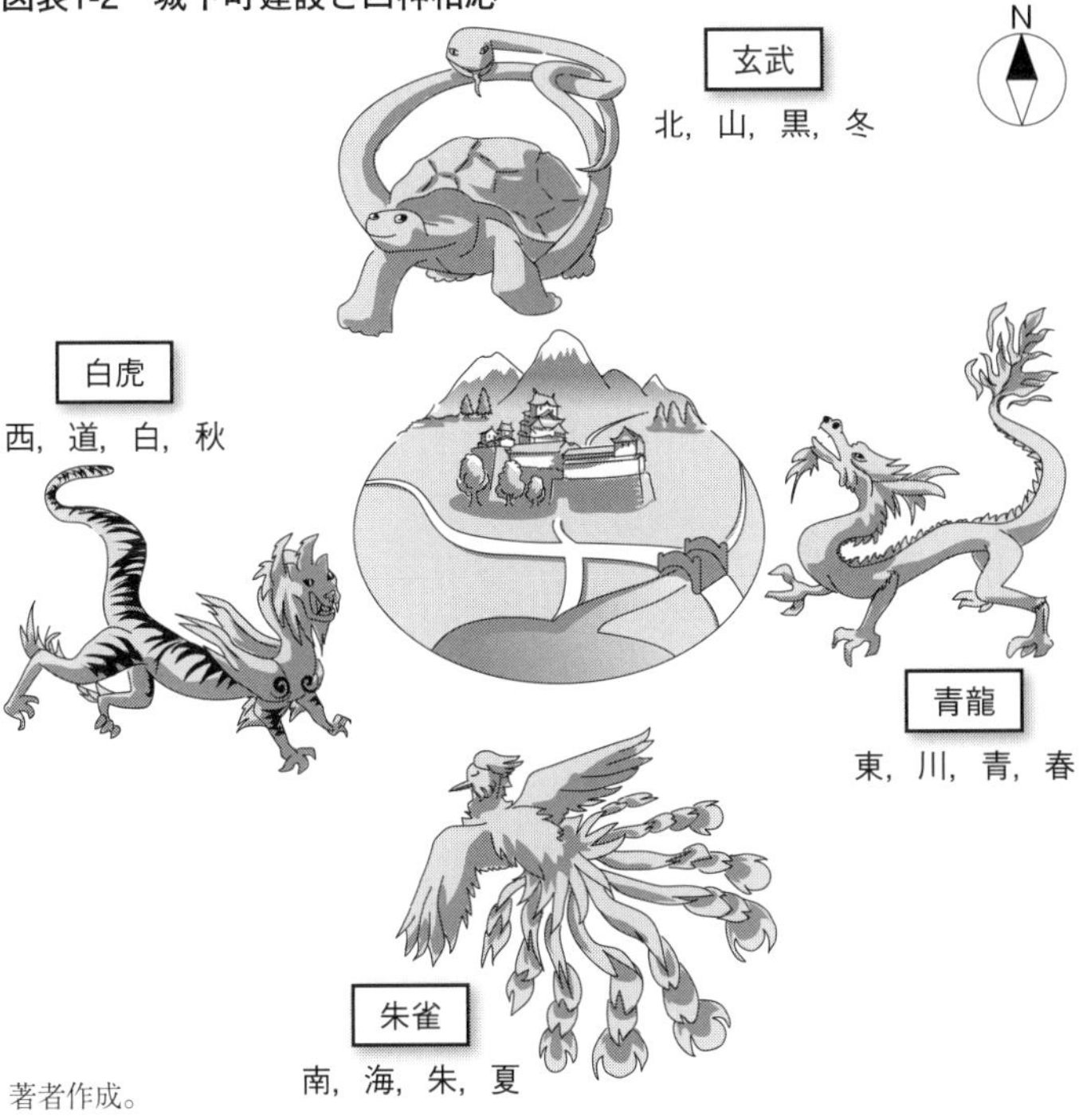

著者作成。

も対応しており、北は山・黒・冬、東は川・青・春、南は海・朱・夏、西は道・白・秋、である。ちなみに、大相撲の土俵の房は赤房や白房などと呼ばれるが、これも四神に対応している（図表1-2）。

（4）河川と物資輸送

風水が示唆する城下町に最適な地点とは、北に山をいだき、東に川を控え、南に水辺があって、西に道の通じる場所である。このとき、東に位置する川には重要な意味があったと考えられる。つまり、物資輸送路としての利用である。なぜならば、鉄道や自動車がない時代の物資輸送は船に頼っていたから、河川に接することは城下町の必須条件だった。そして物資輸送方法の確立は、ロジスティクスそのものである。それゆえ、風水も物資輸送を意識していたに違いないと思うのである。

風水のモデルを平安京（京都）にあてはめてみると、北に船岡山、東に鴨川、南に巨掠池、西に山陰道となる。北に山を背負い南に水辺を置く「背山臨水」の思想では、山からの伏流水で南に水辺ができる。京都は、鴨川や巨掠池から淀川に通じて、大阪湾に水運でつながっていた。

江戸にあてはめてみると、北に武蔵野台地、東に隅田川、南に江戸湾、西に東海道となる。城下町の水路を隅田川と結べば、江戸湾に出ることができるから、物資輸送にはもってこいである。太田道灌が江戸に城を建てたときも、風水を意識していたはずだ。その後家康が江戸に入り、南の江戸湾を利用して河川改修や運河の開削を進めていく。太田道灌の築城時の思想は、家康による水路の整備によって開花し、江戸は大都市への歩みを始めるのである。[5]

（5）都市に不可欠なロジスティクス

都市の成り立ちと物資供給の関係は、我が国だけでなく世界の大都市にも当てはまる。たとえばニューヨークはハドソン川に接するマンハッタン島の一番南で、オランダ人が作った防御の壁が由来のウォール街から始まった。パリは、セーヌ川の流れが二分され、陸路と交差するシテ島から始まった。ロンドンはテームズ川の河川港から始まる。常に波浪のある海よりも、波の穏やかな内陸河川の方が、船着き場に適していた。アメリカの開拓時代の都市は、船着き場近くの土地の低い場所に人々が集まり、近代的大都市の繁華街へと発展していった。だから、繁華街をダウンタウンと呼ぶのである(6)(7)。

世界のどんな大都市も、そのルーツをたどれば物資輸送との関わりに行きつくことになる。そうだとすれば、風水の四神相応の思想は、東洋に限らずに世界的にも大都市の発展に不可欠な立地条件を示していると考えて良いだろう。

少しばかり身びいきが過ぎるかもしれないが、「四神相応の思想に見られる河川や水面の配置は、単に気候風土上の要件だけではなく、都市の成立に不可欠な物資供給（ロジスティクス）を意識していたに違いない」と思うのである(8)(9)。

1・2　日本橋魚河岸の誕生と運河の整備

(1) 江戸の河岸・物揚場・蔵

河川や運河で運ばれてきた生活物資は、陸上に荷揚げする場所があってこそ、人々の手にいきわたる。江戸にも、全国各地や関東近郊から、利根川や江戸川や隅田川などを経て、さらに内陸部の水路や運河を利用して、米や野菜などの生活物資が運ばれた。そして最終的に物資が荷揚げされる地点が、河岸《かし》である。

今、河岸といえば、「築地の魚河岸《うおがし》」などが耳慣れているので、水産物の卸売市場《おろしうりしじょう》を思い起こす人も多いことだろう。しかし本来は、文字通り「河の岸」だった。魚の日本橋、米の蔵前、野菜の神田、材木の木場、酒の新川などのように取引商品ごとに河岸があり、物資を販売する市場《いちば》の様相を呈していた。そして江戸時代の隅田川中流・日本橋川・神田川などの沿岸と、それぞれの河川を結ぶ水路・運河の沿岸には、河岸が連なっていた。このことは、現代の幹線道路沿いに倉庫や配送センターが立地したり、地方都市のバイパス沿いにスーパーや郊外レストランが出店することと同じである。(10)

河岸以外にも、さまざまな呼び名の物流施設があった。河岸が町人専用であったのに対して、物揚場《ものあげば》は武家専用の河岸だった。蔵は倉庫に相当するが、御蔵《おくら》は江戸幕府や諸藩の年貢米などを収納する米蔵を指した。蔵屋敷《くらやしき》は、大名・旗本らが領内の米や産物を保管する倉庫ないし倉庫兼住宅である。そして河岸蔵《かしぐら》とは、河岸と蔵の組み合わせだった。(11)

（2）日本橋魚河岸の誕生

日本橋魚河岸が誕生した背景を知るには、少し歴史を遡らなければならない（図表1-3）。

天正一〇年（一五八二）に織田信長が本能寺で明智光秀に討たれたとき、徳川家康は少ない手勢とともに、堺に逗留していた。一報を受けてからの家康は、落ち武者狩りに遭わないように気をつけながら、堺から陸路で伊賀を越えて伊勢方面に向かい、船で尾張に逃げ帰ったという。このとき、摂津の国の佃村の漁民が家康の逃散を助けた[12]。

家康はこの恩義を忘れずにいて、江戸に移り住むときに佃村の漁民を呼び

図表1-3　日比谷入江と江戸前島

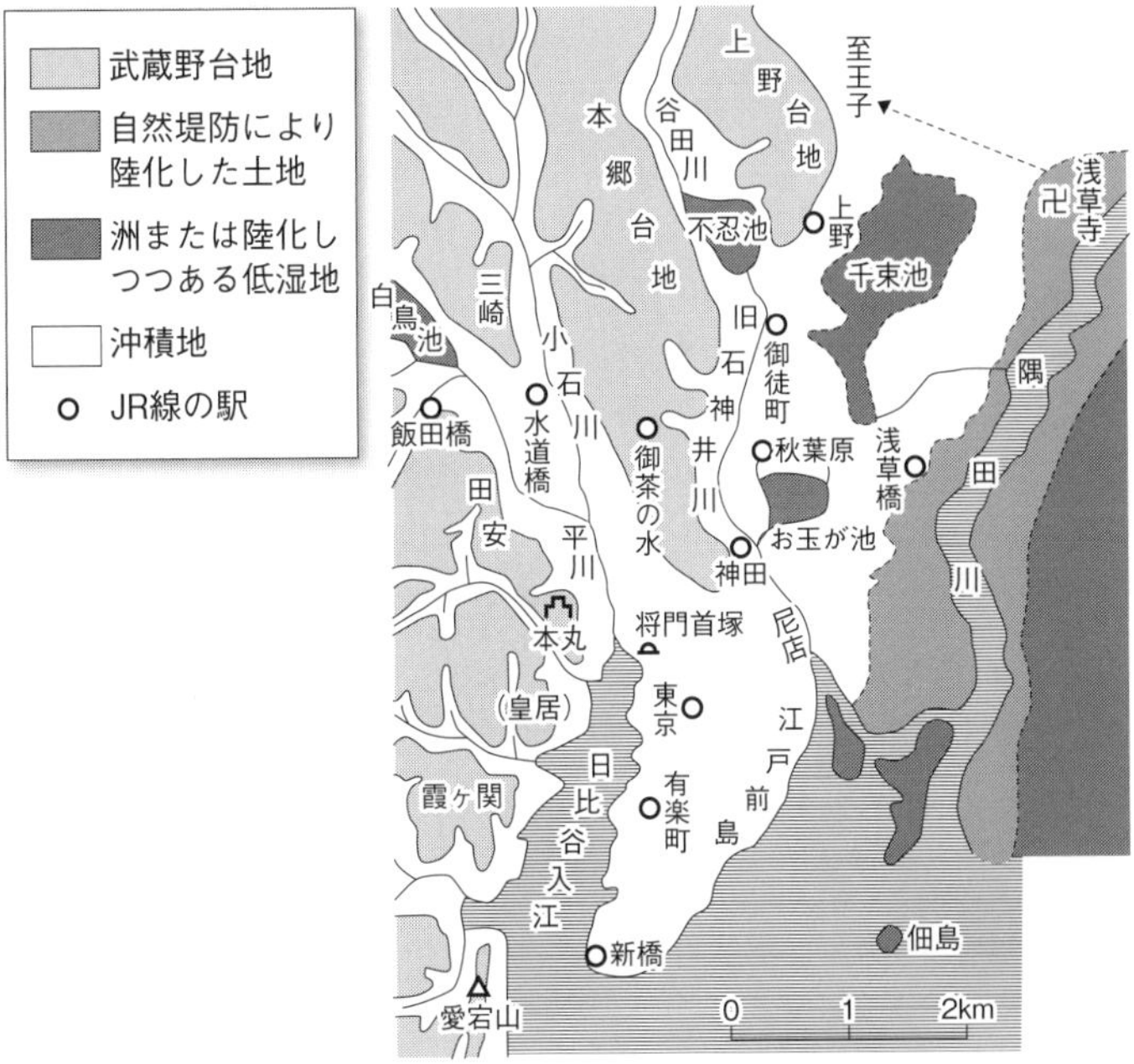

出所：鈴木理生『江戸の川・東京の川』井上書院，1989年，p.55。

寄せ、江戸湾（東京湾）に浮かぶ島に住まわせた。それが、現在の佃島（東京都中央区）である。そして江戸近辺の漁業に従事する許しを得た漁民が、漁獲した魚の余りを小田原河岸で江戸市民に販売したことが、日本橋魚河岸の起源である。ちなみに、佃島はたびたび嵐で孤立したために、魚介類を煮て保存食とした。これが佃煮の始まりである（図表1-4）（図表1-5）（図表1-6）。

その後、魚河岸は日本橋川沿岸に広がっていった。江

図表1-4　名所江戸百景の日本橋

出所：歌川広重『名所江戸百景　日本橋雪晴』安政３年，公益社団法人 川崎・砂子の里資料館蔵。

図表1-5　日本橋魚市

出所：市古夏生・鈴木健一編『新訂江戸名所図会１』筑摩書房，1996年，pp.72-73。

図表1-6　日本橋の魚河岸

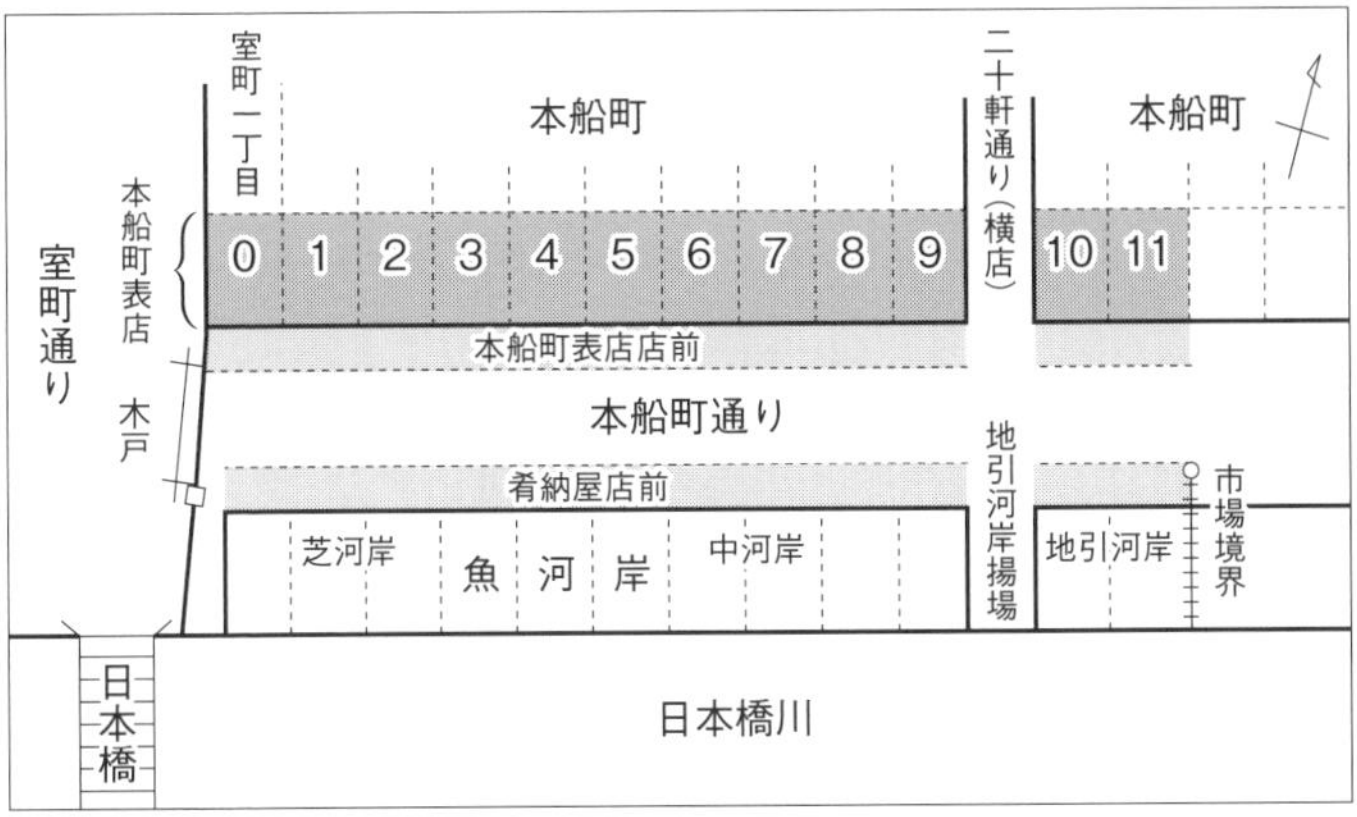

注：町屋敷の地番0〜11は，分析用の仮番号である。なお，本文でふれる三枚の魚市場図の他，以下の絵図・文献を参照した。平野屋板切絵図「日本橋南北浜町八丁堀辺図」，尾村幸三郎「日本橋魚河岸物語」。

出所：吉田信之・高村直助編『商人と流通―近世から近代へ』山川出版社，1992年，p.362。

写真1･1　三井越後屋呉服店の再現

平成18年4月9日著者撮影。現在は，コレド室町。

戸名所図会をみると、日本橋川には魚を積んだ舟があり、手前の道路に向けて店が構えられ、道路は買い物客で賑わっている。日本橋魚河岸は、物揚場としての物流の役割を果たすとともに、現代の繁華街のような都心の原型だった（写真1・1）。

その後、河岸での商品販売が発展して、問屋も集積するようになった。現在も日本橋とその周辺には、各種の問屋街が広がっている(13)。

（3）江戸城下の運河の整備

家康は、江戸という寒村を、大都市に発展させるために、江戸に移り住むやいなや、物資輸送のための水路整備に取りかかる。

天正一八年（一五九〇）には日比谷入江を埋め立て、江戸城直下まで舟を入れるために、平川の流入を止めて道三堀を開削した。また同じ年に、中川と隅田川を結ぶために水路（現小名木川）を開削した。この目的は、関東最大の塩の生産地である行徳から日比谷入江までの物資輸送路の確保とするため、という説が有力である。さらに元和六年（一六二〇）につくられた神田川放水路により、江戸城下と隅田川がつながるのである。

一方、大型の船が着岸できるように、慶長一七年（一六一二）に、江戸前島東岸で十本の舟入堀が造られた。今も駅名が残っている八丁堀の舟入堀であり、現在の町名では茅場町や八丁堀一帯にあたる。八丁堀の名の由来は、堀の長さが八丁（約八七二メートル）だったことによる。明暦の大火（明暦三年、一六五七）

後の埋め立てにより、突堤の周囲の外側は陸地になって八丁堀水路のみが残るようになった。この舟入堀には蔵も設けられていた（図表1-7）。

江戸の城下町よりも広い地域に目を移せば、文禄三年（一五九四）に家康の命令で始まり、承応三年（一六五四）に完了した「利根川東遷」がある。これは、江戸湾に注いでいた利根川を銚子から太平洋に注ぐように計画したものである。河川改修をしながら利根川の

図表1-7　八丁堀の舟入堀

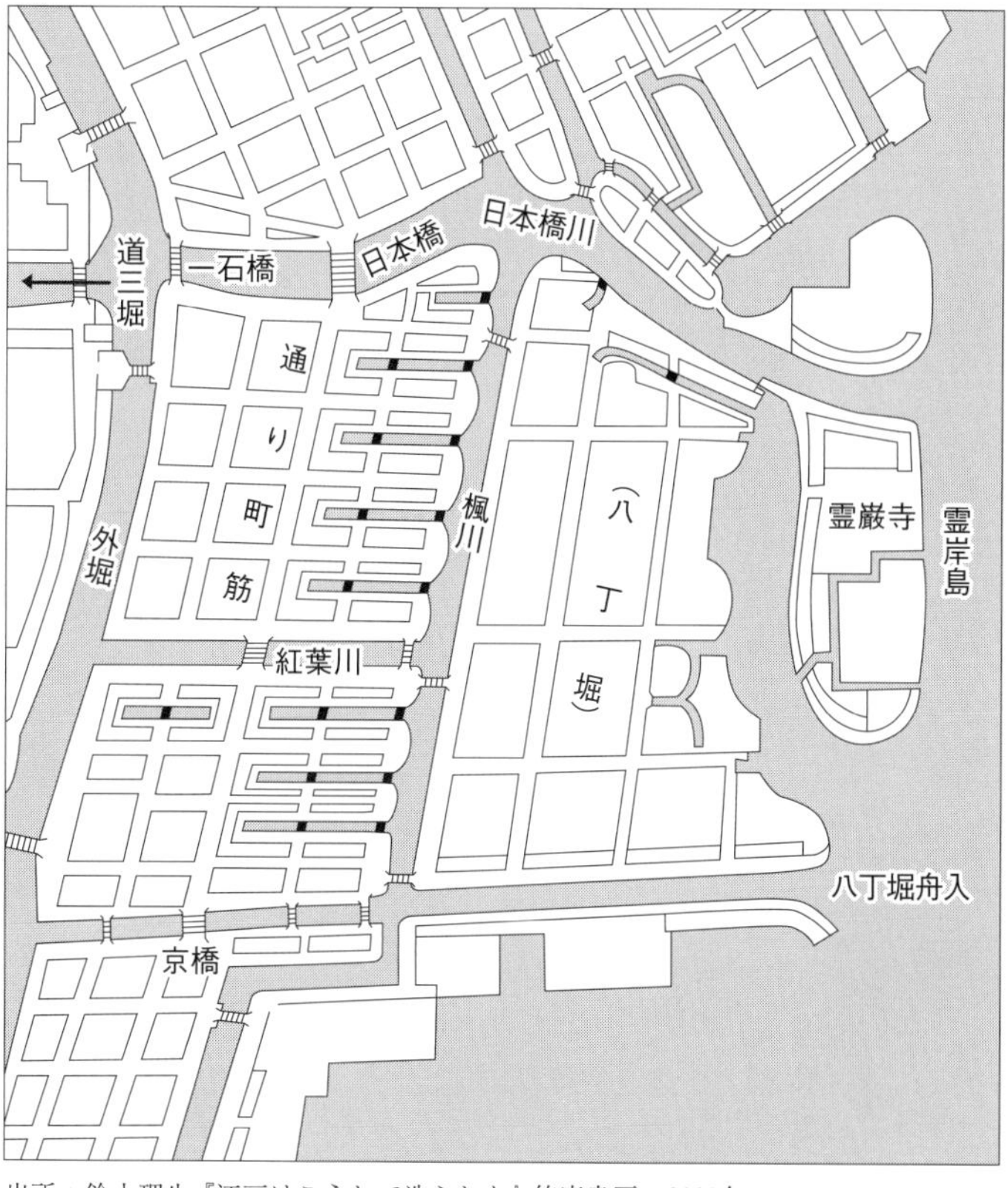

出所：鈴木理生『江戸はこうして造られた』筑摩書房，2000年，p.147。

流路を替えて、水路整備と新田開発を行うことにより、関東の湿地帯を肥沃な農耕地へと変えていった。と同時に、利根川を通じて江戸と関東や東北を結ぶ物資輸送路を形成したのである。(14)

郷土史家の鈴木理生《まさお》は、江戸の都市計画を「当時唯一の大量輸送手段としての水運と、その基地を確保するためのものであった。そのため、従来の自然的条件を利用した形の湊《みなと》を、埋立て・運河・舟入堀といった人工を加えることによって、近世的な湊に再編成する作業をともなった」としている。物資輸送路の確保と肥沃な農耕地帯の獲得という二つの目的を果たすためには、八丁堀などの港湾整備事業と小名木川や利根川などの河川改修事業が、必要不可欠だったのである。(15)

江戸の成り立ちをロジスティクスという糸でつないでみれば、「水路や運河による物資輸送路の整備は、神田上水などによる飲料水の確保とともに、大都市江戸誕生の必須条件だった」ということになる。

1・3　米蔵・木場・魚河岸の移転

(1)　米蔵の移転（日本橋から、蔵前・深川へ）

「腹が減っては、戦《いくさ》はできぬ」という言葉がある。戦の前に空腹を満たしてこそ、十分な戦いができるから、戦争に食糧の準備は不可欠ということである。とりわけ米は重要物資だったからこそ、戦国時代の城では武器弾薬とともに兵糧米《ひょうろうまい》を備蓄していた。これを逆手に取った戦法が、「兵糧攻め《ひょうろうぜ》」である。敵の物資補給路を断ち食糧と武器弾薬を欠乏させれば、戦闘力が弱まり戦わずして勝てる。このように、備蓄にせよ補給にせよ、食糧や武器弾薬を調達し供給する兵站（ロジスティクス）は、戦争遂行上、極めて重要だったのである。

江戸幕府が開かれた直後の江戸城下の米蔵は、江戸城に近い日本橋川沿岸に集中していた。しかし幕府の政治体制が安定してくると人口も米の需要量も増え、日本橋川が混雑し日本橋周辺の蔵だけでは手狭になった。そこで元和六年（一六二〇）に、幕府は隅田川沿いの蔵前に米蔵を建設し、日本橋付近の米蔵を移転させる。全国各地の諸藩から菱垣廻船や樽廻船で運ばれてきた米は、隅田川河口付近の江戸湊で舟に積み替えられてから、蔵前の舟入堀で荷揚げされ、米蔵に保管された。蔵前には、米を保管する倉庫だけでなく、問屋街も形成されて、次第に江戸の経済の中枢になっていった。

この蔵前の米蔵は、明治以降も政府用に使用された[16][17]。

(2) 木場の移転（神田から、深川・木場・新木場へ）

「火事と喧嘩は江戸の華」と言われたように、江戸の街は火事が多かった。その分、家を建てるための木材の需要も多かった。その木材を貯蔵保管する場所が、木場（貯木場）である。

江戸時代の木場は、家康が慶長九年（一六〇四）に江戸城本丸建設の際、駿河・三河・紀伊から材木商人を集めたことに始まり、工事終了後には営業の免許が与えられ、日本橋や神田に店舗を構えた。明暦の大火（明暦三年、一六五七）以後、防災のために「深川元木場」（現在の江東区佐賀・福住付近）に移転する。

さらに元禄一二年（一六九九）には猿江（江東区猿江）に移転し、そして元禄一四年（一七〇一）に現在の江東区木場二〜五丁目に移転した。

最終的には、昭和四七年（一九七二）に東京下町の防災対策の一環として公園を整備するために、東京湾の埋立地の新木場に移転した。今も東京メトロ東西線には木場駅があり、ＪＲ京葉線と東京メトロ有楽町線には新木場駅がある。[18]

（3）魚河岸の移転（日本橋から、築地そして豊洲へ）

日本橋魚河岸は、江戸後期から明治期にかけて少しずつ様相を変えていく。日本橋魚河岸だけでは手狭になったことから、各地に魚河岸ができていく。江戸後期の天保一二年（一八四一）に築地・深川の魚商による取引場が始まり、その後大森市場（明治一二年、一八七九）や浜町魚市場（明治一三年、一八八〇、現八丁堀）が開設される。一方で日本橋の魚河岸は明治五年（一八七二）に、衛生問題や悪臭の解決のために、東京府知事の命令によって、壁で囲われた納屋のような建物になった。

その後、日本ではじめての都市計画制度である東京市区改正条例（明治二一年、一八八八）により、市場の移転が正式に決定されたが、反対により実現できなかった。[19]

大正時代になると、東京の都市計画にとって重要な人物が現れる。後藤新平である。後藤新平は国務大臣などを歴任したあと、大正九年（一九二〇）に東京市長になる。市長になると「八億円計画、新事業及其財政計画概要」という東京改造計画をつくる。当時の国家予算一五億円の半分以上であったことから「後藤の大風呂敷」と言われた[20]。

大正一二年（一九二三）には中央卸売市場法ができる。この法律にもとづき魚河岸の移転を検討していた九月に関東大震災が起きると、後藤新平は「帝都復興の議」を閣議に提出し、帝都復興院総裁になる。後藤新平が立てた「震災復興計画」は、公園、学校、街路、運河、市場の計画が主である。教育に力を注いでいたことも感じ取れるが、都市の骨格を定める街路と公園の計画があり、これらを生み出す区画整理事業の計画も立てたことから、極めてオーソドックスな計画である。さらには実現しなかったものの、「帝都復興計画東京市案一般図」には埠頭の計画も盛り込まれていた。視点を変えてみれば、都市の物資供給のための市場、そして物資を輸送するための街路と河川は、当時のロジスティクスにとって不可欠である。後藤新平も、震災復興計画においてロジスティクスを意識していたに違いない[21]（写真1・2）。

震災によって壊滅した日本橋魚河岸は、芝浦の仮設市場に移転した。しかし交通が不便で狭かったこともあって、同年の一二月には築地の海軍省の土地の一部を借りて暫定的に移転し、昭和一〇年（一九三五）二月に、正式に築地に東京都中央卸売市場が開設された（図表1-8）。

そして七五年後の平成二二年（二〇一〇）一〇月に、東京都は築地市場の豊洲地区（江東区）への移転を正式に表明した。そして平成二三年（二〇一一）七月に、東京都都市計画審議会で、都市計画として決定した。平成二五年（二〇一三）一月八日に開設時期の一年延期が発表されたが、平成二七年（二〇一五）七月一七日に、開場日を平成二八年度（二〇一六年度）一一月七日とすることが発表された。これにより、築地市場は八〇年の歴史を閉じることになる。

写真1･2　小名木川運河改修状況模型

出所：東京都復興記念館所蔵資料。

図表1-8　後藤新平の震災復興計画－築地市場－

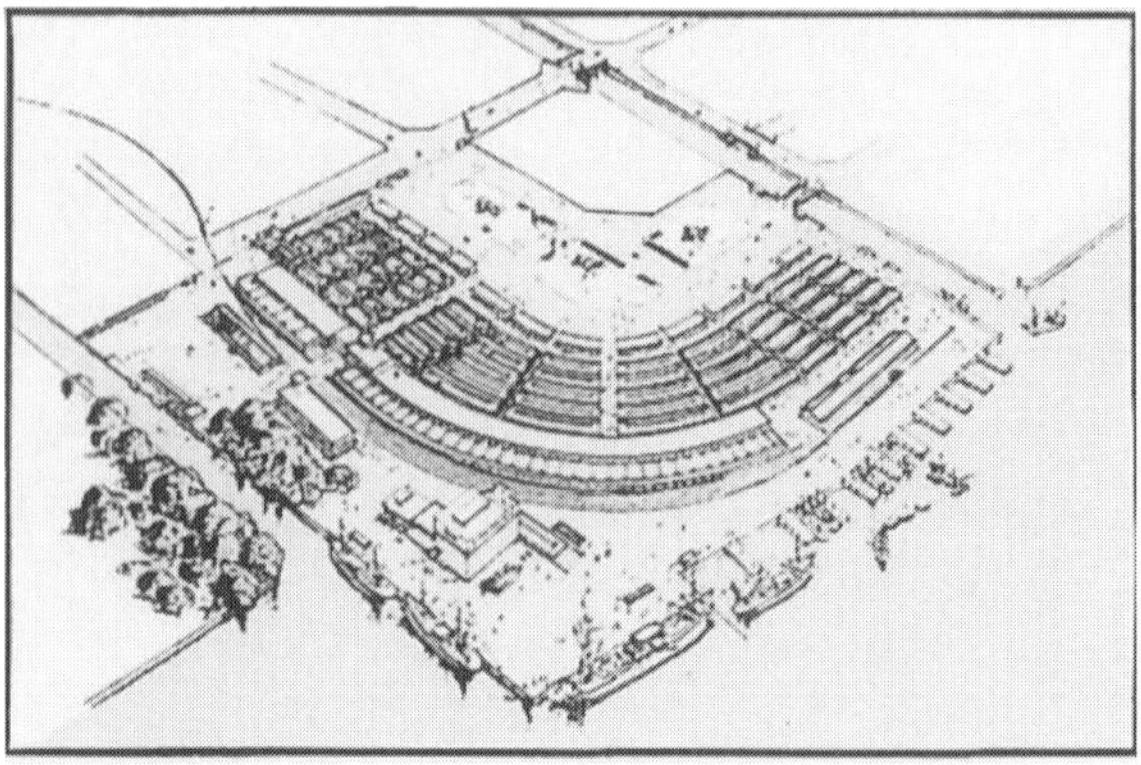

出所：『帝都復興事業図表』第十七図，東京市役所，1930年。公益財団法人後藤・安田記念東京都市研究所市政専門図書館所蔵。

1・4　日本橋から始まる現代の都心

(1) 日本橋から遠ざかっていく河岸と蔵

河岸や蔵が集まっていた日本橋や京橋は、物資集散の役割を持ちながらも、商取引も行う都心の原型でもあった。しかし明暦の大火(明暦三年、一六五七)以後、日本橋や京橋の問屋が隅田川対岸の、水運の便の良い深川に蔵(倉庫)を設けるようになった。これを機に、蔵などの物流施設の移転と、日本橋を中心とした商店や問屋の集積が、江戸時代から現代まで繰り返されていく。

では、なぜ蔵が移転していったのだろうか。

第一の理由は、河岸や水路の容量不足と船舶大型化である。商取引が盛んになり、物資輸送が増加すると、狭い水路では交通が混雑し、また大型化した船舶には不向きだった。

第二の理由は、江戸の明暦の大火の後の防災対策である。火災の延焼を避けるためには、建物が密集している日本橋から、少し遠ざかった場所が適していた。

(2) 日本橋から広がった現代の都心

商業と物流の中心地だった日本橋から、物流を担う蔵が蔵前や深川に移転していくことで、日本橋には商業機能だけが残ることになる。こうして日本橋とその周辺は、金融ビジネス街として兜町、問屋街としての小伝馬町や堀留町などとともに、近代的な商業中心地へと変貌していく。そして、大正年間に魚河岸が築地に移転したことで、日本橋は都心としての地位を固めることになる。つまり「商取引の日本橋・京橋、物流の深川」という隅田川を挟んだ地域分化は、江戸時代から始まり、現代に引き継がれている。

現在の石造りの日本橋は、高速道路の下で窮屈そうにしているが、東京オリンピック（昭和三九年、一九六四）に間に合わせるためには致し方なかった。日本橋周辺には、呉服店から始まったデパートや海産物の老舗が江戸時代の面影を残しながらも、商業施設やオフィスが集まっている。そして商業施設やオフィスは、大手町や丸の内から、虎ノ門や赤坂にまで広がっている。

日本橋は、紛れもなく東京の都心の原点なのである（図表1-9）。

図表1-9　日本橋魚河岸から始まった東京の都心

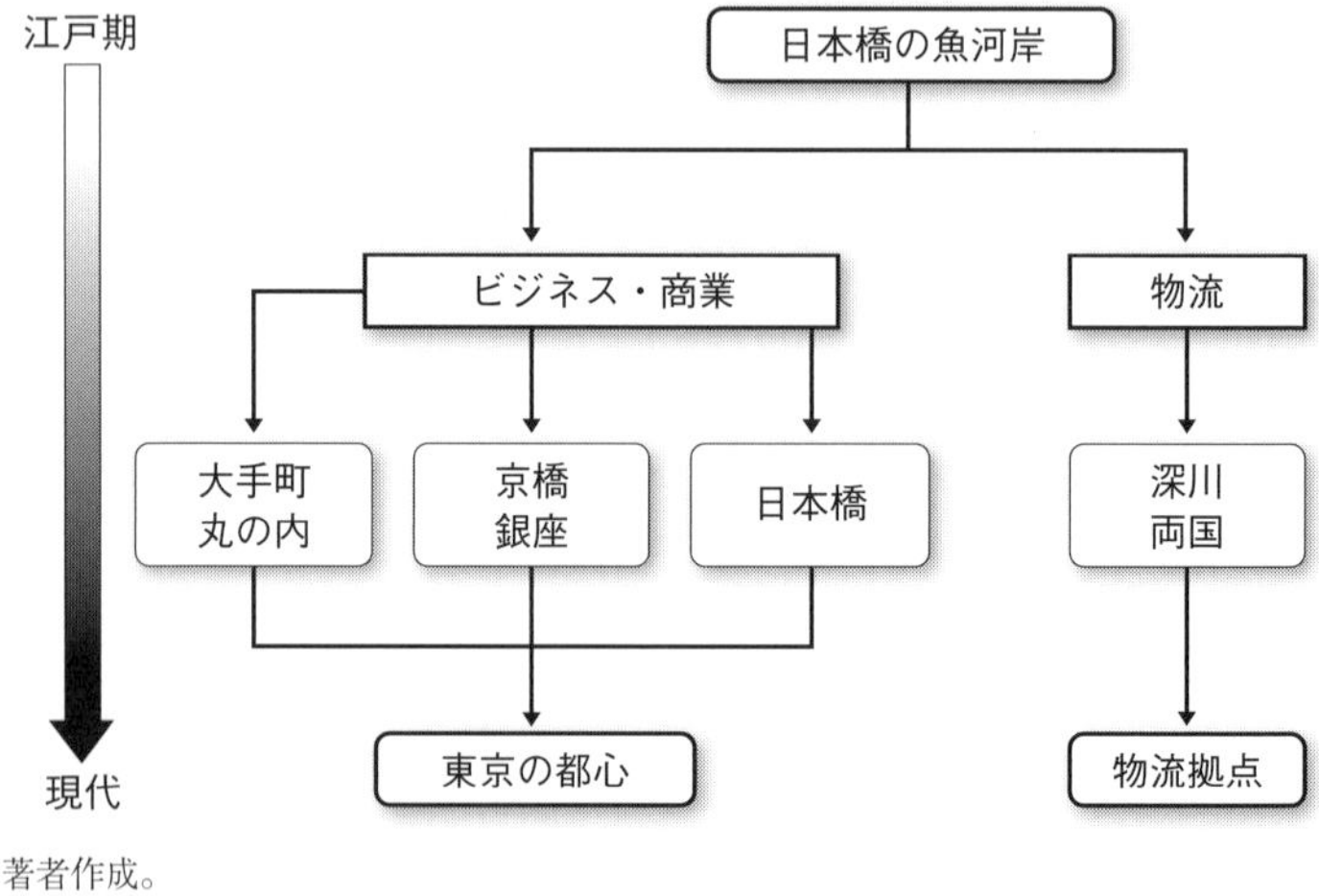

著者作成。

1・5　河岸と市と広場

（1）西欧と日本の都市の違い

「日本の都市は美しくない」と言う人がいる。「日本の都市計画は貧弱だ」と言う人もいる。確かにロンドンやパリなどの西欧の都市は、古い建築物が長い歴史を感じさせ、多くの人々のあこがれの的にもなっている。水辺沿いの散策路や街路樹が続く広い歩道を歩けば、建物の高さや色調がそろっていて美しい。イタリアの中世都市では、迷路のような狭い路地から、忽然とひらけた広場に出会うことも楽しい。郊外の新興住宅地であっても街並みに統一感があり、しっとりとした落ち着きを醸し出している。

西欧の街並みが人々を惹きつける背景には、厳しい規制やルールの存在がある。西欧の都市では、建物が建築可能な敷地部分は宅地ごとに決められており、壁の色や構造も細かく定められている。日常生活では、洗濯物を屋外に干すことなど、もってのほか。市民意識が根付いている西欧社会では、景観保全のためのルール厳守が市民の義務として受け止められている。

一方で、諸外国に比較して規制が緩やかな日本の街並みには、統一感が乏しい。街並みの景観維持のためには多少の我慢が必要だが、「自分の土地に自分の資金で建てる家が、なぜ規制されるのか」と個人の好みを優先すれば、景観は犠牲にならざるを得ない。都市に対する思い入れの差は、西欧と我が国の文化の違いでもある。

（2）河岸があり市《いち》はあっても、広場のない日本

西欧の都市に魅せられるのは、建築物や街並みという「静的な景観」だけでなく、「動的な景観」つまり日常生活のなかでの「人々の動きのある景観」も、その理由の一つのように思う。

西欧の街では、教会の前の広場に、礼拝に来る人を目当てにマーケットという名の市《いち》が開かれ、地元の特産物を売っている。掘り出し物目当てに品定めをする観光客がいて、この光景をオープンカフェでコーヒーを飲みながら眺めている人がいる。そこには、戸外で日常を楽しむ生活がある。

このとき西欧の都市と日本の都市の決定的な差となっているのが、人々の生活の場としての「広場」の有無である。西欧の都市では、広場が「動的な景観を創りだす舞台」になっている。

物資の集散が都市の原点だとすれば、河岸に始まる繁華街の風景は、日本も西欧も似ていたに違いない。日本では河岸に始まった市場が商店街へと変わっていったし、西欧の都市でもダウンタウンに商店や娯楽施設ができていった。ただし西欧の都市には教会があって、教会前には広場があり市《いち》がたつ。教会にやってきた敬虔な信者は、祈りの後の時間を広場で過ごしていた。

このときの市場《いちば》は、築地のような卸売市場《しじょう》ではなく、むしろ「若者の街、渋谷」や「おばあちゃんの原宿、巣鴨」のように、人々が自由に行き来し買い物する場所であった。我が国で「市《いち》」と言えば、「八日市」や「十日市」などと決められた日に商店が並ぶことが多い。また「門前、市をなす」というように、寺社の縁日に開かれる市もある。高知市には江戸時代から三〇〇年余り続く市があり、特に高知城追手門から

伸びる追手筋の市を「日曜市」と呼んでいる。東京下町の門前仲町では、毎月一日、一五日、二八日の富岡八幡宮の縁日に、多くの露店が立ち並び人々で賑わう。石川県輪島市や岐阜県高山市などの朝市も有名である。

しかし、どれもこれも出店している場所は道路や歩道であって、広場ではない。残念なことに、我が国には市《いち》のたつ広場がほとんどない。

(3)「広場」が消えた日本の都市計画

広場という言葉が日本で定着するのは、明治二〇年以降のことである。それまでは広場という概念はなかった。形状の似た空間としては、江戸時代の明暦の大火以降に延焼を防ぐために設けられた火除地《ひよけち》や、道路の筋違いでできる広小路《ひろこうじ》があった。平常時の火除地や広小路は、人々が集う場所にもなった。日本橋のたもとにも小路があった。日本橋の河岸の通りからあふれた人々でごった返していたことだろう。

神田の野菜河岸ができた萬世橋《よろずよばし》（現在の万世橋《まんせいばし》と少し位置は異なる）のたもとには、「広場（廣場）」があったようだ。

少し長くなるが、大塚全一の「広場考」から引用してみよう。[22]

「安政六年の『日本橋北内神田両国濱町明細繪図』によれば、『火除御用地』と誌してあるが、……。明治一二年の『東京全図・全十五葉』では、……万世橋内広場はほぼ梯形の土地で、底辺は神田川沿い約二〇〇米、対辺は約一六〇〇米、奥行き約八〇米、おおよそ四四〇〇坪の土地で、筋違御門あとと考えられるところが八〇〇余坪の大蔵省租税局用地と記されている」、「明治一七年から一九年にかけて、陸地測量部の五千分の一地図が刊行されはじめる。……『萬世橋内廣場』の形状は、明治一二年の地図とほとんど差異がなく、……芝生と樹木の記号が入れてあるだけでなく、その他道路として必要なところ以外は芝生等の記号が入っている」。

つまり、このときの広場は公園ではなく、道路の一部の空地だった。

広場はもともと「遊園」という言葉があてられていたが、「明治二二年五月の告示では、これらをすべて『公園』という名称に統一し…」となる。「『小遊園』→『空地』→『スクワヤ』（所謂廣場）と継続するものだとして誤りはない」、「『萬世橋公園』は、万世橋が明治一五年一〇月に全通した東京馬車鉄道株式会社の中央停車場になったこともあり、…明治四四年には中野駅から萬世橋までの電車運転が始まり、大蔵省用地は駅舎と駅前広場になり、明治四五年には廣瀬中佐の銅像が建てられた。」「『所謂廣場』→『空地』→『小遊園』の系譜は、『小遊園』＝『公園』になったことで終止符を打たれてしまった」、「ちなみに『広場』という語が法律に現れるのは、大正八年の都市計画法においてである」。

以上が、都市計画の恩師である大塚全一先生の見解である。このように、日本でも西欧風の「広場」ができあがっていく可能性があったが、残念ながら「広場」が「公園」として扱われることで、人々が集まり市がたつような「広場」が日本には定着しなかった（図表1-10）。

「都市計画の歴史は、街路と公園の歴史」であり、「都市計画の母は、区画整理事業」と言われている。しかし大塚全一が指摘したように、もしも「『公園』のかわりに『広場』」であったら、西欧の都市のように「街路と『広場』の歴史」になったかも知れない。「ブランコや砂場」の代わりに「物資が集まり、人が集い、市がたつ広場」が存在したかもしれない。そうであれば日本の都市の姿も、現在とは大きく変わっていたことだろう。

図表1-10　明治42年の萬世橋付近の地図

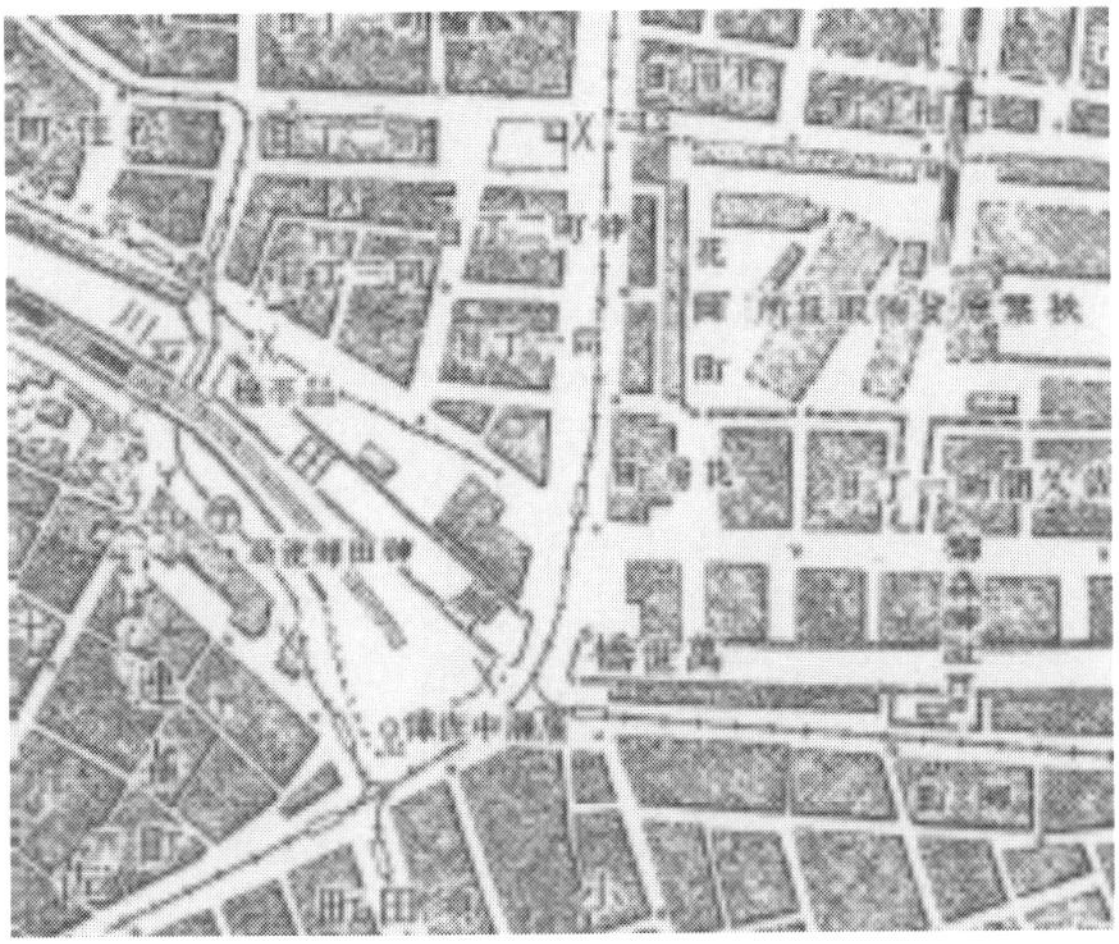

出所：大日本帝国陸地測量部「明治42年測図・日本橋」『明治・大正・昭和東京１万分１地形図集成』柏書房，1983年，p.11。

［参考文献］

(1) 岡野友彦『家康はなぜ江戸を選んだか』教育出版、一九九九年、一四四–一四五頁。
(2) 竹村公太郎『日本の文明の謎を解く―二一世紀を考えるヒント』清流出版、二〇〇三年、三–一九頁。
(3) 童門冬二『江戸の都市計画』文春新書、一九九九年、二三–六六頁。
(4) 都市デザイン研究体『日本の都市空間』彰国社、一九六八年、三〇–三一頁。
(5) 鈴木理生『江戸の都市計画』三省堂、一九八八年、一八二–一八三頁。
(6) 小林高英・苦瀬博仁・橋本一明「江戸期の河川舟運における川舟の運行方法と河岸の立地に関する研究」『日本物流学会誌』第一一号、二〇〇三年、一二一–一二八頁。
(7) D・ミュルビヒル、L・ミュルビヒル『マーケティングと都市の発展』ミネルヴァ書房、一九七一年、八–二〇頁、九九–一一八頁。
(8) 何暁昕（三浦國雄監訳・宮崎順子訳）『風水探源―中国風水の歴史と実際』人文書院、一九九五年、二一–五五頁。
(9) 苦瀬博仁・小林高英「都市のロジスティクスと風水」『都市計画』二四五号、日本都市計画学会、二〇〇三年、五三–五六頁。
(10) 東京都中央区『中央区三十年史（上巻）』東京都中央区役所、一九八〇年、五三八–五四〇頁。
(11) 鈴木理生『江戸の川・東京の川』井上書院、一九八九年、一四二–一五五頁、一九三–一九六頁。
(12) 岡本信男・木戸憲成『日本橋魚市場の歴史』水産社、一九八五年、一七–二三頁。
(13) 尾村幸三郎『日本橋魚河岸物語』青蛙社、一九八四年、四八–六一頁、三〇三–三四八頁。
(14) 苦瀬博仁・原田祐子「隅田川河口部沿岸域の江戸期における物流施設の機能と分布に関する研究」『日本都市計画学会論文集』第三三号、一九九八年、二二九–二三四頁。

(15)　鈴木理生『幻の江戸百年』筑摩書房、一九九一年、九六-九八頁。
(16)　江東区深川江戸資料館『資料館ノート・第三号』東京都江東区役所、一九九六年。
(17)　墨田区教育委員会『墨田区史跡散歩』東京都墨田区役所、一九九二年、三九-四三頁。
(18)　苦瀬・原田、前掲書(14)。
(19)　岡本・木戸、前掲書(12)、三七五-三八八頁、四九三-五三五頁。
(20)　東京市政調査会『日本の近代をデザインした先駆者―生誕一五〇周年記念　後藤新平展図録』東京市政調査会、二〇〇七年、七九-八八頁。
(21)　同前、八九-一一三頁。
(22)　大塚全一『土地と人とまちとむら』丸善出版サービスセンター、一九八五年、一-三七頁。

第2章

江戸時代の廻船・舟運・陸の道

2・1 江戸時代の物流幹線、廻船航路

（1）廻船航路開発以前の輸送ルート

慶長八年（一六〇三）に、江戸幕府が開かれた。当時の江戸への物資輸送は、関東平野の利根川や荒川を利用した河川舟運に頼っていた。承応三年（一六五四）に利根川の本流が銚子で太平洋に注ぐようになってからは、奥羽各地の物資は阿武隈川の河口の荒浜まで舟で運び、廻船に積み替えて沿岸を銚子まで輸送し、再び舟に積み替えて関宿を経由して江戸川を下り、江戸湾に面した行徳を経て江戸に入った。しかし、この内陸河川のルートでは、二回の積み替えにより荷が傷むことも多かった。一方で、荒浜から江戸まで房総半島を回り込む航路は、積み替えずに済むものの、海難事故が多かった。どちらも難点があった。

同じ頃、日本海沿岸から大坂（現大阪）に物資を輸送するときは、瀬戸内海を経由して船で輸送していた例もあったが、多くの場合は船で敦賀や小浜まで輸送し、馬や大八車に積み替えて琵琶湖まで陸送した。そして、再び船に積み替えて大津まで輸送し、淀川水系を利用して運んだ。このルートも、積み替えと馬や大八車による輸送のために、荷物が傷むことも多く、輸送量も少なかった。

江戸時代の陸上輸送は、馬や牛の背に積んで運ぶか、大八車などの荷車に載せて牽くか、人が背負ったり担ぐことになる。荷車を牽引するために馬や牛も利用されたが、城下町などでは厩舎や排泄物などの問題から利用が制限されていたため、荷車は主に人力であった。

大量の荷物を荷傷みなく輸送するためには、たとえ輸送距離が長くなったとしても、積み替えずに船だけで輸送したい。しかし、最大の難点は頻発する海難事故だった。

そこで、船のための安全な航路を開発する必要が生じたのである。

（2）廻船航路を開発する三つの理由

江戸幕府は、全国各地と江戸を結ぶ海運を利用した物資輸送システムを構築するため、河村瑞賢（元和三年～元禄一二年、一六一七～一六九九）に、東廻りと西廻りの廻船航路開発を命じる。廻船航路開発の目的は、安全で円滑な物資輸送を実現するために、寄港地を整備し潮流や風波を勘案して、多少大回りであっても安全な航路を設定することだった。[1]

河村瑞賢は、寛文一一年（一六七一）に東廻り航路（荒浜・平潟・那珂湊《なかみなと》・銚子・小湊・下田・三崎・江戸）を開発し、のちに仙台と津軽経由で酒田まで延伸する。翌年の寛文一二年（一六七二）には、西廻り航路（酒田・小木・福浦《ふくら》・柴山・温泉津《ゆのつ》・下関・尾道・兵庫・大坂・大島・方座・安乗《あのり》・下田・三崎・江戸）を開発する。この西廻り航路が延伸されて、のちに松前に至る北前航路になる。北前航路を行き交う北前船は、大坂から酒や衣料を北海道に運び、逆方向ではニシン（鰊）やコンブ（昆布）を関西に運んだ[2]（図表2-1）（写真2・1）（写真2・2）。

廻船航路開発が必須だった理由は、大きく三つあった。

第一の理由は、徴税制度や参勤交代制度などの政治的な理由である。江戸幕府が成立し年貢米による徴税制度が確立すると、全国各地から江戸や大坂に米を輸送する必要があった。また地方の大名を一定期間江戸に住まわせる参勤交代制度が確立すると、地元から江戸に物資を輸送しなければならなくなったのである。

第二の理由は、江戸での物資需要の増加などの経済的な理由である。そもそも関東地方だけでは、増加する江戸の人口に見合う食料や生活物資を生産できなかった。このため、関西を始めとする各地から物資を江戸に供給しなければならなくなった。特に大坂とその周辺は、米、味噌、醤油などの生産地だったので、大坂から江戸に物資を輸送する必要があったのである。

第三の理由は、鎖国体制の確立であ

図表2-1　東廻りと西廻りの廻船航路

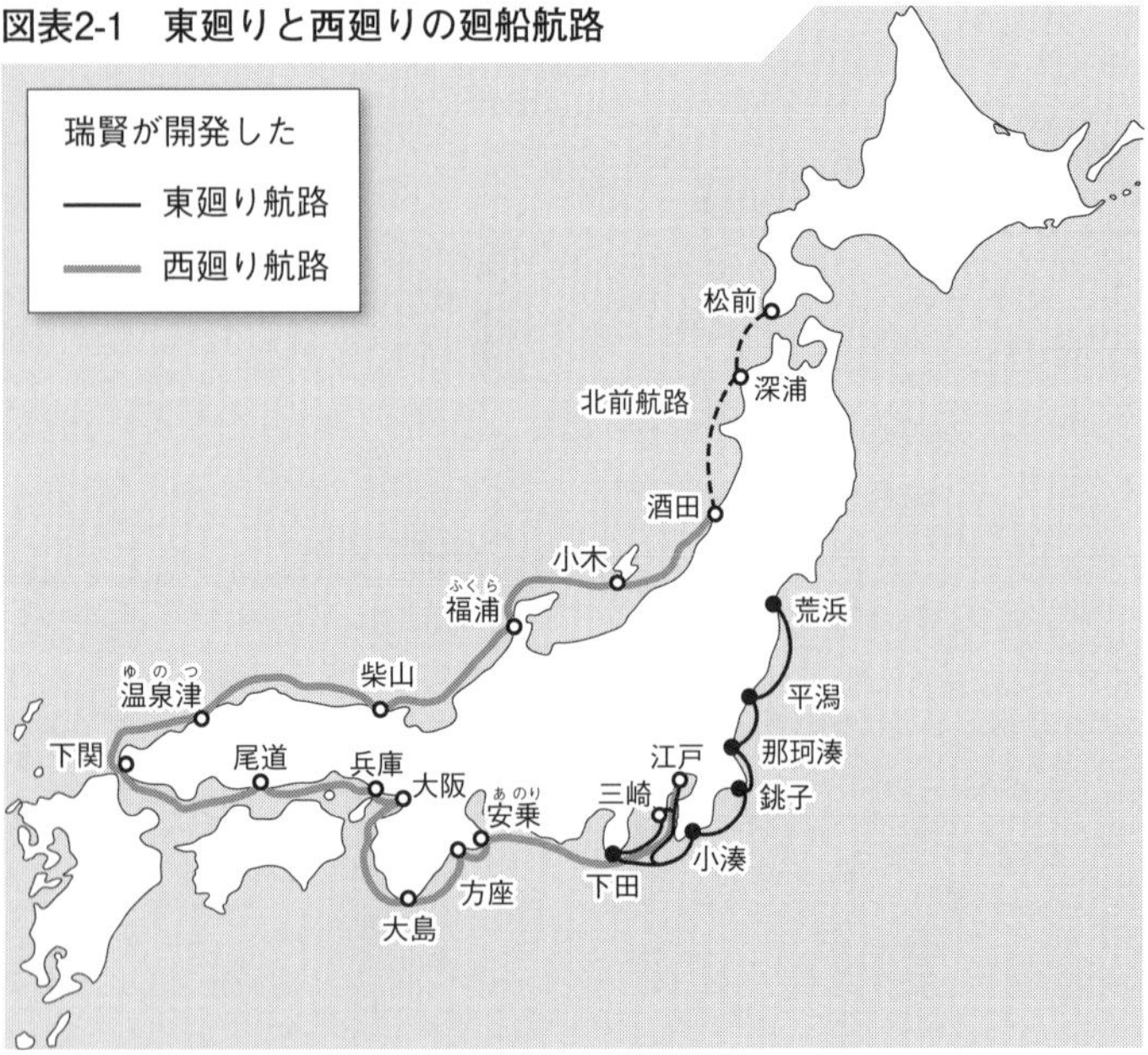

出所：大阪市立中学校教育研究会社会部『海と大阪―なにわの海の時空館』なにわの海の時空館，2000年，p.16を参考に著者作成。

写真2·1　廻船航路を開発した河村瑞賢像

酒田市日和山公園，平成16年3月28日著者撮影。

写真2·2　北前船で栄えた松前の問屋の風景

松前町特定地区公園内，松前藩屋敷，平成18年6月30日著者撮影。

る。鎖国体制が確立すると、大船禁止令により帆が一つの小さな船しか許されなかったために、沿岸の航海であっても海難事故が頻発した。このため小さい船であっても、安全に航海できるシステムが必要になったのである。

(3) 鎖国体制に至る事情

三つの理由のうち、とりわけ鎖国体制は、廻船航路開発の大きな引き金となった。なぜならば、鎖国体制もなく大船禁止令もなければ、大きな船で安全な航海ができ、小さな船のための安全な航路を開発せずにすんだかもしれないからである。

鎖国体制をとらなければならない事情には、宗教、軍事、交易の三つがあった。宗教では、仏教に代わるキリスト教の普及を、幕府が恐れたのである。軍事では、諸藩による海外から武器輸入を恐れたのである。交易では、海外との商取引による新興武家や豪商の経済力向上と、贅沢品の輸入による金銀の海外流出を恐れたのである。いずれも、幕府の支配体制の弱体化につながると、懸念したのである。

鎖国体制の始まりは、長距離の航海が可能な大型船舶の建造を禁止した「大船禁止令」である。鎖国体制が確立する約三〇年前の慶長一四年(一六〇九)に、西国の諸大名に対し五百石積み以上の大船の所有を禁じ、船を差し出させた。寛永八年(一六三一)になると大船禁止令が強化され、朱印船派遣の際には朱印状とともに、老中が長崎奉行あてに発行する「奉書」を必要とすることとした。

その後の寛永一二年(一六三五)には武家諸法度に条文が追加され、「大船禁止令」も成文化された。

すなわち武家諸法度の十五条において「道路・駅馬・舟・橋などの交通機関の整備令」が示され、十六条において「領内に関所を設け、津留めと称し、領内の港で貨物の移出入を抑制すること」とし、十七条において「軍事上・鎖国政策上の措置として、五百石積み以上の大船の建造・所有の禁止」を定めたのである。そして、寛永一二年（一六三五）の日本人海外渡航禁止と、寛永一六年（一六三九）のポルトガルを始めとする外国船の来航禁止の二つの制度によって、鎖国体制が確立した。(3)

もちろん幕府は海外貿易の重要性を認めていたので、長崎の出島などで、一部の国との貿易を容認した。また島原の乱（寛永一四年、一六三七）の翌年には、軍船以外の船（つまり商船）の建造・所有を認めるようになった。

（4）廻船航路開発の知恵と工夫

江戸時代であっても現代であっても、ロジスティクスの本質に大きな違いはない。廻船航路開発においても、さまざまな知恵と工夫があった。

廻船航路開発をロジスティクス・システムとして考えてみれば、「在庫管理」では、安定供給と盗難防止のために米蔵を設置して数量管理を行い、積み替え数を減らして荷傷みを防止し品質向上につとめた。また「輸送管理」では、優先的な航行や荷役の権利を持つ船（御城米船）に船印（幟《のぼり》）を掲揚させたり、那珂湊や銚子や小湊などに船番所を設置して航行の監視や水夫の勤務状況を把握できるようにし、狭い海峡では航行の安全のために嚮導船《きょうどうせん》（水先案内船）を準備した（図表2-2）。

廻船航路開発では、ロジスティクスのインフラ（施設、技術、制度）の整備も進められた。

廻船航路開発における「施設」では、潮流や波浪を考慮した安全な航路の設定があった。荒浜と江戸間の海図の作成、利根川経由の河川舟運の積み替え航路から積み替えの不要な直行航路への変更、などである。特に江戸に入る航路については、房総半島を周回して江戸湾に入る航路が危険なために、いったん三崎か下田に寄ってから江戸湾に入るようにした。また寄港地では、港湾を整備するとともに、商品の保管をするために米蔵を設置した。船舶の供給については、商船の雇い上げを行った。

「技術」では、高い操船技術を持つ船員を雇用し、灯明台《とうみょうだい》（灯台）を設置して航海の安全性を高めた。

図表2-2　江戸期の廻船航路開発の内容

1．廻船航路開発における個別システムの整備		
①在庫管理	数量管理	米蔵設置による物資の安定供給と盗難防止
	品質管理	積み替え数削減と在庫管理による荷痛みの減少
②輸送管理	優先航行	幕府の船舶の優先航行と優先荷役
	船番所設置	難破船への救援，危険な過積載の監視
	嚮導船配置	不慣れな航路での水先案内船による安全航行
2．廻船航路開発におけるインフラの整備		
①施設	航路開発	潮流や波浪を考慮した安全な航路の開発
	寄港地整備	寄港地の港湾整備や，物資保管用の蔵の整備
	廻船	商船の雇い上げによる船舶供給と初期投資削減
②技術	船員雇用	船員の徴発撤廃，技術の高い熟練水夫を雇用
	灯明台設置	灯明台（灯台）による危険回避と航行管理
③制度	入港税免除	寄港を無税にし，悪天候時の安全航行の確保
	事故の補償	海難遭遇時の物資の精算方法の確立

著者作成。

「制度」では、入港税を支払いたくない船が港に避難せずに難破することもあったため、これを防ぐために、入港税を免除した。また、海難遭遇時に海上に投棄される荷物の損害を、無事だった荷物の持ち主も含めて公平に負担する制度（いわゆる共同海損）を取り入れた。

このように廻船航路開発では、航路の設定だけではなく、在庫管理や輸送管理システムを確立しながら、インフラとして施設・技術・制度を整えたのである。航路開発とは言うものの、その実態は航路の設定だけでなく、総合的なロジスティクス・システムの構築だったのである。(4)(5)

（5）菱垣廻船と樽廻船

廻船航路で使用された船は、菱垣廻船《ひがきかいせん》と樽廻船《たるかいせん》である。

菱垣廻船による輸送は、元和五年（一六一九）に堺の商人による江戸への物資輸送が始まりとされている。菱垣とは、船の両舷に設けられた木製の菱形の格子であり、ここから名前が付いた。船の大きさは、二百～四百石積みで、徐々に幕府が大型化を認めたため、後に千石船とも呼ばれたように、千石積み以上の船も現れ、江戸後期には最大二千石まで積めた。千石積んだときに必要な人数は二〇人で、一石あたり二・五俵なので二五〇〇俵分積むことができた。(6)(7)

菱垣廻船はいわゆる混載で、さまざまな種類の物資を積んだ。このとき酒はあらかじめ船倉に積んでおき、他の荷物の到着を待ったが、それでは時間がもったいないということから、酒だけを専用に運ぶ樽廻船が、寛文年間（一六六一～一六七二）に始まった。この樽廻船は、樽を転がして積み込むので荷役時間

写真2·3　復元された菱垣廻船（なにわの海の時空館）

大阪市，なにわの海の時空館（平成25年３月10日閉館），平成14年11月17日著者撮影。

も短く、運賃も安かったことから、次第に酒以外の荷物も運ぶようになった。

樽廻船は菱垣廻船の船体とほぼ同じ形状だが、両舷の菱垣はなく、船倉は樽を積むために広かった。積み荷が同じ大きさの樽であれば、荷役時間も短縮でき、積載方法も統一できるため、短時間化と省コストの両面で有利になる。この現在のコンテナ輸送に共通する利点により、樽廻船の利用が増えていった。

そこで、明和七年（一七七〇）には、樽廻船で運ぶ貨物を酒と米などのいくつかの品目に限定したものの、それでも樽廻船の利用が菱垣廻船を圧倒していった[8][9][10]（写真２・３）。

2・2　内陸の物流ネットワーク、河川舟運

(1) 河川舟運が必要になった理由

ヨーロッパ観光の一つに、ラインの川下りがある。ライン川は、スイスに始まりオランダのロッテルダム付近で北海に流れる一大河川で、物資輸送の大動脈でもある。このライン川のなかで、川幅が狭く流れが速く、しかも水面下に多くの岩が潜んでいる難所があり、そこにそびえ立つ巨岩がローレライ（妖精の岩）である。船頭が岩場にたたずむ美女に魅せられているうちに、難破してしまうという伝説がある。船乗りにしてみれば、「そんな不謹慎な者はいない」と反論したくなるところだが、伝説が生まれるほどの難所だったということだろう。しかしローレライ付近を除けば、ライン川の流れはゆったりしていて、船の航行に適している。

一方、日本は島国で国土が狭いため、河川の延長距離は短く流れも急で、川幅も狭く水量の変化が大きいために水深も一定しない。このため大陸国に比べれば、我が国の河川舟運は最初からハンディキャップがある。しかし、これを克服して、河川舟運による物資輸送システムを確立しなければならない理由があった（写真2・4）（写真2・5）。

第一の理由は、全国各地と江戸や大坂を結ぶ長距離輸送に廻船航路が必要だったように、各地の海の港（湊）と内陸部を結ぶ必要があったからである。

写真2·4　北上川を航行した平田舟（北上市）

平成19年11月25日著者撮影。

写真2·5　京都の高瀬川の高瀬舟

平成14年11月16日著者撮影。

第二の理由は、内陸部との輸送を、舟による河川舟運と馬や荷車などの陸上輸送とで比較したとき、河川舟運が有利だったからである。つまり馬や荷車では振動による荷傷みがあり、輸送量も限られ（馬で米二俵、荷車で米三俵、大八車で五俵、舟で米四五俵から三五〇俵）、作業人数も多く必要だった（後述、（4）河川舟運による輸送方法、参照）。

こうして山間部や平野部で収穫された物資は、舟運により川を下りながら海の港まで運ばれていった。加えて明暦三年（一六五七）の大火を契機に、全国各地の山間部から江戸に材木を大量に供給するようになり、さらに河川舟運が多く利用されるようになった[11][12]。

（2）物資輸送システム構築のための整備

河川舟運による物資輸送システムを構築するために、全国でさまざまな整備が進められた。

第一は、管理体制の整備である。現代の言葉で表現するならば、貨物の在庫管理と輸送管理である。「在庫管理」では、極印《ごくいん》（品物や金銀貨に押した文字や印）による数量管理と品質管理を確実にした。「輸送管理」では、船番所を設置して、危険な船舶航行を監視する安全管理を行った[13]。

第二は、インフラ整備である。河川舟運においても、廻船航路開発と同じくロジスティクスのインフラ（施設、技術、制度）の整備が進められた。

「施設」については、航路を確保するために、江戸幕府は全国の諸藩に河川改修を命じている。舟の航行に合わせて川幅を広くしたり水深を深くしたりして、河岸や船着場を設けていった。これにより、東北

図表2-3　江戸期の河川舟運の内容

1．河川舟運における個別システムの整備		
①在庫管理	数量管理	極印による積み荷の数量管理
	品質管理	極印による積み荷の品質管理
②輸送管理	船番所設置	危険な航行の監視
2．河川舟運におけるインフラの整備		
①施設	航路開発	河川改修による川幅と水深の改善
	寄港地整備	河岸や船着場の整備
	川舟	川舟の建造の承認
②技術	船番所設置	番所の設置と川舟奉行職の配置による航行管理
③制度	極印	偽造防止や盗難防止と徴税制度の確立
	川舟建造	有力農民の船主や河岸問屋の誕生

著者作成。

写真2·6　宮崎県大淀川の観音瀬の水路

左が江戸時代，右が明治時代の開削，平成17年12月4日著者撮影。

地方の北上川や最上川、北陸地方の信濃川、中部地方の天龍川や富士川、近畿地方の淀川、九州地方の筑後川や大淀川などで、安全な運航が可能となった（図表2-3）。

たとえば宮崎県の大淀川の観音瀬《かんのんぜ》（宮崎県都城市）は、岩場が水面から顔を出す難所だった。舟を通過させるために、寛政三〜五年（一七九一〜一七九三）にかけて、舟一艘分の幅だけ水路を開削した。上流からみて左側には江戸時代の開削跡があり、右側に明治時代の開削跡が残っている。どのような河川の開削工事も水面下であれば、人の目には触れにくい。しかし観音瀬の開削跡を見ると、難工事だったことがひしひしと伝わってくる（写真2・6）。

「技術」については、舟の航行管理のための船番所の設置と川船奉行職の配置があった。

「制度」については、極印による偽造・盗難防止と税の徴収体制を整えていった。また江戸初期の河川舟運は、主に地元領主（大名など）が船主となって運営されていたが、次第に地元有力農民が舟を自主的に運航したり船主になったりした。そのような有力農民が、河岸問屋を設立することで、ますます河川舟運が盛んになっていった。

（3）河岸のできる場所

小京都《しょうきょうと》や小江戸《こえど》という言葉には、心地良い響きがある。

その昔、渥美清主演のシリーズ映画「男はつらいよ」のロケ地は、小京都や小江戸の風景に重なる。これらの街を訪れると、横丁から主人公の寅さんがひょっこりと姿を現すような錯覚さえ起こしてしまう。

小京都は「京都に似た歴史と景観」「京都との歴史的なつながり」「伝統的な産業と芸能があること」のどれかを満たすことで、全国京都会議によって認定してもらえるようだ。角館、高山、郡上八幡、近江八幡、津和野、龍野、大洲などである。

小江戸は、もう少し遠慮がちで都市の数も少ない。「江戸との関わりが深く、江戸の風情を残す古い町」ということで、川越、栃木、佐原などである。

そんな小京都や小江戸を名乗る街の共通点が、川と蔵である。蔵の街というと、防火のために土蔵づくりを奨励した街も多いが、水辺があり蔵が建つということは、河川舟運による物流で栄えた証でもある。だからこそ小京都や小江戸の起源をさかのぼると、河川舟運との関わりが浮かび上がってくるが、このことに気づく観光客は少ない。それでも蔵は、物流とは切っても切れない縁を誇

写真2·7　栃木市の運河と蔵

平成14年9月2日著者撮影。

るように、黒い瓦と白い壁のコントラストのなかで、周囲を見渡すように堂々と建っている（写真2・7）。川と蔵があれば、必ず荷揚げのための河岸がある。この河岸ができる場所には、いくつかの法則がある。

第一は、川舟の中継地点や遡行終点である。川幅や水深が変化する場所には、大舟から小舟に荷を積み替えるための河岸がある。北上川の黒沢尻（岩手県北上市）や、最上川の大石田（山形県大石田町）などである。また川幅や水深が限界となって川舟が運行できなくなる遡行終点にも、河岸ができ街が発達する。利根川の倉賀野（群馬県高崎市）や鬼怒川の栃木（栃木県）、北上川の盛岡（岩手県）などである。

第二は、河川の合流地点や分流地点である。ここでは、他の河川から小舟で運ばれてきた下り物資を大舟に積み替え、上り物資を小舟に分けた。利根川流域では、栗橋（埼玉県久喜市）が代表的である。

第三は、街道や廻船航路などと結節する河岸である。街道と河川の結節点にある倉賀野や安食《あじき》（千葉県栄町）の河岸は宿場でもあった。廻船航路の結節点である銚子（千葉県）は、港でもあった。このような場所が物資の積み替え拠点となって、街として発達した。

第四は、城下町や宿場町などである。関宿（千葉県野田市）のような城下町の河岸は、城の堀に近接して設けられることが多く、境（茨城県）のような宿場町の河岸は、街道と河川の交差地点に設けられることが多かった。

第五は、物資輸送に直接関係なくても、香取（千葉県）のように神社仏閣への参詣客の乗り降りのために河岸があった。また関東の栗橋のように、関所や船番所が併設された河岸もあった。(14)

(4) 河川舟運による輸送方法

河川舟運で利用された舟が、高瀬舟や平田舟である。これらの舟に共通する特徴は、浅瀬でも航行できるように喫水(船体の最下端から水面までの長さ)が浅く、船底が平らで細長いことである。ただし船体の大きさや積載量は、河川の川幅や水深によって異なった。なかには、帆を張り風を利用するために帆柱を備えた舟や、屋形船のように屋根のついた船もあった(15)(16)。

河川は上流になるにつれて川幅が狭くなり水深も浅くなるので、河口部から上流部まで航行するときには、途中で大舟から小舟に物資を積み替えることもあった。最上川では、下流での平田舟から上流の小鵜《こう》飼舟《かいぶね》に積み替えた場所が、大石田河岸だった。川舟が流れに逆らって河川を上るときは、帆柱を立てて帆を張り風を利用したり、河川沿岸の土手から綱で川舟を曳いたりした。大舟が浅瀬で航行できなくなったときは、小舟に物資を分けて一時的に大舟の喫水を浅くして浅瀬をやり過ごしてから、再び大舟に物資を積み戻すこともあった(17)(18)。

河川舟運で使われた舟の積載量は、最上川の場合、小舟一艘あたり米四五俵積みで船乗り一人、中舟一艘あたり米二〇〇俵で三人、大舟一艘あたり米三五〇俵で五人だった。利根川の大舟は最大積載量が一二〇〇俵だった(19)(図表2-4)。

荷車や馬による輸送方法を、川舟と比較してみよう。

荷車のうち「大八車」とは、八人分の仕事をする二輪の荷車で、大八車一台に米五俵積んだときの作

図表2-4　輸送手段別の積載量と作業人数

輸送手段		積載量（米俵）	作業人数（人）
陸上	馬	2	1
	荷車（大八車）	3〜5	1〜3
河川	川舟（小舟）	45	1
	川舟（中舟）	200	3
	川舟（大舟）	350	5
海上	五〇石積み廻船	125	3
	千石積み廻船	2,500	20

注：大・中舟は最上川の平田舟である。小舟は利根川での高瀬舟である。廻船は弁財船である。
著者作成。

業人数は三人だった。関西地域で使用された「べか車」は、二輪で車体も車輪も板張りであり、べか車一台に米四俵（五俵が限界）積んだときの作業人数は二人だった。大八車やべか車などは、農村では農民が村から逃亡することを防ぐために、また城下町では道路に轍ができたり橋梁を破損することを防ぐために、利用が制限されていた（写真2・8）（写真2・9）。

馬による長距離輸送には、伝馬《てんま》と中馬《ちゅうま》があった。伝馬とは、宿場ごとに積み替えて輸送していく駅伝方式の輸送方法で、江戸時代は幕府が主要な街道の宿場ごとに馬を常備した。中馬とは農民による輸送方法であり、輸送物資を積み替えずに直接届け先に運ぶもので、現代の民間の輸送業者にあたる。河川舟運の便が悪かった信州を中心に発達した。馬では、背に二俵しか載せることができず、しかも振動により荷傷みや荷崩れを起こすことがあった。加えて伝馬であれば、積み替えによる荷傷みもあった。

舟による輸送は、積み替えも少なく振動も小さいために、荷車や馬による輸送に比較すれば荷傷みも少なかった。また作業人員一人あたりの輸送量が多く費用も安くなるので、河川舟運は輸送効率と経済性で優れていた。だからこそ、舟が円滑に航行できるように、河川の開削や改修工事が頻繁に行われたのである。(20)

写真2·8　酒樽を運ぶ大八車（東京みなと館）

平成20年２月８日著者撮影。

写真2·9　米俵とべか車（なにわの海の時空館）

大阪市，なにわの海の時空館（平成25年３月10日閉館），平成14年11月17日著者撮影。

(5) 河川舟運で運ばれた物資と輸送容器

江戸時代の全国各地の米や特産品は、河川舟運で川を下り、廻船により江戸や大坂に運ばれた。逆に江戸と大坂で生産された製品は廻船で全国各地に運ばれ、さらには河川を上ることになる。このため、どの河川でも共通して、下りの輸送物資には米があり、上りでは塩・古手着物・海産物（干鰯・干魚など）があった。

米以外の下りの物資は、藍、煙草、紅花・青苧《あおそ》、漆、材木・白木・薪炭、木炭、石炭などがあった。塩や海産物以外の上りの貨物には、木綿・鉄、酒・醤油・蝋、綿・煙草などがあった。たとえば、東北の北上川や最上川の下りは材木や紅花などがあり、上りは着物があった。木曽川の下りは材木や薪炭などで、上りは着物だった。遠賀川の下りは、石炭や菜種や蝋などで、上りは、綿や煙草などだった。このように地域によって、運ばれた物資には特徴があった。

廻船や河川舟運で運ばれる物資の積載方法や輸送容器には、いくつかの種類があった。

第一は、俵である。円筒形の俵は主に米や塩などを包装し、四角い俵は薪炭などに利用していた。米俵一俵は、現在の六〇キログラムに相当した。俵により輸送重量も形状や大きさも規格化されて、輸送も保管もしやすくなっていたのである。

第二は、樽である。酒や醤油などの樽には二斗樽（三六リットル）や四斗樽（七二リットル）があり、この樽によって積載方法も標準化されていた。たとえば江戸初期に二斗樽二つを馬に載せていたが、その

図表2-5　江戸時代の包装の種類と積み方の特徴

包装の種類	積み荷	積み方の特徴
俵	筒型：主に米や塩など 四角型：薪炭など	米俵一俵は60キログラムで，俵により輸送重量も形状や大きさも規格化されて，輸送も保管もしやすかった
樽	酒，醤油など	樽には，二斗樽（36リットル）や四斗樽（72リットル）があった 江戸初期は二斗樽二つを馬に載せていたが，その後四斗樽を載せるようになった
紙	木綿など	和紙，柿渋を塗った油紙を使用
直載	石炭など	川舟に直接積む手法
筏	材木	材木を筏にして河川を下る 木曽川では，筏流しとして丸太をそのまま流し，途中の河岸で切断して角材や板の状態にし，再度筏に組み立てたり，川舟などに積み込んで輸送した

著者作成。

後四斗樽を載せるようになった。

第三は、紙による包装である。木綿を和紙で包装したり、またその上に水に強い材質である柿渋を塗った油紙で包装したりしていた。

第四は、舟への直積み（直載）である。石炭輸送では、一部で籠や俵に詰めて輸送することもあったが、多くは川舟に直接積んでいた。

第五は、筏《いかだ》である。木曽川では、筏流しと呼ばれる方法で切り出した丸太をそのまま流し、途中の河岸で切断して角材や板にしてから、再度筏に組み立てたり、川舟などに積み込んで輸送した[21][22]（図表2-5）。

2・3　河川舟運が支えた仙台の発展

(1) 戦国武将と領国経営

河川舟運は、戦国大名の領国経営にも、大きな影響を与えた。

火坂雅志は、「『天下・家康伝』第六四回　進むべき道（3）」（日本経済新聞連載、平成二五年六月一八日夕刊）のなかで、「積載量の大きい船は、馬や荷車の千倍もの物資輸送能力を有している。そのため、流通経済による領国経営の強化を図る戦国大名たちは、こぞって舟運の掌握につとめた。」と記している。そして、上杉謙信の関東や北陸への遠征が日本海舟運の利益に支えられていたこと、織田信長の台頭の背景に伊勢湾舟運による経済力があったこと、武田信玄が川中島の合戦に挑んだのも日本海側の流通ルートを求めたことなどを記し、「戦国の世は、現代がグローバル化しているのと同じく、ヒト・モノ・カネが広域で動き出した時代である。」としている[23]。

戦国時代の武将の仕事には、戦さとともに経済振興があった。なぜなら、農業生産と流通により富を生めば、経済的な支配を強めることができるからである。それゆえ物資輸送路の重要性は、軍事目的でも経済目的でも変わらなかった。戦国時代に培った軍事のロジスティクスの知識を、ビジネスとしての経済振興に活かしていったのである。

このロジスティクスの技術移転のスタイルは、昔も今も変わらない。

(2) 貞山運河と一大流通圏の形成

東北の雄である仙台藩主の伊達政宗も、江戸に入った徳川家康と同じように、洪水の氾濫原である湿地帯を豊かな農地に変えるための北上川の改修を行うとともに、運河の掘削を考えた。

木曳堀《きびきぼり》（現在の貞山運河の一部）は、伊達政宗の命により、慶長二〜六年（一五九七〜一六〇二）にかけて、海岸線と平行に開削された。名取川河口から阿武隈川河口の荒浜まで、総延長が約一五キロメートルの堀である。小さな舟で海岸沿いを航行するときは横波を受けるので危険だが、運河であれば波も立たず安全に航行できる（図表2-6）（写真2・10）（写真2・11）。

こうして仙台藩の南部の物資を、阿武隈川の河口まで運び、次に木曳堀を経て名取川の河口まで行き、そこから川を上ることで仙台まで運べるようになった。その後運河は延伸され、仙台湾沿いに約六〇キロメー

図表2-6　貞山運河と北上運河

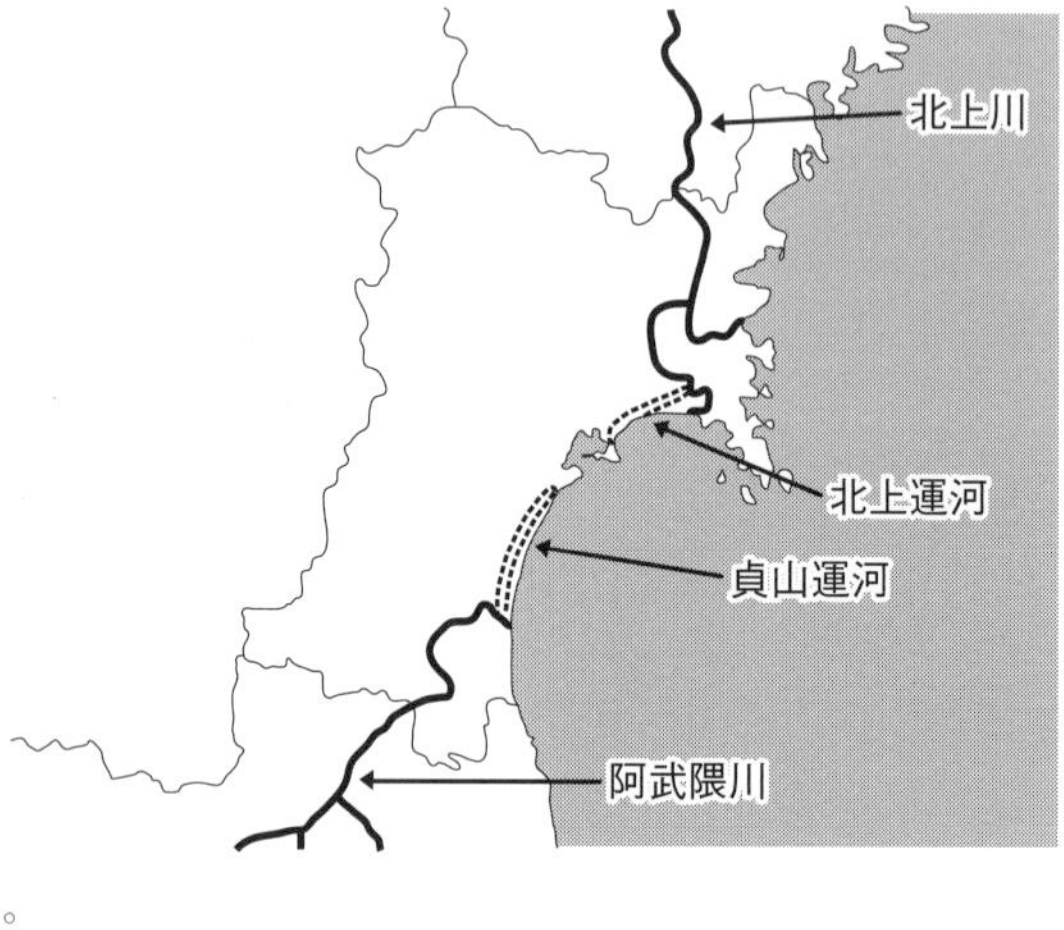

著者作成。

写真2·10　東日本大震災前の貞山運河（宮城県）

平成16年3月29日著者撮影。

写真2·11　東日本大震災後の貞山運河（宮城県）

平成23年4月29日著者撮影。

トルの、日本最長の運河となる。

北上川の改修は、慶長九年（一六〇四）に登米（現在の宮城県登米市）に移された白石宗直が、慶長一〇年（一六〇五）に着手し、約五年後に北上川の流路は東に変わる。その後伊達政宗は、長州出身の川村孫兵衛を呼び、元和九年（一六二三）から約四年かけて北上川改修工事を行った。これにより、北上川、迫川、江合川の三大河川を一本化し、物資輸送路としての北上川の機能が飛躍的に高まるとともに、石巻が物資集散の中心的な港となっていった。

江戸時代の各藩の物流の動脈は、河川舟運である。仙台藩の場合は、北上川と阿武隈川の二大河川が物資輸送の動脈そのものだった。そして北上運河と貞山運河の役割は、岩手県の北上川水系、宮城県の名取川や広瀬川の水系、福島県の阿武隈川水系の三つをつなげることにあった。こうして北上川の上流の盛岡から阿武隈川の上流の白河付近までを河川舟運で結ぶことで、仙台藩は一大流通圏を手中に収めることができたのである。(24)

(3) 仙台藩の発展を支えたインフラ整備

河川改修と新田開発により生産量が増えた仙台藩の米は、河川と運河を利用して石巻や荒浜まで舟で集められ、そこで廻船に積み替えられて江戸の深川に運ばれた。江戸の河川や運河沿いには各藩の米蔵が並んだが、なかでも仙台藩の米蔵は大きく、米相場を左右するほどの影響力があった。仙台藩は、経済的にも大きな存在感を維持し、米は幕末まで仙台藩の財政に貢献した。(25)

司馬遼太郎は、『この国のかたち、二、〝市場《しじょう》〟』のなかで、次のように記している。
「家康の死後、二十年ほど経て幕府は鎖国をした。これによって、貿易による国内経済の過熱はからくもふせぐことができたが、しかし綿糸・綿布その他農村での商品生産がさかんになって、秀吉の世よりもはるかに市場が活発になった。たとえば、江戸後期以後、仙台藩のコメは大阪の大名貸し商人の手を経て大きく商品化し、仙台の外港である石巻から海路送られて江戸の人口を養いつづけた。(26)」

仙台藩の経済の発展と財政の安定は、そもそも河川改修や新田開発から始まったことになる。ただし河川改修や新田開発に直接携わった者たちは、その目的が軍事であるか経済であるかを区別できなかったことだろう。目立たずに誰にも気づかれずに、遠い将来のためにインフラの整備を進めることは、為政者や公の役割を司る者の使命であり誇りでもある。このことこそが伊達政宗の「深謀遠慮」であり、「野望」でさえあった。

東京の江東区には、昔の仙台堀川が、今は仙台堀川親水公園と名を変えて市民に親しまれている。この名前は、河川の北岸にあった仙台藩邸の蔵屋敷に米などの特産物を運び入れたことに由来する。約四百年後の東京で、往時の繁栄を示すように仙台藩の名が残されているのである。このことを伊達政宗が知ったら、それこそ本懐を遂げたと笑みを浮かべることだろう。

2・4　街道を駆ける飛脚と塩の道

(1) 情報伝達を担った飛脚

飛脚と聞くと、何を思い浮かべるだろうか。今なら佐川急便だろうか。日本で二位のシェアを占める宅配業者の佐川急便は、商品名を「飛脚宅配便」としている。今は青と銀色のデザインのトラックだが、以前は「赤いふんどし姿の飛脚」がトラックに描かれていた。このトラックの「飛脚のふんどしに触れると幸せになれる」という都市伝説が生まれたり、「飛脚のマスコット人形を持つと結婚できる」というエピソードがテレビで放映されて話題になった。私は、佐川急便の飛脚人形と縞シャツのユニホームを着たキティちゃんをペアにして、悦に入っている。何か御利益はあるだろうか。

そもそも飛脚とは、江戸時代に信書や小さな荷物を運んだ人のことである。信書を入れた文箱を棒にくくりつけて、肩に担いで走る。隣の宿場までが持ち場なので、次の宿場で別の飛脚にバトンタッチする。継飛脚《つぎひきゃく》とは、幕府公用の信書や荷物を運ぶ飛脚である。児玉幸多編の『日本交通史』の「第三編の五、通信と飛脚」（藤村潤一郎）には、「幕府の地方行政組織は老中の下に、郡代、奉行、代官などが直轄領を支配した。彼らの勤務地の、京都・大坂・伏見・堺・奈良・山田・長崎・駿府・甲府・浦賀・日光・新潟・佐渡などと江戸の間を公文書が往復した。」と記されている。郵便や電話のない時代だから、情報伝達は飛脚に頼っていた。[27]

大名飛脚とは、各藩の領地と江戸を往復した飛脚である。裕福な藩は自前で飛脚を抱えたが、費用がかかるために町飛脚《まちびきゃく》に依頼する藩も多かった。

一般の武士や町人は、幕府の継飛脚や各藩の大名飛脚を利用できないため、町飛脚（別名飛脚屋）を利用した。先の『日本交通史』には、「寛永十九年（一六四二）五月に、江戸と京都の町人が申し合わせて飛脚宿を設け上下する飛脚を営業していることがわかる。」とある。また「初期の町飛脚は上方商人の江戸進出に伴ってくだってきた。主要な顧客は酒問屋、木綿・太物問屋・糸問屋、呉服問屋などである。飛脚の最初は百姓の日雇稼業で、江戸の取次店は八百屋、豆腐屋や、茶碗屋などであり、次第に専業化したと考えられる。」としている。

街道の宿場にある問屋場《といやば》は、幕府や各藩の旅行者のために、荷物を運搬する人や馬の手配（人馬継立）と、幕府の書状の運搬（継飛脚）などを担当していた。問屋《といや》は、問屋場の最高責任者で役職の名称である。現在の問屋《とんや》は卸売業である。江戸時代の廻船問屋《かいせんどんや》は、卸売業と運送業を兼ねていた。

このように、「問屋」には、「といや」と「とんや」という二つの読みと意味がある。

（2）飛脚が伝えた商取引情報

飛脚の仕組みは、現代に通じるところがある。

飛脚が江戸と大坂を結ぶスピードは、一般的に三〇日程度だったが、現代の速達便のように、「六日限」「十日限」などと、配達までの日数を六日や一〇日と約束した飛脚便もあった。大坂の「三度飛脚」とは、毎月二日、一二日、二二日に大坂を発ったもので、今でいう定期便である。非常に急ぐ場合には、今の貸し切りトラックのように自分の信書だけを運ぶ「仕立飛脚」もあった。

元禄時代（一六八八～一七〇三）に物資輸送で活躍した人物に、紀伊国屋文左衛門（寛永九年～享保一九年、一六六九～一七三四）がいる。江戸の鍛冶屋の神事でミカンを振る舞う風習があった。ある年、江戸でミカンの値段が高騰していたとき、紀州では豊作でミカンの値が下がっていた。そこで文左衛門は、紀州でミカンを大量に買い付け、荒天のなか船で江戸に運んだ。また江戸の町で大火があったときには、木曽の材木を買い占めて船で江戸に運んだ。こうして文左衛門は、市場の動向を察知し、他人よりも早く現地のミカンの価格情報を得たり、材木の発注情報を現地に伝えて買い付け、江戸に輸送することで大儲けする。こんなときこそ、いち早く情報を伝達するために、飛脚を使ったに違いない。

主要顧客が問屋だったのだから、町飛脚が運んだ文書は、商品の価格情報や受発注情報を書き込んだ文書が多かった。また、遠距離の取引で代金を現金で支払うには、紛失や盗難のリスクがあるために為替を組み、手形そのものは飛脚で運ばれた(28)。

今では電話やインターネットで受発注や決済ができるが、江戸時代は、飛脚が商取引情報を伝達し、手形も運んだのである。

（3）海から山に向かう塩の道

人が生命を維持していく上で、塩は欠かせない。しかし日本で岩塩は産出されないから、山国では、いかに海とつながり、いかに塩を手に入れるか頭を悩ますことになる。塩分が欠乏すると健康を害し戦どころではなくなるから、戦国時代は塩の確保が軍事上も重要だった。

領地内に海につながる河川があれば、舟運で上流に塩を運ぶことになる。このため江戸時代の河川舟運では、上りの荷物には共通して塩や海産物があった。北上川舟運では仙台湾から盛岡まで、阿賀野川舟運では新潟から会津まで、富士川舟運では駿河湾から甲府まで、内陸を目指して塩が運ばれたのである。家康が江戸に入ったときに開削した小名木川も、塩の産地である行徳（千葉県）から江戸城内まで河川舟運の便を図るため、という説が有力である[29][30][31]。

しかし河川の利便が悪ければ、陸路で運ばざるを得ない。

「塩の道」とは、海の港や河川の河岸から内陸部に塩を運んだ陸路である。無名の道も含めれば全国至るところに塩の道はあったが、なかでも有名なのは信州へ塩を運ぶ街道である。日本海側からは千国《ちくに》街道（糸魚川・千国・大町・松本・塩尻、別名糸魚川街道・松本街道）であり、太平洋側からは三州街道（岡崎・足助《あすけ》・飯田・塩尻、別名伊那街道・飯田街道）である。なにしろ信州は本州の中央にあって幅の広い部分にあるから、海から最も遠い場所でもある。また千国街道沿いの姫川は急流で地すべり地形であり、暴れ川として舟運には不向きだった。このため信州にとっての塩の道は、戦に備えた軍事戦略上も、また領民の生活のためにも、きわめて重要だった[32][33]（図表2-7）（写真2・12）。

「敵に塩を送る」という逸話がある。一六世紀後半のことであるが、戦国時代に駿河（静岡県中央部）の今川氏と相模（神奈川県）の北条氏が、武田信玄の領国だった甲斐（山梨県）と信濃（長野県）に塩を運ぶことを禁じた。このとき窮状を見かねた越後（新潟県）の上杉謙信が、昔からの敵である信玄に塩を送ったという逸話である。山国である甲斐と信濃は、当時太平洋側からの塩（南塩）と、日本海側の越後からの塩（北塩）に頼っていた。そのため太平洋側からの塩の供給が止まれば、日本海側しかなかったのである。

図表2-7　江戸時代の信州に向かう「塩の道」

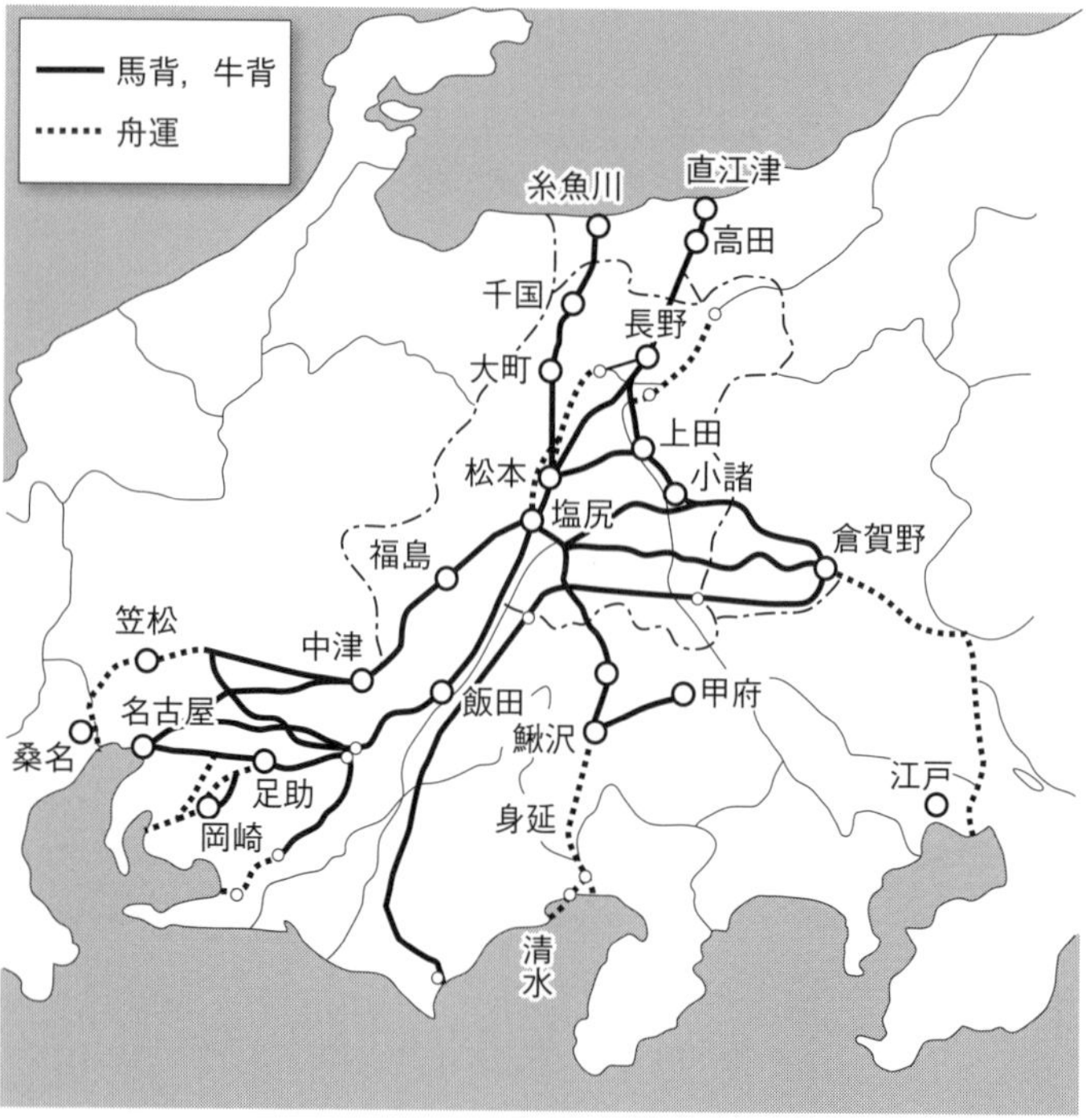

出所：『週刊日本の街道97―糸魚川千国街道』講談社，2004年，p.27。フェルケール博物館『特別展図録―もうひとつの塩の道（富士川舟運）』フェルケール博物館，2005年，p.3。

写真2·12　塩の道の山口関所跡の碑

糸魚川市内，根知川左岸の山口集落，平成27年８月２日著者撮影。

（4）塩を運ぶワザ

日本海側の千国街道の起点となる糸魚川には、北前船も寄港していたから、各地の産物も集まった。糸魚川から松本への交易は、信州問屋と呼ばれる六軒の商人が独占し、塩も糸魚川から信州に運ばれていった。

塩の輸送方法は、急峻な山道に強い牛に三〇貫（一一二キログラム）の塩を背負わせ、豪雪の冬は牛も使えないために歩荷《ぼっか》と呼ばれる運搬人が二〇貫（七五キログラム）の塩を背負い、一日五里（約二〇キロメートル）の山道を歩いて運んだ。越後と信濃の境にある千国には番所が置かれ、塩や魚など輸送物資に税をかけていた。千国からさらに南に向かうと、街道の中間点の大町に着く。牛方《うしかた》や歩荷によって運ばれた塩が集められた大町は、中継地として繁栄し蔵も多くあった。この大町から松本や塩尻までは、馬でも塩を運んだようだ。糸魚川から松本までは、約三〇里

（一二〇キロメートル）の道のりだった。

一方太平洋側の三州街道は、矢作川河口から平古（現豊田市）まで河川舟運で塩が運ばれ、その後馬によって足助に運ばれる。足助の塩問屋は、山道の運搬に合わせて、塩を七貫目（約二六キログラム）の俵に包装し直してから信州へ運んだ。運びやすさを求めて、俵の大きさと重量をそろえることは、今でいう「荷姿の標準化」である。江戸時代後半には、一四軒の塩問屋が年間二万俵の塩を信州に運んだという。一頭の馬に四俵積めるので、単純計算では年間延べ約五千頭の馬が必要だった。塩を運ぶのは直接最終到着地まで荷を届ける中馬だった。こうして足助からは「足助塩」と呼ばれた塩と海産物を信州に運び、復路では、信州からは年貢米や山の産物を運んだ。

千国街道の北塩と三州街道の南塩は、塩尻で出会う。塩尻は塩（北塩）の供給路の終点で、松本藩の塩留番所があった。北塩は、塩尻峠を越えた南の地域には供給されていなかった。塩尻という言葉には、塩の行き止まりの土地、あるいは両方からの塩の接点という意味がある。信州には松本に近い塩尻のほかにも、三ヶ所ほど塩尻という土地があったという[34][35]。

塩尻以外にも、全国には「塩」の付く地名や駅名は多い。海に近い鉄道駅では宮城県の塩釜駅や東塩釜駅、三重県四日市の塩浜駅がある。山間部では、広島県三次市には塩町駅、山梨県の身延町の塩之沢駅、喜多方市と合併した旧塩川町の塩川駅などがある。なかでも塩川は、米沢街道の会津と喜多方の中間に位置し、阿賀野川舟運と交差する宿場町であり、河岸では塩が荷揚げされていた。塩と名が付く土地は、海沿いであれば塩の生産に、山間部であれば塩の流通に縁が深いのである。

2.5 文化を運び、神を運ぶ

(1) ブリ（鰤）街道

東日本と西日本では、食文化が異なる。岡山県出身の秘書は、関東の蕎麦屋で初めてうどんを目にしたとき、一瞬「醤油のなかにうどんが漬けてある！」と思ったそうである。それほどの違いがある。

関東はそばが多く、鰹節の出汁《だし》と濃口醤油で色が濃い。関西はうどんが多く、コンブ（昆布）の出汁と薄口醤油で色も薄い。出汁に限ってみても、カツオ（鰹）は南から黒潮にのってやって来るが、コンブは日本海を北前船で運ばれてくる。カツオとコンブの間に、方向（南からと北から）、地域（太平洋側と日本海側）、運び方（海流と船）という三つの違いがあること自体、なんとも興味深い。

関東の雑煮は焼いた角餅を入れた醤油仕立てのすまし汁だが、関西は湯がいた丸餅を入れる味噌汁である。雛祭りに登場する菱餅の雑煮は、皇室と出雲などの中国地方の一部に限られている。

正月に縁起物として食べる魚は、関東がサケ（鮭）で関西はブリ（鰤）である。サケは北海道や東北の河川に遡上してくるので、上流部でも捕獲できる。つまりサケは河川を自ら移動してくれるから、陸路で運ぶサケ街道というのは聞いたことがない。

しかしブリは川を遡上しないため、内陸に届けるための街道が存在した。江戸時代に塩や海産物を内陸に運ぶ街道のなかでも、もっとも長かったのがブリ街道である。現在の富山県の氷見《ひみ》から長野県の松本まで、約一八〇キロメートルの道のりだった（図表2-8）。

ブリは、秋になると北海道から日本海沿岸を南下し、冬に富山湾周辺にやってくる。捕獲されたブリは、保存のために塩漬けにされてから、信州の松本など内陸各地に運ばれていった。富山湾の氷見を出発して富山から高山までは越中街道だが、途中の猪谷で越中西街道と越中東街道に分岐してから、再び高山の手前で合流する。越中西街道の古川には歩荷が多くいて、物資の運搬が盛んだったようだ。越中西街道にある茂住（現神岡）で産出された銀も、ブリとは逆方向に牛や馬で富山まで運ばれてから、船で大坂まで輸送されていた。

図表2-8　ブリ街道

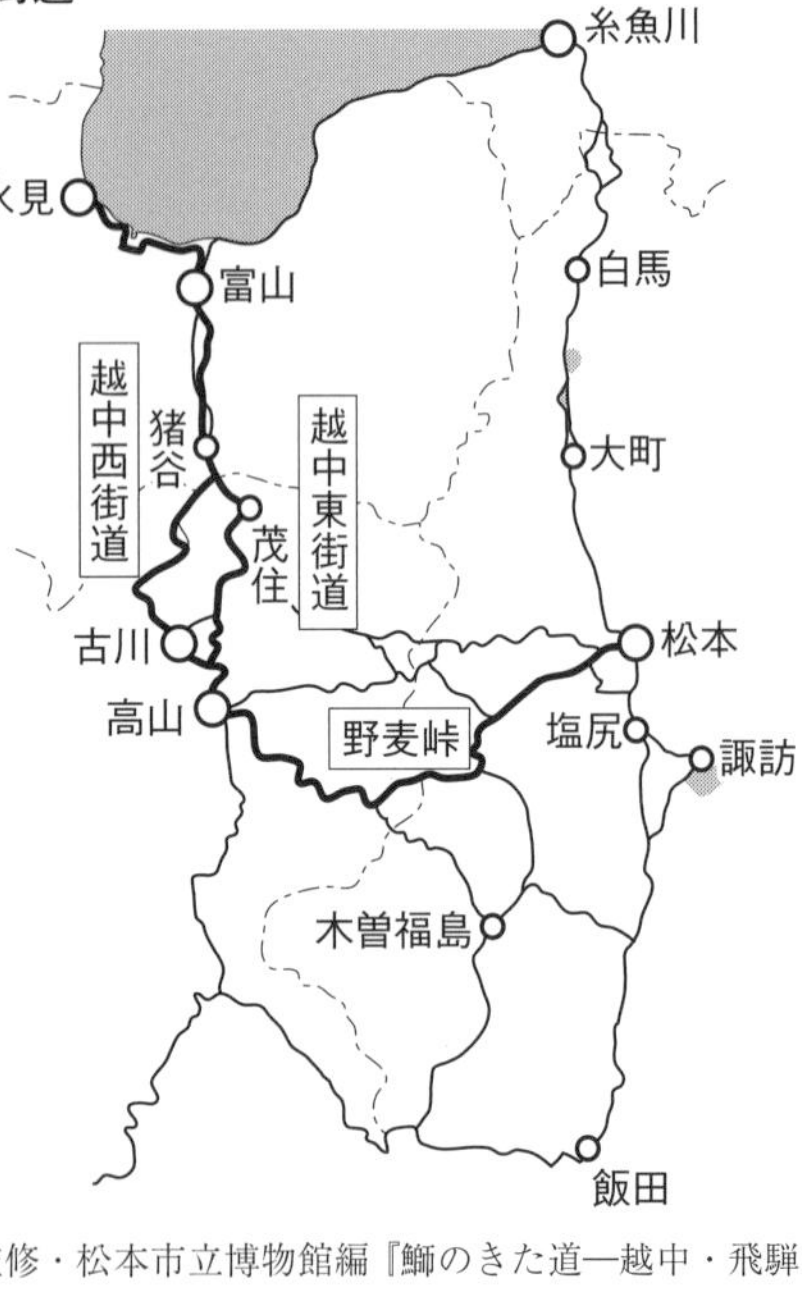

出所：市川健夫監修・松本市立博物館編『鰤のきた道―越中・飛騨・信州へと続く街道』オフィスエム, 2009年, p.28。

ブリの到着地の松本は、塩の道の終点の一つでもある。となれば塩の道と同じように、糸魚川から内陸の松本に向かうルートも考えられる。しかしこのルートをとると、氷見から糸魚川まで日本海沿いの北国街道の難所（親不知海岸）を、それも日本海が荒れる極寒の時期に通過しなければならない。危険を避けるためにも、ブリは越中街道から高山を経て松本に来たのである。

（2）ブリ（鰤）を運ぶワザ

富山から高山までの越中街道は積雪がそれほどでなかったために、牛や馬を利用することができた。数本のブリを竹籠に入れて八貫（約三二キログラム）。これを四籠ほど（三二貫、約一二〇キログラム）を牛に背負わせて運んだ。富山湾に面した氷見を夕方出発し、翌朝富山を通過して茂住で一泊する。次に古川で一泊して高山にたどり着く。この間二二里（約八八キロメートル）の距離を四日がかり（平均速度、二二キロメートル／日）だった。こうして飛弾の高山に到着したブリは、越中からやってきたので「越中ブリ」と呼ばれた[36]。

なお富山から高山への荷物は、ブリだけではない。正月以外は、越中の塩肴（魚）を始め海草類や天草、日用品や食器などが運ばれていた。ブリ街道は正月のブリのためだけでなく、生活物資のための街道だったのである。

途中の高山でブリは再び塩を振られ、梱包し直されてから信州に向かう。このとき五つの峠道のなかで、もっとも使用されたのは野麦峠だった。ブリを運ぶ時期は真冬の積雪期だから、峠越えに牛を使うことはできない。そこで歩荷が、数本のブリを籠に入れて背負い、高山から松本まで二四里（九六キロメートル）の道のりを八日間（平均速度、一二キロメートル／日）で運んだ。松本から先の諏訪盆地や伊奈盆地にも運ばれたし、高山から美濃街道を南下し下呂から木曽谷をへて飯田盆地にも運ばれていたが、メインルートは松本までだった。

高山からやってきたブリ（越中ブリ）を、信州では「飛騨ブリ」と呼んでいた。名前に産地の越中ではなく、途中の積み替え地点である飛騨の名が付いていることに、多少の違和感が無くもない。しかし現代でも、インド洋で獲れたマグロ（鮪）が「築地直送のマグロ」となるのだから、解らないでもない。

積雪がない時期の野麦峠では、牛を使って海産物を運んだ。力が強いということで、牡牛を使ったそうだ。しかし千国街道では、塩を運ぶときにおとなしい牝牛を複数連ねたという。このとき野麦峠の牡牛は三二貫（約一二〇キログラム）を背負い、千国街道の牝牛はそれよりも少し軽い三〇貫（十貫俵三つ、約一一二キログラム）を背負ったようだ。[37][38]

おめでたい正月の食材のためには、裕福な家が支払いを躊躇することはなかった。高価なブリを運ぶことで、問屋も背負人も懐が豊かになったに違いない。文化を大事にする伝統があったからこそ、ブリも長旅をしたのだろう。

（3）運びで生まれる名産品

「目黒のサンマ（秋刀魚）」という落語がある。目黒まで馬の遠乗りに出かけた殿様が、通りかかった農家で焼いているサンマをお付きの者に買わせて食べた。サンマは庶民の食べ物とされていたから、殿様にとっては初めての味だった。その美味しさを忘れられず、親戚の家で何が食べたいかと問われたときにサンマと答える。あわてて魚河岸からサンマを取り寄せ、殿様の身を案じて毛抜きで小骨を取り、蒸して油を抜いて、椀にして出した。脂ののった焼きたてのサンマとは、姿形も味もほど遠い。

「このサンマ、いずれで仕入れたか」「日本橋の魚河岸でございます」「それはいけない。やはりサンマは目黒に限る」というのが落ちである。

殿様は味の違いを、料理方法ではなく産地の違いと誤解したのである。しかしサンマの美味しい目黒が産地ではないように、名産品の生まれる場所が、必ずしも素材の産地だけとは限らない。名産品は高い料理の技で、素材の味を引き出すことでも生まれる。サンマであれば、お椀にするよりも、焼いて少し焦げ目を付けた方が味が活きる。となると名産品にとっての課題は、料理の技で味を引き出せる土地まで、どのように素材を運ぶかということになる。

偶然とまでは言わないが、幸運にも運ぶことで海産物が内陸地の名産品になったものに、甲府の「アワビ（鮑）の煮貝」がある。武田信玄が、戦場の保存食として珍重したという。駿河湾で取れたアワビを木の樽に入れて醤油漬けにして運ぶ途中、馬の体温と振動によって醤油がアワビに染み込んで、甲府に着く頃には美味しい味になった。灘や伏見の酒を大坂から廻船で江戸に運ぶときも、酒が船に揺られて熟成されて味が深まったというから、運びは味の向上にも貢献していることになる。

しかし、偶然でも幸運でもなく名産品になったものに、サバ（鯖）がある。

サバの名産品は、数多くある。若狭（福井県南部）や越前（福井県北部）の「へしこ」は、はらわたを取り出したサバを米ぬかと塩で漬けたものである。軽く炙《あぶ》ってつまみにすれば酒はすすむし、最後にお茶漬けにのせて食べるとさらに美味しい。若狭や越前の山村には、サバを塩と米飯で発酵させた「サバのなれずし」がある。臭いからして好き嫌いもあるだろうが、食べれば美味しい。山陰や若狭では、焼いたサバをのせた「焼サバ寿司」もある。

そしてサバの名産品の代表格が、京都の「サバ寿司」である。酢とコンブ（昆布）でしめた半身のサバを、長方形の酢飯にのせて棒寿司にしたものである。箱に入れて押し寿司にすれば大阪のバッテラになるが、京都のサバ寿司は竹製の巻き簾《ます》で巻く。このとき使用されるコンブは、もちろん北海道から運ばれてくる。北前船が活躍する江戸時代以前も、北海道のコンブが沖縄や中国まで運ばれていたから、当然のことながら若狭にもコンブが運ばれていた。関西の名産品には全国各地の食材を利用したものが多い。

(4) サバ（鯖）街道

京都のサバは、若狭からサバ街道を通って運ばれた。サバ街道のメインルートは、小浜から熊川と朽木を通って大原から京都に至る若狭街道（現国道三六七号）である。「京は遠ても十八里」と言われ、全長七二キロメートルだった。ほかには、熊川から保坂を経由してから今津に出て琵琶湖沿いに京都に向かうルートや、熊川や朽木に寄らずに針畑峠を越えるルートもあった。

この途中の熊川と朽木が、中継地点だった。朝小浜を出ると、正午頃に熊川に着く。熊川からは夜通しで朽木を経て大原まで行き、さらに京都に向かった。小浜から熊川までは三里（一二キロメートル）、熊川から京までの距離が一五里（六〇キロメートル）だった。早いときには一昼夜で京都に着いたのである。（図表2-9）。

小浜から京都へは直送もあれば、荷を途中の問屋で売り買いする乗り継ぎもあった。早朝に小浜を発った女性が行商しながら熊川まで来て、問屋に魚を売りさばくこともあった。また小出《こで》石《いし》の村人が京都に運んだこともあった。朽木には市場という地名が残っているように、宿場に市が立ち商品が交換されていた。

熊川を経由して京都に運ばれる商品は、もちろんサバだけではない。四十《あい》

図表2-9　サバ街道

出所：『週刊日本の街道1―京都・若狭街道：鯖街道』講談社，2002年，p.33。

物《もの》（塩魚類の総称または鮮魚と干物の中間の干物）と呼ばれる海産物には、かれい・あご・干しだら・鱈《たら》・しいら・能登いわしなどが運ばれた。宮津・豊岡・出石《いずし》などの御蔵米（年貢米）も運ばれた。さらには、たばこ・厚紙・足駄《あしだ》（雨の日に履く高い歯の下駄）などの日用品、大豆・小豆・こんにゃく玉などの食料品、綿・布・紅花（染料の原材料）などの衣料関連用品なども運ばれた。サバ街道で運ばれた物資は、サバだけでなく生活全般にわたったのである(39)(40)（写真2・13）。

サバは「生き腐れ」と言われるほど腐敗が早いので、内陸の京都に運ぶためには、鮮度維持にも工夫があった。まずサバを開きにしてから塩を振り、竹の葉に挟んで竹籠に入れる。塩で腐敗を防ぎ、竹籠で通風を良くして蒸れを防ぐのである。一人で一二貫程度（四五キログラム）を背負子《しょいこ》でかついで、長いときには十八里（七二キロメートル）の山道を夜通し歩く大変な重労働だった。塩をまぶしたサバは、一昼夜を経てちょうど良い味となって京都に到着した。一昼夜という運びの時間のなかで、品質が向上したということでもある(41)(42)。（写真2・14）

さて京都に近づくと、三千院で有名な大原を通る。薪を頭に載せて京の都で行商する大原の女性を、大《お》原女《はらめ》といった。サバと薪が、そして小浜からの運搬人と大原女が、一緒に京の街に入ることもあったのだろうか。

サバ寿司は、京文化を代表する味の一つであるが、この陰には、食文化を支える「街道」と「運びのワザ」があったのである。

写真2·13　サバ街道，熊川宿の今

平成21年５月３日著者撮影。

写真2·14　背負子でサバを運ぶ（若狭町歴史文化課所蔵）

平成21年５月３日著者撮影。

（5）「お水送り」と「お木曳き」

「文化と運び」という視点で他の地域に目を向けてみると、西廻り廻船航路の終着地だった山形の酒田は、お雛様という京都の祭りの文化が華開いた。山陰の安来の刀鍛冶の技術は、日本海を経由して越後の燕に伝わった。物の運びは、交易を通じて都市の発展に寄与しただけでなく、文化や技術も運んだのである。

奈良の東大寺では、毎年「お水取り」の儀式が行われる。三月一三日の早朝一時に、呪師《じゅし》（呪師、密教的な行法をする僧）が閼伽井屋《あかいや》（別名若狭井）へ向かう。ここで汲まれる水は、若狭の遠敷明神《おにゅうみょうじん》が神々の参集に遅れたお詫びとして、二月堂本尊に献じたと伝えられている。そして小浜の若狭神宮寺では、東大寺の井戸に水を送る「お水送り」（三月二日）の儀式が今でも続いている。少し手前勝手な解釈とは思うが、「お水送り」と「お水取り」を「発地と着地における、水の輸送の儀式」と考えれば、物流は宗教儀式のなかにも浸透していることになる。

日本海に面した小浜と内陸の京都は、サバ街道による「食文化」で結ばれているが、奈良とは「神の水」を「送り、取る」という「神事」で結ばれている。

諏訪大社の式年造営御柱大祭（御柱祭）でも、切り出した御柱を曳く「山出し」に始まり、川を越えていく「川越し」や、木落し坂から落とす「木落し」や、お宮まで運ぶ「里曳き」を経て、建て込む「建御柱」までが、神事となっている。

伊勢神宮では、約一三〇〇年もの長きにわたって、二〇年ごとに式年遷宮が行われており、平成二五年

写真2·15　宇治橋のたもと，川曳の御用材が陸に揚がるスロープ

平成26年11月16日著者撮影。

（二〇一三）には六二回目を迎えた。この式年遷宮で、御用材を神域に運ぶことを、「お木《き》曳《ひ》き」という。外宮へは陸路をたどる「陸曳《おかびき》」だが、内宮へは五十鈴川をさかのぼる「川曳《かわびき》」である。木の台座に御用材を乗せ、宇治の御側橋付近から宇治橋下まで運ぶのである[43][44]。

内宮の宇治橋のたもとの右岸にスロープがあって、そこから御用材は陸に揚がる。このスロープは、毎年一〇月中旬に初穂を神々に捧げる神嘗祭《かんなめさい》や、お白石という石材を運ぶときにも使用されるとのことである。「日本のはじまり」を標榜する伊勢神宮の内宮には、瀧祭神《たきまつりのかみ》という「川の水の神」が存在し、「川曳きという名の水上輸送」が行われ、そこに「物資搬入施設としてのスロープ」まで用意されているのである（写真2・15）。

そして遷宮の最大の行事が、遷御《せんぎょ》である。伊勢神宮のホームページには、「遷御の儀は大御神様に新しい御殿へお遷り願う式年遷宮の中核となる祭典です」と記してある。「神様のお引越し」、つまり「神様をお運びすること」が遷宮の中核行事なのである。

「物の運び」は、ときとして文化や技術の域を超え、宗教儀式にまで昇華しているのである。(45)

［参考文献］

(1) 仲野光洋・苦瀬博仁「物流システム構築の視点からみた江戸期における廻船航路開発の意義と影響に関する研究」『日本都市計画学会論文集』第三五号、二〇〇〇年、七九-八四頁。
(2) 土木学会『没後三〇〇年　河村瑞賢―国を拓いたその足跡』丸善、二〇〇一年、二一-一〇頁。
(3) 辻達也『江戸時代を考える』中央公論新社、一九八八年、五三-五四頁。
(4) 仲野・苦瀬、前掲書(1)。
(5) 大矢誠一『運ぶ―物流日本史』柏書房、一九七八年、九八-一〇五頁、一四五-一五〇頁。
(6) 山形県『山形県史　第二巻 近世編上』山形県、一九八五年、六四〇-六六一頁。
(7) 上村雅洋『近世日本海運史の研究』吉川弘文館、一九九四年、四八-七〇頁。
(8) 安達裕之・日本海事科学振興財団船の科学館編『日本の船　和船編』船の科学館、一九九八年、七九-一三三頁。
(9) 丹治健蔵『近世交通運輸史の研究』吉川弘文館、一九九六年、一四〇-一三七頁。
(10) 石井謙治『和船Ⅰ（ものと人間の文化史）』法政大学出版局、一九九五年、一二五-一三四頁、三一一-三五七頁。

(11) 児玉幸多編『日本交通史』吉川弘文館、一九九二年、三三〇-三六〇頁。
(12) 林玲子・大石慎三郎『流通列島の誕生』講談社現代新書（新書・江戸時代 五）、一九九五年、一五-二二頁。
(13) 川名登『近世日本水運史の研究』雄山閣出版、一九八四年、六四-八一頁。
(14) 小林高英・苦瀬博仁・橋本一明「江戸期の河川舟運における川舟の運行方法と河岸の立地に関する研究」『日本物流学会誌』第一一号、二〇〇三年、一二一-一二八頁。
(15) 荒井秀規・櫻井邦夫・佐々木虔一・佐藤美知男『交通（日本史小百科）』東京堂出版、二〇〇一年、一七一-一七八頁。
(16) 石井常雄『「馬力」の運送史』白桃書房、二〇〇一年、一一-一四頁。
(17) 豊田武・児玉幸多『交通史』山川出版社、一九七〇年、三三二-三四九頁。
(18) 森田保『利根川事典』新人物往来社、一九九四年、一〇六-一四六頁。
(19) 山形県、前掲書(6)。
(20) 永原慶二・甘粕健・吉田孝『交通・運輸』日本評論社、一九八五年、二九六-三一二頁。
(21) 小林・苦瀬・橋本、前掲書(14)。
(22) 各務堅司・錦織網場『木曽川筏流送の歴史』八百津町教育委員会、一九七九年、二八-四〇頁。
(23) 火坂雅志「『天下・家康伝』第六四回　進むべき道（3）」『日本経済新聞』、平成二五年六月一八日夕刊。
(24) 佐藤昭典『利水・水運の都、仙台』大崎八幡宮、二〇〇七年、四三-六九頁。
(25) 七十七銀行『MOOK・ザ・金融資料館』七十七銀行、二〇〇〇年、七四-七五頁。
(26) 司馬遼太郎『この国のかたち 二』文春文庫、一九九三年、二四九-二五九頁。
(27) 児玉、前掲書(11)、二八九-三〇六頁。
(28) 巻島隆『江戸の飛脚—人と馬による情報通信史』教育評論社、二〇一五年、二五七-二六九頁。
(29) 難波匡甫『江戸東京を支えた舟運の路—内川廻しの記憶を探る』法政大学出版局、二〇一〇年、七五-八三頁。

(30) 竹村公太郎『幸運な文明―日本は生き残る』ＰＨＰ研究所、二〇〇七年、一二〇―一三三頁。
(31) 富岡儀八『塩道と高瀬舟』古今書院、一九七三年、九―一三四頁。
(32) 宮本常一『塩の道』講談社学術文庫、一九八五年、三六―七五頁。
(33) 府川公広『古道塩の道』ほおずき書籍、二〇一二年、七八―九九頁。
(34) 平島裕正『塩の道』講談社現代新書、一九七五年、八九―一一一頁。
(35) フェルケール博物館『特別展図録　もうひとつの塩の道（富士川舟運）』フェルケール博物館、二〇〇五年、二―九頁。
(36) 向笠千恵子『食の街道を行く』平凡社、二〇一〇年、二九―七三頁。
(37) 市川健夫監修・松本市立博物館編『鰤のきた道―越中・飛騨・信州へと続く街道』オフィスエム、二〇〇二年、六―一五頁、八〇―八六頁。
(38) 市川建夫・北林吉弘・菅田一衛『鰤街道―その歴史と文化』郷土出版社、一九九九年、一五四―一七三頁。
(39) 上中町文書の里推進協議会『くまがわ』熊川公民館、一九七九年、六―八頁頁。
(40) 福井県三方上中郡若狭町教育委員会『若狭街道熊川宿』福井県三方上中郡若狭町教育委員会、二〇〇六年、三―六頁。
(41) 向笠、前掲書(36)、七―二七頁。
(42) 上方史蹟散策の会編『鯖街道』向陽書房、一九九八年、四一―五二頁。
(43) 吉川竜実『遷宮物語―江戸時代の遷宮啓蒙誌を読む』伊勢神宮崇敬会叢書、二〇一二年、七―一八頁。
(44) 伊勢神宮崇敬会『第六二回神宮式年遷宮　記念写真帳』平成二五年一二月二日。
(45) 苫瀬博仁「水の道から街をたずねて―第二回お参りと廻船建造の街伊勢大湊」隔月刊『大阪港』五五巻二号、大阪港振興協会、二〇〇四年、二七―三〇頁。

第3章

明治時代の殖産興業と鉄道

3・1　文明開化を体現した明治丸

(1) 西洋に追いつくための制度改革と船

江戸時代が終わり明治時代になると、文明開化の掛け声のもと、西洋に追いつくために多くの制度改革が行われた。情報伝達のための郵便制度、初等教育のための教育制度、物資輸送のための鉄道整備、そしてあまり知られていないのが燈台整備である。そこで、鉄道の発展を述べる前に、燈台巡回船として活躍した明治丸について触れておこう。

江戸時代にも港には灯明台《とうみょうだい》があったが、洋式の灯台はなかった。このため原則として廻船は陸の地形を見ながら沿岸を航海し、夜間はめったに航海しなかった。それゆえ開国後にやってきた外国船が「暗い海（Dark Sea）」と呼んだように、当時の日本沿岸の夜は暗闇に包まれていた。しかし、円滑な物資輸送のためには、夜間や濃霧時でも安全な航海をしたい。ならば燈台を設置し、さらに保守点検もしなければならない。そこには、国防という意図もあったことだろう。このために建造された船が「明治丸」だった。

明治六年（一八七三）に、伊藤博文により英国グラスゴーのネピア造船所に発注された明治丸は、明治七年（一八七四）に竣工して翌八年（一八七五）二月に横浜に回航された。回航時の乗組員は船長ロバート・ピーターズ、機関長ジョン・キャンベル以下五三名全員が外国人だった。横浜港到着後に、船長以下の士官はそのまま残ったが、水夫や火夫などの部員は日本人に交代している。その後、船長以下乗組員全員が日本人となったのは、明治二六年（一八九三）のことだった。西洋の航海術に追いつくまでには、一八年という年月が必要だったのである。

日本に回航された明治八年（一八七五）に小笠原諸島の領有問題が生じ、一〇月二一日に日本政府調査団が明治丸で横浜を出港し、二四日に父島に入港した。このとき二二日に横浜を出港した英国軍カーリュー号は、二六日に父島に入港した。この二日の差が、小笠原諸島領有の基礎となった。また明治九年（一八七六）には、東北・北海道御巡幸に際し、明治天皇は明治丸に乗船されて函館を出港し、七月二〇日に横浜港に到着された。この日を記念して始まったのが、海の日である[1]（写真3・1）。

(2) 物流ネットワークを支えた明治丸

明治天皇のご乗船や小笠原回航が話題となるが、明治丸の本来の使命の一つは、海難を未然に防ぐために日本沿岸の燈台を巡回することだった。第2章で述べたように、昔も今も物流ネットワークの構築には、

写真3・1　明治丸修復工事竣工式（東京海洋大学）

平成27年7月19日著者撮影。

「施設」と「技術」と「制度」の整備が不可欠である。海上輸送に限ってみても、施設では安全な航路の設定や港湾整備、技術では操船技術や水先案内、制度では税制や海難補償制度などが必要なのである。なかでも燈台は、安全な航海を通じて安定した物流ネットワークを維持するために、極めて重要だった。

明治丸は、人知れず燈台を巡回しながら物流ネットワークを見守ることで、近代日本の殖産興業を支えた。決して豊かではなかった明治政府だが、このような「目立たないための努力」に費用を惜しむことはなかった。高級で高品質な明治丸を建造したことは、明治という時代の意気込みと思慮深さの証でもある。それだけに明治丸は、奥ゆかしい気品と堂々とした風格に満ちている。

その後の明治丸は、明治三〇年（一八九七）に商船学校（東京商船大学を経て、現東京海洋大学）に移管され係留練習船となった。関東大震災（大正一二年、一九二三）や東京大空襲（昭和二〇年、一九四五）では多くの避難者を収容し、昭和五三年（一九七八）に我が国の船で唯一の重要文化財に指定された。今も東京海洋大学の越中島キャンパス内にあるが、少しばかり窮屈そうに、陸上に置かれている。

平成二三年（二〇一一）六月には、天皇皇后両陛下がお見えになって、明治丸の甲板を歩かれ、船内の明治天皇の御座所にお入りになり、資料館で明治丸の資料をご覧になった。私もお出迎えして、お言葉をいただき恐悦至極だった。皇后陛下が、学生たちの手旗信号「カンゲイ、ヨウコソ、トウキョウカイヨウダイガクへ」を読み解かれた。「昔、習ったことがありますの」とのことだった。

こうして明治天皇から現在の天皇に至るまで皇室に縁の深い明治丸は、平成の修復工事が平成二七年（二〇一五）三月に終わり、七月の竣工式を経て、再び優美な姿を見せてくれている。

3・2　北海道の石炭輸送と幌内鉄道

（1）鉄道貨物輸送の明治時代

現在の鉄道は、通勤通学や買い物などで利用することが多いため、つい客車に目が行きがちである。しかし明治時代の鉄道敷設の目的には、物資輸送があった。考えてみれば明治初期（明治一一～一五年、一八七八～一八八二）は、第一次産業（農林水産業）の就業者比率が約八二パーセントであり、通勤や通学する人は極めて少なかったはずだ。そして自動車もなかった時代だからこそ、鉄道敷設の主な目的の一つが物資輸送だったのである。

我が国で最初の鉄道は、明治五年（一八七二）に開通した新橋・横浜間である。当時の新橋駅は現在の位置ではなく、今は再開発してビル街に生まれ変わった汐留であるが、そこには往時の駅舎が再現されている。

明治二二年（一八八九）には、東海道線が全線開通した。この間に、民間企業も鉄道敷設に乗り出した。しかし、明治二七年（一八九四）の日清戦争と明治三七年（一九〇四）の日露戦争を経て、鉄道が軍事物資の輸送に重要であることから、明治三九年（一九〇六）に鉄道国有化法によって国有化が進められた。以後、昭和三〇年代に貨物自動車にシェアを奪われるまでの間、鉄道は日本の貨物輸送の主役だった。

そして昭和六二年（一九八七）の国鉄民営化により、鉄道貨物輸送は日本貨物鉄道株式会社（ＪＲ貨物）

に引き継がれた。もちろん昔と比較すればシェアは小さいが、長距離貨物輸送では現在も大きなシェアを保ち、環境にやさしい輸送方法として注目されている。

（2）石炭を運ぶ日本で三番目の幌内鉄道

日本で二番目に開通した鉄道は、明治七年（一八七四）の大阪・神戸間である。そして三番目は、幌内《ほろない》鉄道である。明治一三年（一八八〇）に手宮・札幌間が開通し、明治一五年（一八八二）に幌内まで延伸し、小樽と幌内を結んだ。新橋・横浜間が開通してから、わずか一〇年後のことである。

では、なぜ北海道が三番目だったのだろうか。私なりの解釈を最初に述べてしまおう。

当時の主要なエネルギー源だった石炭は、富国強兵・殖産興業のために、不可欠のものだった。その石炭を輸送するためには、山奥の鉱山から港湾までの輸送手段を整えなければならない。明治時代初期の輸送手段は、河川舟運ないし鉄道しかなかったが、大量迅速の点で鉄道が優れていた。だからこそ石炭輸送のために、幌内鉄道が建設されたのである。(2)

官営幌内鉄道は、明治一五年（一八八二）にアメリカの鉄道技師クロフォードによって、小樽市の手宮駅から、札幌や岩見沢を経由して、現在の三笠市の幌内駅を結んだ。そして六年後（明治二一年、一八八八）には三笠（当時、幌内太《ほろないぶと》）駅から分岐して幾春別《いくしゅんべつ》（当時は郁春別）駅まで延伸された。この沿線においても、炭坑が開発されていった。その後、経営母体は北海道炭礦鉄道や国などを経て、国鉄の時代になった。この間、沿線住民の通勤通学と石炭輸送という旅客と物資の両方で、地域を支えた。ただし幌内鉄道は、明治四四年（一九〇九）に鉄道路線名の変更により、手宮線（手宮〜南小樽）、函館線（南小樽〜岩見沢）、幌内線（岩見沢〜幌内・幾春別）の三つに分割された。

幌内鉄道は国家経済の発展のために建設され、我が国で三番目の鉄道という栄光に包まれ、他の路線とは異なる高い格式と長い歴史を持ちながらも、最も活躍した時期に三つの線名に分割され、栄光ある本名を使えない悲哀を味わうことになった。その後石炭に代わって石油が使われるようになって石炭輸送の需要が減り、道路整備が進んで旅客需要も減少し、最終的に幌内線は昭和六二年（一九八七）七月に廃止された(3)。

三笠鉄道村は、幌内線の終着駅の幌内駅跡地に建つ鉄道記念館と、幾春別への分岐点になった幌内太駅（旧三笠駅）跡地のクロフォード記念館からなる。鉄道記念館では、往時を誇るように蒸気機関車が運転されていて、「北海道鉄道発祥の地」の碑もある。三笠から幌内の間には、廃線になってから再び堂々と本名を名乗り、歴史に名を刻むようにレールを残している（写真3・2）。

小樽市内でも、小樽駅から運河に向かう途中に鉄道の踏切跡があり、その左右に鉄道線路が残されている。これこそが手宮駅と幌内駅を結ぶ幌内鉄道の線路跡である。その昔、手宮駅の石炭積み出しのために埠頭まで線路が延びていたが、今は途中で行き止まりの緑道になっている（写真3・3）。

終着地の手宮駅跡地には小樽市総合博物館（旧小樽交通記念館）があり、「北海道鉄道開通起点標」がある。小樽市総合博物館には、多くの機関車や車両が展示されており、写真や模型（ジオラマ）もある。当時の小樽埠頭には木製の高架橋による鉄道引き込み線があって、幌内からやってきた鉄道貨車が到着すると、埠頭の上部の高架橋に直接鉄道を引き込んで、重力を利用して貨車から埠頭に停泊中の船に石炭を落とし込む仕組みになっていた。動力が限られていた当時の人たちの、知恵と工夫には驚かされる（写真3・4）。

写真3·2　三笠鉄道村の鉄道記念館で運行されている蒸気機関車

平成22年5月1日著者撮影。

写真3·3　手宮線跡地の緑道

平成20年6月9日著者撮影。

写真3·4　手宮線の石炭高架桟橋（1912年）

出所：日本貨物鉄道㈱　写真でみる貨物鉄道百三十年編集委員会編『写真でみる　貨物鉄道百三十年』日本貨物鉄道㈱・交通新聞サービス，2007年，p.53。岩沙克次氏所蔵。

（3）トロッコ・鉄道・船でつなぐ石炭輸送

炭鉱の街として有名な夕張にも、木材輸送や石炭輸送のための鉄道があった。

大夕張森林鉄道夕張岳線は、シューパロ湖にかかる三弦橋（断面が三角形という珍しい構造の単線鉄道橋）を通過して木材を運んだ。大夕張ダムの建設にともない昭和三三年（一九五八）に完成したが、木材輸送が鉄道からトラック輸送に移ったために、夕張岳線は昭和三八年（一九六三）に廃止となった。活躍したのはわずか六年間だった。

旧南大夕張駅に三菱大夕張鉄道の列車が、雪かき車を先頭に、客車と石炭車をつないだ一編成で展示されている（写真3・5）。

夕張市立石炭博物館は、石炭の歴史村にある。ここでは炭坑の坑道から石炭を輸送する方法をたどるこ

写真3·5　三菱大夕張鉄道車両保存地の客車と石炭車
（旧南夕張駅）

平成22年5月1日著者撮影。

とができる。炭鉱内で石炭を運び出すときはトロッコを使い、それには人力もあれば馬力もあったが、坑口から出ると、石炭は鉄道で運び出される仕組みになっていた。重い石炭だからこそ、採炭現場から港まで、いくつかの輸送手段を経て運ばれていた。その石炭輸送のリレーは、坑内のトロッコに始まり、鉄道に積み替えられて、最後に積出港から船で運び出された。幌内炭鉱や夕張炭鉱の積出港は、小樽港や室蘭港だったのである。

どんな時代も、商品や物資は複数の輸送手段を利用しながら運ばれることが多い。

3・3　生糸輸出を支えた鉄のシルクロード

（1）水のシルクロードから、鉄のシルクロードへ（高崎線）

明治時代の日本は、殖産興業をスローガンに輸出に力を注いでいた。なかでも生糸は明治から戦後までの間、外貨獲得のための重要な輸出品だった。輸出するためには、主要産地である内陸の群馬県や長野県から、海に面した港まで生糸を運ばなければならない。その港の一つが、安政六年（一八五九）に開港した横浜港だった。

群馬県の官営富岡製糸場は、我が国最初の器械式製糸工場として、明治五年（一八七二）に操業を開始した。富岡製糸場のホームページによれば、立地場所として選ばれた理由を、「①養蚕が盛んで繭《まゆ》が確保できる、②工場建設に必要な広い土地が用意できる、③製糸に必要な水を確保できる、④燃料の石炭が近くで採れる、⑤外国人指導の工場建設に地元の同意が得られた」からとしている。(4)

当初横浜までの輸送は、利根川の支流烏川の倉賀野河岸からの利根川舟運に頼っていた。「水のシルクロード」である。その後、河川舟運に比べて大量輸送できる鉄道が必要になり、高崎線が計画された。高崎線は、明治一六年（一八八三）七月二八日に上野・熊谷間が開通し、翌年（明治一七年、一八八四）七月二五日には上野・高崎間が全通する。この高崎線は中山道沿いに敷設され、駅は宿場近くに設けられた。また倉賀野河岸に接して鉄道貨物駅が設けられ、現在も倉賀野貨物駅として活躍している(5)（写真3・6）（図

写真3·6　富岡製糸場

平成22年10月2日著者撮影。

図表3-1　鉄のシルクロード－すべての鉄道は横浜に通ず－

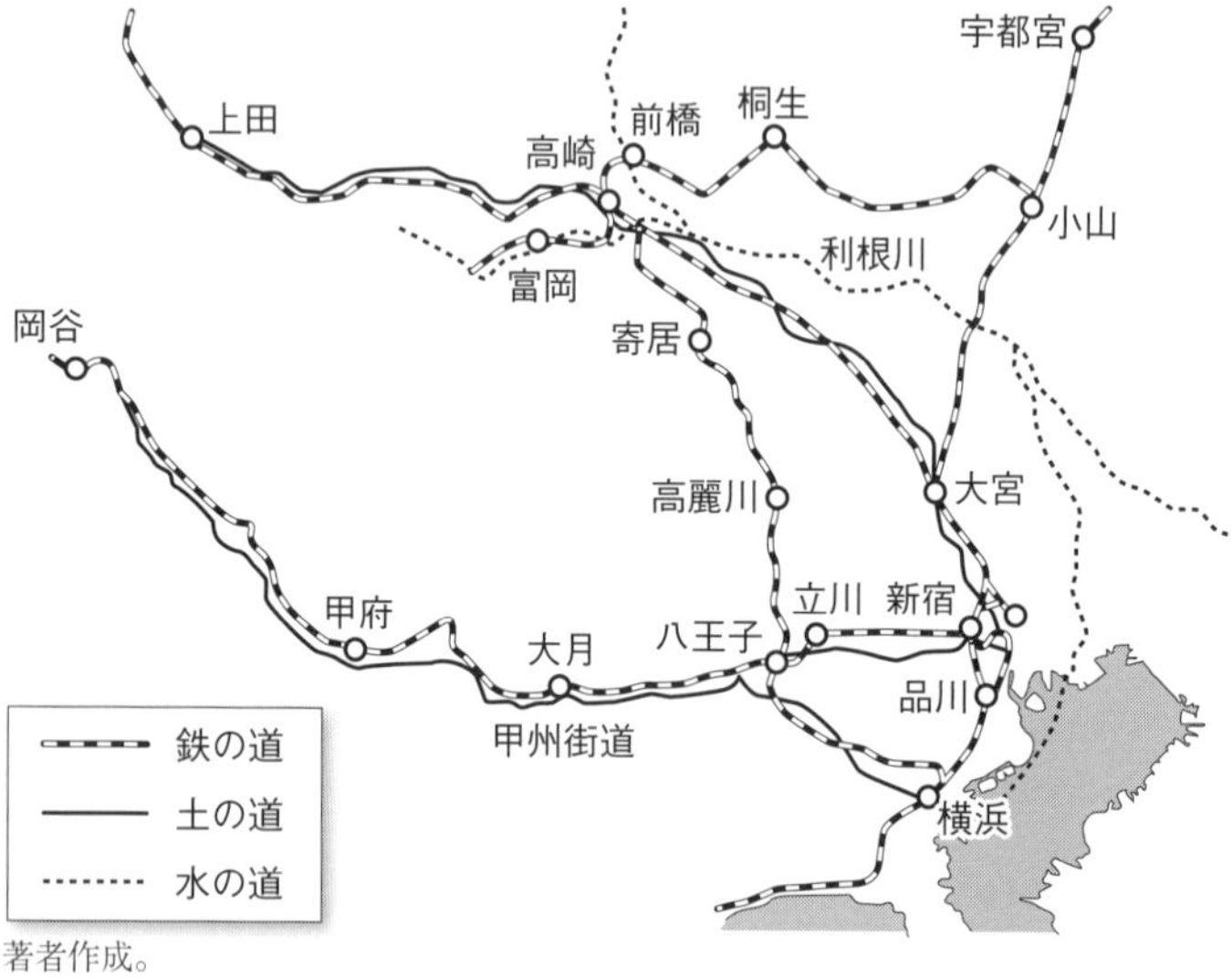

著者作成。

表3-1)。

高崎線の次に計画されたのが、両毛線である。足利・桐生・伊勢崎などの両毛地域は、生産した生糸や絹織物を輸出するために、鉄道を必要としていた。そもそも両毛地域に官営鉄道を誘致したが、東京・青森間の幹線鉄道が優先されたために、やむを得ずに地元資本による私鉄として建設することになった。明治二〇年（一八八七）五月に両毛鉄道会社が設立され、明治二一年（一八八八）五月に小山・足利間が開通した。同年一一月に桐生まで延伸し、明治二二年（一八八九）一一月二〇日に桐生・前橋間が開業した。そして明治二二年（一八八九）一二月二六日に利根川橋梁が完成し、利根川西岸にあった日本鉄道会社の前橋駅は廃止され、両毛鉄道の前橋駅へ乗り入れるようになった。

また明治三〇年（一八九七）には、下仁田・高崎間で上野《こうづけ》鉄道（現上信電鉄）が開通し、製糸場近くの富岡と高崎が鉄道で結ばれた(6)。

こうして富岡からは高崎を経由し大宮に向かい、両毛地域からは両毛線で小山経由により大宮に向かった。大宮からは、赤羽・新宿・品川を結ぶ山手線を経由して横浜に至ったのである。なお山手線が環状線として運転を開始するのは、後の大正一四年（一九二五）のことである。もともと山手線とは赤羽から池袋・新宿・渋谷を経由して品川に至る路線であり、文字通り「山の手」だけを通過していた。

このように生糸の輸送は、利根川舟運から、高崎線と両毛線による鉄道輸送へと変化したのである。「水のシルクロード」から「鉄のシルクロード」への変化と表現しても良いだろう(7)。

富岡製糸場は、明治二六年（一八九三）に三井家に払い下げられ、明治三五年（一九〇二）に横浜の生糸商原合名会社の手を経て、昭和一四年（一九三九）に片倉工業（旧、片倉製糸紡績会社）の所有となった。そして昭和六二年（一九八七）まで、約一一五年間操業を続けたのである。(8)

平成二六年（二〇一四）の六月に、富岡製糸場は、周辺の絹産業遺産群とともに、世界遺産に登録された。

（2）土のシルクロードから、鉄のシルクロードへ（中央線、横浜線、南武線、八高線）

シルクロードは「水から鉄へ」の変化だけでなく、「土から鉄へ」の変化もあった。

東京都西部の八王子は、もともと多摩地域や信州（長野県）や甲州（山梨県）で生産された生糸の集積地だった。そして生糸を八王子から横浜へ馬や荷車で運んでいた。この街道が「絹の道」と呼ばれるようになったのは昭和二〇年代のことだが、これが「土のシルクロード」である。

八王子から横浜に至るシルクロードは、現在の町田街道と八王子街道である。八王子から町田市内の国道二四六号線（大山街道）との交差点前までを町田街道といい、その後の横浜側に延びる道を八王子街道という。八王子から横浜まで行くには、町田街道の次に八王子街道を経るということで、いささか不思議な感じでもある。(9)

明治二二年（一八八九）四月に、甲武鉄道（現中央線）の新宿・立川間が開通し、八月に新宿・八王子間が開通した。これは、明治五年（一八七二）に玉川上水の舟運が禁止されたことで、これに代わる輸送手段として鉄道を計画したことが発端である。街道沿いの古い街である府中や調布などで、蒸気機関車の煙が作物などに被害を与えるとして反対があったために、やむなく人家のない畑や雑木林を通る場所をルートに選んだとされている。このため新宿を出た中央線は、中野から相当な距離が直線である。

明治三八年（一九〇五）には、生糸の生産地である信州（長野県）の岡谷まで、甲武鉄道が延伸される。岡谷付近は、水も豊富で生糸の生産に適していたため、明治期には多くの製糸工場があった。ちなみに、岡谷の西にある野麦峠は、第2章で述べたように、越中の氷見から信州の松本までのブリ街道の峠でもある。この峠は、飛騨（岐阜県）の農家の若い女性たちが諏訪や岡谷の製糸工場に働きに出るとき、越えなければならない峠でもあった。二月末に飛騨を出て五泊六日の行程で工場に着き、一二月末に帰省するまで働いた。行きも帰りも、冷たく深い雪のなかでの峠越えだった。工場では、朝五時から夜八時までの、熱さと湿気と悪臭のなかでの長時間労働だった。山本茂実の『ああ野麦峠』に描かれているように、信州での生糸の生産は、悲惨な生活を送った女性たちに支えられていた。

明治四一年（一九〇八）に、町田街道と八王子街道に並行するように、八王子と東神奈川を結ぶ現在の横浜線が開通した。横浜線は、高崎線に遅れること二四年、両毛線に遅れること一九年、八王子に集められた生糸を横浜へ輸送するために建設されたのである。

八王子・川崎間の鉄道（現南武線）については、甲武鉄道が建設される頃に、八王子と横浜の生糸業者たちが鉄道建設を申請したが認められず、鉄道開通は昭和四年（一九二九）まで待たなければならなかった。軍事物資と生活物資の輸送のために、甲武鉄道の建設が優先されたからである。

生糸の輸送で忘れてはならない路線が、昭和九年（一九三四）に開通する八高線である。もともと東海道と上越（新潟県）を結ぶ軍事輸送が目的で、高崎線のバイパスとして、東京の都心を迂回する役割もあった。つまり高崎から八王子まで鉄道を敷設すれば、横浜線を利用して、都心を通過せずに横浜港まで行き着くことができる。こうして八高線のうち八王子から北へ向かう路線は、昭和九年（一九三四）三月二四日に八王子・小川町間が開業し、群馬県の倉賀野から南に向かう路線は、同年一〇月六日に倉賀野・小川町間が開通した。(10)(11)(12)

八王子から横浜に至るシルクロードは、横浜線の完成により、「土のシルクロード」から「鉄のシルクロード」へと代わった。そして八高線は、高崎線の代わりにもなる「鉄のバイパス」となったのである。

（3）すべての鉄道は、横浜に通ず

鎌倉時代には、主君に何か事が起きたとき、「いざ鎌倉」と馳せ参じるために鎌倉街道があった。江戸時代の五街道も、江戸を中心に方面別に各地を結ぶ幹線道路だった。いつの時代も首都を中心に、幹線道路が放射状に延びていく。統治のためでもあり、軍をいち早く移動させるためでもあり、産業振興のためでもあった。

塩野七生は、『ローマ人の物語X』のなかで、「ローマ人は、インフラ整備を国家の責務として「公」の役割としていた」「人と物産双方の流通が増大すれば、自給自足の生活が過去のものになり、これはイコール生活向上を意味した」としている。「すべての道は、ローマに通ず」だった。国家の骨組みを作るとき、物流を支える港や道路や鉄道などの基盤施設が、都市や国家の行く末を左右する大きな役割を果したのである。(13)(14)

殖産興業の明治の時代に、北海道では石炭輸送のために炭坑から小樽の手宮港まで鉄道が引かれ、関東では生糸の産地から横浜港まで鉄道が敷設された。

高崎線（明治一七年、一八八四）、両毛線（明治二二年、一八八九）、中央線（明治二二年、一八八九）、横浜線（明治四一年、一九〇八）、南武線（昭和四年、一九二九）、八高線（昭和九年、一九三四）を地図で眺めていると、おもしろいことに気がつく。高崎から高崎線で横浜に至るルート、両毛線を経由して東北線から横浜に至るルート、八王子から横浜に至るルート、信州から八王子を経由して横浜に至るルート。いずれも横浜に向かう路線である。八高線は高崎から東京の都心を通過せずに横浜に向かうバイパスになっている。

四つの鉄道路線（高崎線、両毛線、横浜線、八高線）に限れば、生糸の輸出振興のために横浜港を目指して敷設された。つまり生糸輸出という殖産興業において、「すべての鉄道は、横浜に通ず」だった。

このように、明治時代は石炭輸送や生糸輸送のように、物資輸送のための交通ネットワークが作られていった。しかし現在の都市を眺めていると、人の交通と物の交通のネットワークが区分されているようには思えない。都市計画中央審議会の会長を務めた井上孝は、「日本の道路ネットワークは、東京で言えば丸ノ内とか銀座を中心に環状線を作るというのはいいけど、貨物用にはどうなっているのかというと、ないわけです」と、物流用のネットワークの不備を指摘していた。つまり現代では、主に人の交通のネットワークとして利用されている道路や鉄道を、物資輸送が間借りしているような感さえある。いつの日か、物流を大事にした昔の人たちの知恵と工夫を、復活させたいものである。(15)

3・4　物も人も運んだ軽便鉄道

（1）軽便鉄道の成り立ち

鉄道というと、新幹線や山手線を思い浮かべる人が多いことだろう。人によっては、地下鉄や路面電車やモノレールだったり、遊園地のお猿の電車だったりすることもあるだろう。そのなかの一つに、富山県の黒部峡谷鉄道などのトロッコ列車もあるかもしれない。トロッコの語源は、「truck＝トラック」である。このトロッコ列車のように、簡易な構造で建設された鉄道、もしくは軌間（レールの幅）の狭い鉄道を、軽便《けいべん》鉄道という。「けいべん」が一般的だが、沖縄では、「ケービン」と呼ばれていた。

明治時代、鉄道建設を急ぐために、幹線鉄道を補う手軽な鉄道が必要だった。そこで軽便鉄道法が明治四三年（一九一〇）に、続いて軽便鉄道補助法が明治四四年（一九一一）に公布された。この二つの法律によって、国から補助金も出され軽便鉄道の建設や運営が容易になり、明治から昭和中期にかけて手軽な鉄道として全国各地で建設された。しかし活躍の期間が短かったことや、活躍の場所の多くが鉱山や森林だったために、その存在はあまり知られていない。

官営の軽便鉄道の軌間はほとんどが一〇六七ミリメートルだったが、民営の軽便鉄道の軌間は七六二ミリメートルが多かった。ただし民営の軽便鉄道のうち国の鉄道敷設法の予定線に含まれていた路線は、国有化されたときに一〇六七ミリメートルに改軌（軌間を変更すること）された。

軽便鉄道法以外に軽便鉄道の根拠となった法制度には、私設鉄道条例（現在の私設鉄道法・地方鉄道法）と、軌道条例（現在の軌道法）がある。要約すれば、「鉄道」は「専用敷地に敷設し、軌間は一〇六七ミリメートル（国内標準規格）で、特別に一四三五ミリメートル（国際標準、新幹線規格）ないし七六二ミリメートル（軽便鉄道の標準規格）も認める」。一方の「軌道」は「道路上に敷設し、軌間に定めはない」ということになる。

これらにもとづき、官営の軽便鉄道は日本標準に合わせて一〇六七ミリメートルで敷設されたが、他の軽便鉄道は通常六〇〇ミリメートルから一〇六七ミリメートル未満の軌間で敷設され、もっとも多かったのが森林鉄道や北海道の殖民鉄道などの七六二ミリメートルだった。他の軌間で敷設された軽便鉄道には、工部省釜石鉱山鉄道の八三八ミリメートル、金属鉱山に敷設された五〇八ミリメートルなどがある。

一方の軌道は、東京の馬車軌道のように一三七二ミリメートルという広い軌間も多い。これには馬が車両を牽引しやすいという説や、乗合馬車の車輪幅をそのまま用いたという説がある。東京の馬車鉄道の一三七二ミリメートルの軌間は、現在、都電荒川線、東急世田谷線、京王線に引き継がれ、京王線と乗り入れる都営新宿線もこの軌間に従った(16)(17)。

(2) 動力は、人・牛・馬から、蒸気・ディーゼル・電気まで

軽便鉄道の動力には、大別して人力と畜力（牛や馬）と動力機関の三つがある。人力と聞くと少しびっくりするが、大八車もベビーカーも、人が牽いたり押したりするのだから驚くことはない。アメリカの開

拓時代には幌馬車があったし、北極圏には犬ぞりもある。

人間が車両を牽いたり押したりする鉄道を、人車軌道（もしくは人車鉄道）と呼んだ。鉱山や炭鉱などで使用されたのだが、その後は牛馬などの畜力や蒸気機関などの動力に代わっていく。

日本で最初の人車軌道は、静岡県の焼津・藤枝間と言われており、開業時期については明治二二年（一八八九）と明治二四年（一八九一）の両説がある。明治二九年（一八九六）に開通した豆相人車鉄道（小田原・熱海間二五キロメートル）は、四時間かけて三人の人夫が六〜八人が乗った客車を押した。明治四〇年（一九〇七）に軽便鉄道に代わるまで利用された（写真3・7）。

その後、人車軌道は、蒸気機関車などに代わっていき、昭和初期にはほとんどなくなってしまった。

畜力とは、牛や馬などの家畜が車両を牽引することである。例外的には、空《から》の貨車を犬に牽引させた珍しい例もある。馬が車両を牽いた鉄道を、馬車軌道（もしくは馬車鉄道）と呼ぶ。馬は歩く速度で牛を上回り、しかも賢く従順なため、次第に馬車鉄道が主流となっていった（写真3・8）。

写真3·7　豆相人車鉄道の記念碑（熱海市内）

明治29年（1896）に小田原・熱海間25キロメートル開通，
平成25年9月29日著者撮影。

写真3·8　復元されている札幌の馬車鉄道（軌間762mm）（北海道開拓の村）

平成20年6月7日著者撮影。

写真3·9　銀座通りを走る東京馬車鉄道（江戸東京博物館）

平成27年5月7日著者撮影。

日本で最初の馬車軌道は、明治一五年（一八八二）六月に新橋・日本橋間で開業した東京馬車鉄道であり、二頭立てでレールの上を走る馬車だった。偶然にも、日本で三番目の鉄道である官営幌内鉄道の開通と同じ年である。同年一〇月には、日本橋・上野・浅草・日本橋間（一一・四キロメートル）で環状運転を開始した。道路を走る馬車は、明治二年（一八六九）に東京・横浜間で開業していたが、道路の舗装が十分でないために事故が多かった。一方、馬車軌道はレール上を走るので、振動が少なく安全だった。ただし、走行速度や排泄物による悪臭などの理由から、次第に路面電車などに取って代わられて、馬車軌道は明治末期には無くなった[18][19]（写真3・

9）。

明治時代の軽便鉄道の主な動力は、蒸気機関であった。昭和初期にガソリン機関車が普及するが、次第に石油が手に入らなくなって使われなくなっていった。戦後の軽便鉄道の動力は、主にディーゼル内燃機関であった。しかし炭鉱内などでは、モーターカーや巻き上げ機械も使われた(20)。

（3）軽便鉄道の代表、鉱山鉄道と森林鉄道

軽便鉄道は、主に石炭や木材を輸送した。

鉱山鉄道とは、石炭（炭鉱）、金や銀など（金属鉱山）、石灰石や砂利など（非金属鉱山）を運ぶ鉄道である。車両は二軸の台車に函《はこ》を取り付けたもので、鉱車（ないし炭車）と呼ばれていた。ただし作業員などを乗せる客車は、人員輸送車（人車）と呼ばれていた。日本初の鉱山鉄道は北海道の茅沼炭鉱鉄道で、明治二年（一八六九）に茅沼炭鉱・茅沼海岸間の約三キロメートルだった。石炭運搬用の道路に、木製のレールを釘で枕木に固定し、牛が車両を牽いた。茅沼炭鉱鉄道は、閉山とともに廃線となった(21)。

木材輸送は、もともと上流で筏《いかだ》にして河口へ運ぶ方法が主だった。木曽川などでは、檜などを筏に組んで木材集積地に運んだ。しかし明治時代になってダムが建設され、筏による輸送ができなくなったために、森林鉄道が必要となった。我が国は皇室所有の御料林や国有林が多かったこともあって、宮内省帝室林野局や農商務省山林局、内務省北海道庁などが、森林鉄道を管理運営した。

我が国初の森林鉄道は青森営林局の津軽森林鉄道で、明治四三年（一九一〇）に運行を開始した。木材

に鉄板を貼り付けたレールの上に、車両を走らせた。木材を積む車両は運材貨車と呼ばれ、函型の車両一台ごとに連結するトロッコや、木材の先端と後端を載せる台車が二両一組の運材台車があった。その後昭和二八年（一九五三）に森林鉄道建設規定が定められ、森林鉄道の幹線を一級線（木材輸送と旅客輸送）、支線を二級線（木材輸送のみ）、仮設線路（二級線以下で木材伐採のため仮設線路）を作業用軌道と称した。幹線では山の上りも下りも機関車で貨車を牽引した。支線では登りは機関車で運材貨車を引き上げ、下りは木材を載せた貨車を重力にまかせて走行させる方法だった（写真3・10）。

最盛期の総延長距離は、国が管理する森林鉄道だけでも一万キロメートルに達するとされていたが、その後トラック輸送が増えて昭和三〇年代以降は廃止されていった[22][23]。

写真3·10　運材貨車と客車を連結した津軽森林鉄道（青森市森林博物館）

平成24年11月11日著者撮影。

(4) 湯治客を運んだ花巻電鉄

軽便鉄道は主に石炭や木材を運んでいたので、北海道や九州に多かったが、他の地域でも活躍した。たとえば神奈川県では内陸の秦野から東海道線の二宮駅まで、タバコの葉を運ぶため軽便鉄道があった。人を乗せる軽便鉄道もあったが、その一つが岩手県の花巻電鉄である。

北上川のほとりで南部藩の城下町として栄えた花巻には、いくつかの温泉地と結ぶ花巻電鉄があった。花巻駅から西に向かう二つの路線、鉛線と花巻温泉線だった。

鉛線は、花巻から西鉛温泉や大沢温泉に向かう道路との併用軌道(軌道線の路面電車)だった。湯治客の輸送と鉛付近の鉱山から採掘される鉱石の輸送のために建設され、大正四年(一九一五)に開業してから順次延伸し、大正九年(一九二〇)から大正一二年(一九二三)にかけて花巻市街から大沢温泉までつながった。しかし、昭和四四年(一九六九)に廃止された(写真3・11)。

花巻駅と花巻温泉を結ぶ花巻温泉線は、専用軌道(鉄

写真3・11　花巻電鉄の軽便鉄道

道路の一部を利用するため，車体幅1.6メートル。平成19年11月25日著者撮影。

道線）だった。湯治客の旅客輸送を目的として、鉛線の西花巻から東北本線花巻駅を経由して花巻温泉に至る路線が計画され、大正一四年（一九二五）に西花巻―花巻温泉間が開業した。しかし、昭和四七年（一九七二）に廃止された。両路線とも活躍したのは、半世紀弱の短い期間だった。[24]

一方で、花巻から東の釜石に向かう岩手軽便鉄道もあった。この岩手軽便鉄道は、大正二年（一九一三）に開業し、昭和一一年（一九三六）に国鉄釜石線になって七六二ミリメートルから一〇六七ミリメートルに改軌され、昭和二五年（一九五〇）に花巻・釜石間が全通した。人も物も運んだ岩手軽便鉄道は、国有化により改軌されて、さらに国鉄を経て民営化されて今もある。しかし貨物輸送事業に限れば、二一世紀を待たずに平成一一年（一九九九）に廃止された。

（5）今も走る軽便鉄道

三重県の四日市には、今も現役で人々の足となっている四日市あすなろう鉄道（旧近鉄内部《うつべ》・八王子線、軌間七六二ミリメートル）がある。この路線は、三重軌道（後の三重鉄道）により、大正一一年（一九二二）に開通した。軌間が広い（一四三五ミリメートル）が車体の小さい東京の大江戸線を、もう少し小振りにした感じである。真四角で少しばかり横にせり出した感じの車両は、軌間の狭さを感じさせない。三〇分に一本の電車に乗って近鉄四日市駅を出ると、しばらくビルの間を縫うように走ってから住宅地を経て郊外へと向かう。二つ目の日永駅で八王子線と分岐し、さらに泊駅で上りと下りが行き違う。軌間七六二ミリメートルの単線だからこそ、電車も駅舎も車庫もかわいらしい（写真3・12）。

写真3･12　現在も利用されている軽便鉄道（軌間762ミリメートル）

四日市あすなろう鉄道，旧近鉄内部・八王子線，三重県四日市市，平成22年3月13日著者撮影。

この路線では、かつては内部駅から四日市駅を経由して湯の山駅（現在の湯の山温泉駅）まで直通運転をしていた。しかし昭和三九年（一九六四）に四日市駅と湯ノ山駅の間を標準軌（一四三五ミリメートル）に改軌し、近鉄名古屋線と直通運転を開始して、名古屋からの観光客を直通で湯の山温泉まで運ぶことになった。残された内部・八王子線は、軽便鉄道のまま通勤通学を始め地域の人々の生活を支えていた。平成二四年（二〇一二）には、鉄道の廃止と、バス高速輸送システム（BRT：Bus Rapid Transit）の導入が検討されたが、平成二七年（二〇一五）四月から公有民営方式の「四日市あすなろう鉄道」に移行して、今も現役を続けている[25]（図表3-2）。

一方で、まったく新しく生まれ変わった軽便鉄道もある。今から約四〇年前の昭和五〇年代には、新交通システムが華やかに取り上げられていたが、昭和二五年（一九五〇）に軌間七六二ミリメートルの軽便鉄道として開通した西武鉄道の山口線（東京都東村山市と埼玉県所沢市）は、昭和六〇年（一九八五）に新交通システムに衣替えをして、西武遊園地前駅と

図表3-2　軽便鉄道の路線数の年次別変化

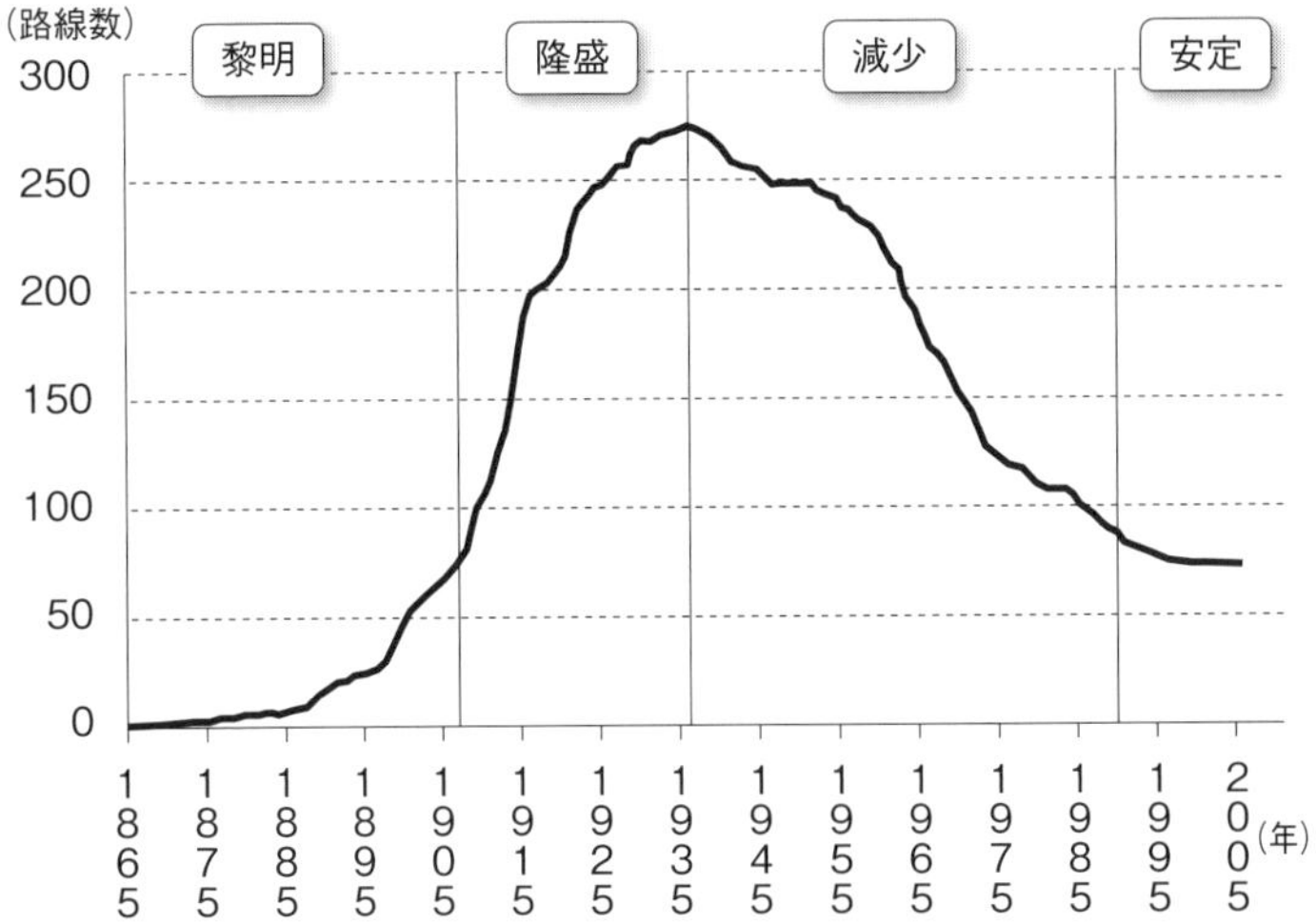

出所：田中香子・苫瀬博仁「明治時代以降における軽便鉄道の路線数の変化とその要因に関する基礎的研究」『土木計画学研究・講演集』, Vol.36, No.62, 2008年。

西武球場前駅を結んでいる。同じように小ぶりの山万ユーカリが丘線（千葉県佐倉市）は、ニュータウンのなかを走っている。このように交通量に合わせて、小回りの利く交通システムがあっても良い。

近年、復活が取りざたされている路面電車の英語名はＬＲＴ（Light-Rail Transit）だが、軽便鉄道の英語名もＬＲＴである。つまり、姿形は大分異なるが、軽便鉄道は古くて新しい交通手段なのである。ドイツのドレスデンでは、現在もカーゴトラムとして貨物輸送にも用いられている。それだけに、貨物輸送においても、いつの日か装いも新たに復活することもあるのではないかと、密かに期待している。

3・5　貨物駅、その誕生から再開発まで

(1) 貨物駅の誕生と終焉

河川舟運によって都市に物資が運ばれるようになると、街は河岸を中心に賑わいを見せるようになる。そして物資輸送の主役が、河川舟運から鉄道に移る過程で、河岸に鉄道を接続する必要があった。こうして「水の道」と「鉄の道」をつなぐことを考え、河岸のそばに鉄道貨物駅が作られていった。

神田川の野菜河岸に接して、明治二三年（一八九〇）に秋葉原貨物駅が設置された。その目的は、東北線沿線の貨物を秋葉原に集積することにあった。その後神田青物市場は、大正一二年（一九二三）の関東大震災の後に近くの秋葉原に移転し、さらに平成二年（一九九〇）に移転して、大田市場となっている。今でこそ秋葉原は「ＩＴとオタクの街」になっているが、そもそもは「青果の街」だったのである。

神田川沿いには、飯田町（現在の千代田区飯田橋三丁目）にも駅があった。甲武鉄道（現中央線）が、明治二八年（一八九五）に、八王子・新宿・飯田町間で開通し、飯田町駅は東京のターミナル駅となった。昭和三年（一九二八）の一一月には、貨客分離（旅客列車と貨物列車を別の線路で運転すること）のための複々線工事が新宿・飯田町間で完成した。旅客駅としては、牛込駅と飯田町駅を統合して飯田橋駅ができ、従来からの飯田町駅は貨物駅となったのである。この飯田町駅こそが、神田川に接する駅だった。そして飯田町駅は、平成一一年（一九九九）三月に廃止となったが、山手線内の内側に存在する最後の貨物駅だ

った。国鉄民営化以後は、この地にＪＲ貨物（日本貨物鉄道株式会社）の本社があったが、平成二三年（二〇一一）に新宿駅の南口に移転してしまい、かつての鉄道貨物駅を思い起こさせるものはもはや何もない[26]。

隅田川沿いには、明治二九年（一八九六）に開業した隅田川駅がある。隅田川に接し、南千住駅から貨物支線で結ばれている。常磐線で運ばれる石炭や木材などを、舟運で都心に運ぶ目的だった。このため構内には、水路が引き込まれていた。現在も、東北や常磐方面のコンテナ貨物を取り扱う貨物駅として活躍している。

小名木川沿いには、昭和四年（一九二九）に、総武線の貨物支線（亀戸・小名木川間）の小名木川貨物駅が設けられた。この貨物支線は、さらに東京湾に向かって、越中島駅（現越中島貨物駅）まで延伸され、平成元年（一九八九）までは、東京都港湾局所有の専用線により豊洲や晴海まで結ばれていた。艀《はしけ》を使用しない近代的な港湾として、鉄道の引き込み線が設置されていたのである[27]（写真3・13）。

写真3·13　廃線となった臨港貨物鉄道の晴海橋梁（背後は豊洲の再開発地区）

平成25年6月30日著者撮影。

河川には面していないが、明治五年（一八七二）に新橋・横浜間で開通した日本最初の鉄道の駅は、大

図表3-3　鉄道開業当時の新橋駅（後の汐留貨物駅）

出所：物流博物館所蔵「東京名所之内新橋ステンション蒸汽車鉄道図」。

写真3·14　汐留貨物駅（1952年頃）

出所：鉄道博物館所蔵写真「汐留駅構内」。

写真3·15　汐留貨物駅（1970年代中頃）

出所：鉄道博物館所蔵写真。

写真3·16　復元された旧新橋駅（汐留シオサイト）

平成28年2月8日著者撮影。

正一三年（一九一四）に新しい新橋駅にかわった。これにより東京までつながり、ターミナル駅としての役割を東京駅に譲り、もとの新橋駅は貨物専用の汐留駅となった。汐留駅からは隅田川に面した築地の卸売市場にも、専用線が引かれた。しかし、昭和六一年（一九八六）に貨物駅が廃止されて、今は再開発されて「汐留シオサイト」という名の高層ビル街になっている。

同じように秋葉原や飯田町には再開発ビルが建ち、小名木川操車場にはショッピングセンターが建ち、品川の貨物駅は品川インターシティとして生まれ変わり、新宿の貨物駅跡地にはデパートが建っている。こうして都心にあった多くの貨物駅が、ビル街に変わっていった（図表3-3）（写真3・14）（写真3・15）（写真3・16）。

（2）歴史とともに変わる都市の交通空間

昔も今も東京は水の都であり、運河や水路が多くある。そして歴史を振り返れば、河川舟運と鉄道を連携させながら、過去の都市計画では常にロジスティクスが意識されていた。

そして高度成長期には、多くの水路が埋め立てられて道路に変わっていった。東京駅八重洲口前の外堀通りは、まさに江戸城の外堀を埋めた道路であり、数寄屋橋、鍛冶橋、呉服橋など、文字通り外堀をまたぐ橋に由来する交差点も多い。

このような水路や運河の埋め立てを、景観維持や環境保全の立場から、非難する人は多い。しかし物資輸送において、舟から鉄道さらにはトラックという輸送手段の変更が必然だったとしたら、舟が行き交う川や運河が埋め立てられてトラックが通る道路になったとしても、仕方ないのかも知れない。つまり、その空間が相変わらず物資輸送のために使用されるのであれば、「水の道」を「土の道」に変えることも理解しなければならない。こう考えれば、物資輸送路としての役割を果たす空間を守り通した点で、都市計画や交通計画の先輩たちの努力に敬意を表したい。

むしろ指摘したいことは、水路や道路などの交通路よりも、ロジスティクスのためのターミナルについてである。鉄道貨物操車場がその役割を終えたとき、汐留、品川、新宿など、多くの鉄道貨物操車場跡地がトラックターミナルにはならずに、ビル街に変わっていった。このことは、ロジスティクスの拠点として多くの人々に「物資を供給していた空間」が、新しいビル街となって「物資を届けさせる空間」へと変わることでもあった。つまり水路から道路への「交通という範囲のなかでの『変更』」とは明らかに異なり、交通の空間を減らす「交通以外への『転換』」である。

様々な事情もあってのことだろうから、交通のための空間が減ることを、一概に否定することはできない。しかし、もしも都市の歴史や計画の役割を省みずに、「都市のロジスティクスのための空間（操車場など）を減らし、ロジスティクスを必要とする空間（オフィス街やショッピング街）を増やす」という面があるとすれば、都市計画上のバランスを欠くことにもなりかねない。

物資供給に気を配りながら江戸の都市計画を進めた徳川家康がこのことを知ったとしたら、きっと嘆き悲しむに違いない。

[参考文献]

(1) 東京商船大学『明治丸史』東京商船大学、一九八二年、一－二一頁、四八－五〇頁。
(2) 田中和夫『北海道の鉄道』北海道新聞社、二〇〇一年、七－三五頁。
(3) 太田幸夫『北海道の鉄道125話』富士コンテム、二〇〇五年、二六－三三頁。
(4) 富岡製糸場、http://www.tomioka-silk.jp/hp/index.html
(5) 埼玉新聞社『開業一二〇周年　高崎線物語』JR東日本高崎支社、二〇〇三年、四－九頁。
(6) 高崎市市史編さん委員会『新編高崎市史　通史編四』高崎市、二〇〇四年。
(7) 佐滝剛弘『日本のシルクロード―富岡製糸場と絹産業遺産群』中央公論新社、二〇〇七年、一五〇－一六八頁。
(8) 今井幹夫『富岡製糸場の歴史と文化』みやま文庫、二〇〇六年、二四－四八頁。
(9) 炭焼三太郎＋土日カンパニー編『絹の道ものがたり―横浜・東京・群馬・長野　鉄道旅手帳　自分で創るトラベルノート』日本地域社会研究所、二〇〇九年、一〇三－一一七頁。
(10) 鉄道百年略史編さん委員会『鉄道百年略史』鉄道図書刊行会、一九七二年。
(11) 守田久盛・高島通『鉄道路線変せん史探訪』集文社、一九七八年。
(12) 守田久盛・高島通『続 鉄道路線変せん史探訪』集文社、一九七九年。
(13) 塩野七生『すべての道はローマに通ず―ローマ人の物語X』新潮社、二〇〇一年、二四頁、三二頁。
(14) サイモン・P・ヴィル（梶本元信・野上秀雄訳）『ヨーロッパ交通史―1750～1918年』文沢社、二〇一二年、五四－六七頁、一五九－一八二頁。
(15) 井上研究会編『井上孝　都市計画を担う君たちへ』㈶計量計画研究所、二〇〇二年、一九九－二〇四頁。
(16) 岡本憲之『全国軽便鉄道』JTBキャンブックス、一九九九年、四－五頁、三六頁、四二頁。

(17) 青木栄一『鉄道の地理学―鉄道の成り立ちがわかる辞典』WAVE出版、二〇〇八年、四三―五〇頁。
(18) 岡本、前掲書(16)、一六七頁、一七三頁。
(19) 浅井健爾『鉄道の歴史がわかる辞典』日本実業出版社、二〇〇四年、五六頁、五三―六一頁。
(20) 西裕之『全国森林鉄道』JTBキャンブックス、二〇〇一年、三四頁。
(21) 岡本憲之『全国鉱山鉄道』JTBキャンブックス、二〇〇一年、四頁、三〇頁、一〇六―一一一頁。
(22) 西、前掲書(20)、四頁、九一頁。
(23) 日本森林林業振興会秋田支部『近代化遺産　国有林森林鉄道全データ　東北編』秋田魁新報社、二〇一二年、五―二四頁。
(24) 青木栄一・三宅俊彦『軽便鉄道』大正出版、二〇〇六年、六六―七一頁。
(25) 同前、一三六―一四一頁。
(26) 交通博物館『図説駅の歴史―東京のターミナル』河出書房新社、二〇〇六年、五四―五九頁。
(27) 苫瀬博仁・原田祐子「隅田川河口部沿岸域の江戸期における物流施設の機能と分布に関する研究」『日本都市計画学会論文集』第三三号、一九九八年、二二九―二三四頁。

第4章

太平洋戦争終結までの兵站

4・1 富国強兵のための兵站基地と鉄道

(1) 三大軍事要素の一つ「兵站」

第1章から第3章では、江戸時代から明治時代までをたどることで、ロジスティクスの重要な役割や思いもよらない姿を知ることができた。しかし、明治後期になって戦争がたびたび起きるようになると、重要なはずのロジスティクスが影をひそめてしまう。本章（第4章）では、戦争とロジスティクスを通じて、こうしたロジスティクスに対する見方の変化を追いかけてみたい。

天文一二年（一五四三）に種子島に伝来した鉄砲は、我が国の戦いの歴史に革命的な変化をもたらした。天正三年（一五七五）の長篠の戦いで、織田信長が鉄砲を使って武田勝頼を破って以来、戦いの主要な武器は刀や槍から、弾薬の補給が必要な鉄砲に移り、戦術も大きく変わった。しかしその後の江戸時代は鎖国された平和な時代だったから、戦争技術に大きな進歩はなかった。ところが嘉永六年（一八五三）に、ペリー率いるアメリカ海軍の東インド艦隊が横須賀の浦賀沖に現れた。いわゆる黒船の来航である。戦艦や大砲など当時の先端技術を目の当たりにして、人々は驚愕した。

当時のアジア各国は、欧米諸国によって植民地になったり租借されたりしていた。日本の植民地化を防ぐためには、西欧諸国に追いつくための富国強兵が不可欠だった。富国とは、産業を興し経済を発展させて、国を富ますことである。強兵とは軍事力の強化であり、軍事の三大要素である戦略（strategy）と戦術（tactics）と兵站《へいたん》（logistics）を充実させることである。

英語のロジスティクスは，ラテン語で「古代ローマ軍あるいは管理者」を意味するlogisticusに由来する。それが，フランス語のlogistiqueや英語のlogisticsになった(1)。

兵站とは，戦争において最前線で戦う兵士の支援であり，「食糧・兵器・弾薬などを調達し，前線の兵士に補給すること」である。このため兵站には，食糧・弾薬の調達に始まり，兵器の輸送や戦場での設営なども含まれる。兵站の「兵」は文字通り兵士や兵隊の意味であり，「站」は中継点や宿場や駅などを意味する。中国の北京の鉄道駅は，「北京站」である。「兵隊の中継点」から発した兵站は，「中継点の設営やそこで必要な物資の補給」を意味するようになった(2)(3)(4)。

一方で，明治時代には，ロジスティクスを「戦務」と訳していた人もいたようだ。

林譲治は，『太平洋戦争のロジスティクス』のなかで，「（ナポレオンの幕僚だったジョミニ将軍の『兵術概論』を訳した）八代海軍大佐はロジスティクスを「戦務」と訳した。それは戦術や命令作成などの軍に関する広範囲の業務を包括する概念であったという。日本軍ではロジスティクスは「兵站」と訳されてきたが(5)，これはアルフレッド・マハンの『海軍戦略』を訳した尾崎海軍中佐によるものらしい。」と記している。

（2）兵器と食糧の備えに始まる兵站体制

兵士が戦場に向かうとき，陸軍は食糧・弾薬を携行し，海軍は食糧・弾薬を艦船に積み込む。しかし長期戦になると、陸上であろうと海上であろうと、補給基地から食糧・弾薬を、前線の兵士に届けなければならない。そこで明治政府は、富国強兵の一環として兵站の準備を進めることになる。

まずは、武器弾薬を始めとする兵器生産の充実である。しかし明治時代の民間企業は技術力が低かったので、政府が自ら工場を設けていった。陸軍の最初の兵器工場（当時の名称は、造兵司《ぞうへいし》）は、明治三年（一八七〇）に設けられた。江戸幕府の長崎製鉄所の機械を、大坂城の三の丸（現在の大阪城ホール付近）に移設したものである。明治一二年（一八七九）には、砲兵工廠《ほうへいこうしょう》と呼び名を変えて東京と大阪に置かれた。

次は、武器や弾薬とともに兵士に必要な食糧や衣服の手配である。特に兵士の毎日の食事のために、食糧を補給しなければならない。兵士の食糧と軍馬の飼料の管理は、糧秣廠《りょうまつしょう》が担うことになる。陸軍の糧秣廠は、明治二四年（一八九一）に東京の越中島（現江東区越中島）に設けられた。ちなみに越中島の土地には、糧秣廠とともに陸軍練兵場が置かれていたが、そこに明治三五年（一九〇二）、東京商船学校が移転してくる。これが東京商船大学を経て、現在の東京海洋大学となった。

兵站の体制づくりについては、明治政府が、明治二七年（一八九四）に「兵站勤務令」を制定する。これにより大本営（日清戦争以後に設置された帝国陸海軍の最高統帥機関）のなかに、参謀総長（帝国陸海軍の軍事作戦の担当）を補佐する「兵站総監」が置かれることになった。

戦争に用いる兵器や弾薬は、通常の予算のなかで用意されていたが、戦時編制のための費用としては、兵站が大きな割合を占めていた。

明治時代の兵站の歴史を研究している遠藤芳信の「日露戦争前における戦時編制と陸軍動員計画思想

(八)」には、明治一五年(一八八二)七月に起きた朝鮮事件の戦費として、同年九月に大蔵省に提出された「朝鮮事件臨時予算差引表」が示されている。ここでは費用科目が、俸給、諸雇給、旅費、糧食費、被服陣具費、軍器費、郵便電信費、運送費、経営費、馬匹費、病傷費、賜金、探偵費、諸雑費に分けて概算が記載されている。総費用約八四万円のうち、費用の大きい順に、運送費(二七万八〇〇〇円、三三パーセント)、糧食費(一八万九〇〇〇円、二二パーセント)、被服陣具費(一一万八〇〇〇円、一四パーセント)であり、この三つで六九パーセントに達している。そして四番目が、軍器費(九万一〇〇〇円、一一パーセント)である。つまり、運送・糧食・被服という兵站の費用が上位を占め、しかも約七割を占めていたのである。[6]

(3)陸軍の司令部と基地を結ぶ鉄道

兵站体制の整備とともに進められたのが、鉄道網の整備である。

ある地点から別の地点に物資を輸送することは、「点と点」を「線」で結ぶことである。現代の「点(交通結節点、ノード)」とは、港、駅、工場、倉庫、流通センター、店舗などである。「線(交通路、リンク)」とは、道路、鉄道、航路、航空路などである。

殖産興業の明治時代、生糸の輸出のために、生産地と横浜港という二つの「点」を結ぶ「線」が鉄道だったことは、すでに第3章で述べた。そして富国強兵の強兵についても、「点」は陸軍の部隊が置かれている場所(師団司令部)や食糧・弾薬の補給基地(砲兵工廠や糧秣廠など)だったが、「線」は同じく鉄道だった。
軍事輸送における鉄道の重要性は、お雇い外国人と呼ばれる軍事顧問も指摘していた。陸軍が、明治一八年（一八八五）にドイツ陸軍から陸軍大学校教官として迎えたクレメンス・メッケルは、明治二〇年（一八八七）に『日本国防論』をまとめている。

竹内正浩は『鉄道と日本軍』のなかで、メッケルの指摘を記しているが、このなかで次の二つの点に注目したい。

第一は、「敵は港湾周辺に上陸し、その後港湾を占拠し、物資を補給しながら、占領地域を拡大する」という指摘である。これに対抗するには、「日本軍は迅速に兵を集合させ、敵に勝る兵力を整えることとし、海軍の準備、全国の諸部隊の容易な移動、鉄道道路の三つが必要」（著者要約）としている。これを兵站の視点から解釈すれば、攻めてくる敵は、港湾を最初に占拠して物資輸送拠点を確保し、次にここから内陸の最前線に必要な物資を補給するためには、鉄道が必要となる。一方で占領に備える日本軍も、兵士の迅速な移動のために、鉄道が必要である。鉄道は、攻防のどちら側にとっても重要だったのである。

第二は、「東海道に鉄道を敷設すると、外国からの攻撃を防ぐために多くの兵を割かなければならず、破壊される可能性も高い。東京と大阪の間で確実に兵士を移動させるためには、山間部の中山道を通過させるべき」（著者要約）としている。敵は兵士の移動や物資輸送を妨害するために鉄道を攻撃するから、艦砲射撃を受けやすい東海道は不利と考えていたのだ。(7) 一方で沿岸から遠い中山道は、艦砲射撃を受けることもないから、兵士も物資も安全確実に輸送できる。

メッケルにとって、「戦争における兵站の重要性」と、「兵の移動と物資の輸送のための鉄道利用」は、至極当然のことだった。

メッケルの指摘を受けた陸軍は、鉄道の輸送能力を兵站に活かすことを受け入れて、軍事基地に鉄道を延ばした。しかし、技術的に難しく時間と費用がかさむ中山道は選ばず、東海道に鉄道を敷設することになる。当時の技術や財政状況からすれば、やむを得ない決断だったのだろう。

鉄道を最大限に兵站に活かそうと考えた陸軍は、師団司令部のある弘前、仙台、東京、名古屋、広島を結び、本州を貫く幹線鉄道を計画していく。そして日清戦争（明治二七〜二八年、一八九四〜一八九五）までには、現在の東北本線・東海道本線・山陽本線によって、青森から東京を経て広島まで、師団司令部のある都市に鉄道が引かれた。しかし、すべての師団司令部が、鉄道で結ばれていたわけではなく、広島から九州までの間の鉄道は開通していなかった。とはいえ鉄道で軍事拠点を結ぶ目的に変わりはなく、九州では師団司令部のある小倉と熊本が結ばれ、さらには日本海沿いの金沢や四国の善通寺の師団司令部にも鉄道が敷設されていった。師団司令部よりも規模の小さい歩兵連隊の佐倉（千葉県）、福知山（京都府）、大村（長崎県）、鹿児島などへも、鉄道が敷設されていった[8]。

（4）海軍の軍港に延びる鉄道

陸軍と同じく海軍も、鉄道を重視していた。帝国海軍の始まりは、安政二年（一八五五）に徳川幕府が長崎に開設した海軍伝習所である。明治四年（一八七一）になると、当時の仮想敵国である清（中国）とロシアに対抗するため、海軍の拠点として鎮守府《ちんじゅふ》を横須賀（神奈川県）、呉（広島県）、佐世保（長崎県）、舞鶴（京都府）に設ける。この鎮守府とは、艦艇の統率・補給・出撃準備を統括する部署であり、造船や兵器の工場も併設していた。この工場が、後の海軍工廠《かいぐんこうしょう》となる。海軍も、陸軍と同じく兵站確保のために、鉄道を敷設していった。

三浦半島の突端近くにある横須賀には、慶応元年（一八六五）に江戸幕府の勘定奉行である小栗忠順が、フランス技師レオンス・ヴェルニーを招いて設けた横須賀製鉄所があった。その横須賀は、明治一七年（一八八四）一二月に日本海軍最初の鎮守府となった。そして明治政府に引き継がれていた横須賀製鉄所も、鎮守府の一部になった。当時の横須賀鎮守府の担当は、紀伊半島の潮岬から青森県までの太平洋岸の海域だった。

鎮守府を結ぶ鉄道の敷設について、竹内正浩の『鉄道と日本軍』と鉄道図書刊行会の『鉄道百年略史』を参考にまとめると、以下のようになる。

横須賀は東京湾口にあり浦賀水道に近く、海路の要衝である。しかし半島の突端は、陸路では逆に袋小路のような不便な場所になるから、東京と京都を結ぶ東海道本線は横須賀に向かわずに、三浦半島の付け根部分を横浜から大船を経て小田原に向かった。そこで横須賀までを結ぶために、明治二一年（一八八八）一月に、東海道本線の大船から約一六キロメートルの区間の鉄道が着工され、明治二二年（一八八九）六月に完成した。(9)

呉の鎮守府は、明治二二年（一八八九）に置かれた。呉鎮守府の担当範囲は、九州東部から和歌山県の潮岬までだった。呉の海軍工廠は、明治二二年（一八八九）に設置された呉鎮守府の造船部が始まりで、明治三六年（一九〇三）に呉海軍工廠となった。当時は東洋一と言われた兵器工場であり、戦艦大和を始め軍艦が数多く建造された。明治三六年（一九〇三）に、山陽線の駅である海田市から呉まで官設鉄道（現在の呉線）が敷設され、翌年に私鉄の山陽鉄道に貸し出されて運行が始まった。こうして海軍の軍都である呉と、陸軍の軍都で第五師団司令部のある広島が、鉄道で結ばれた。

なお広島から宇品港（現広島港）までは、明治二七年（一八九四）の日清戦争を契機に、同年八月に鉄道で結ばれた。これにより、宇品港は大陸進出の拠点となり、明治三〇年（一八九七）には広島陸軍糧秣廠が置かれ、明治三五年（一九〇二）には陸軍運輸部が置かれた[10]。

佐世保の鎮守府は、呉と同じ年の明治二二年（一八八九）に置かれた。佐世保鎮守府の担当は、九州の西側から西の沖縄に至る海域だった。清を意識して、朝鮮半島に近い九州の佐世保に鎮守府が置かれたが、当時の九州の主要都市である小倉や熊本からは遠いために、物資輸送のためには鉄道が必要だった。そこで私鉄の九州鉄道が、明治三一年（一八九八）に早岐から佐世保までの鉄道を敷設した。佐世保海軍工廠の始まりは、鎮守府造船部であり、その後は主に艦船の修理や補給基地として発展した（図表4-1）。

舞鶴の鎮守府は、明治三四年（一九〇一）に置かれ、日本海側の守りを担当した。このとき鎮守府と同時に設立された造船廠《ぞうせんしょう》が、後の明治三六年（一九〇三）に海軍工廠となった。舞鶴鎮守府までの鉄道は、路線を兵庫県経由にするか京都経由にするかで紛糾した。国防上海岸沿いの兵庫県経由を避けるために、明治二六年（一八九三）に、いったんは京都起点で決着したが、財政上の制約や、民間鉄道会社からの路

図表4-1　日露戦争直前の鉄道

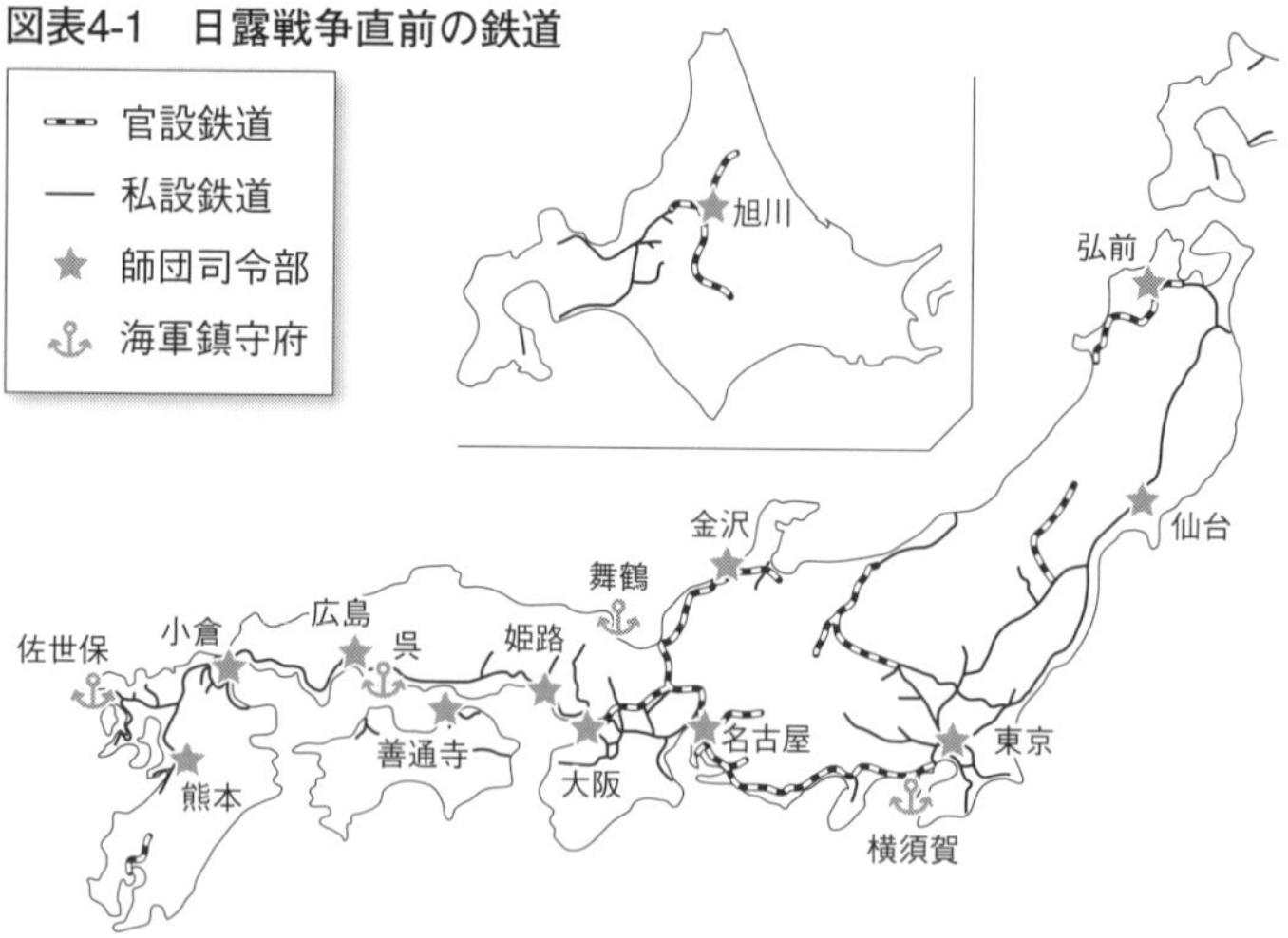

出所：竹内正浩『鉄道と日本軍』筑摩書房，2010年，pp.144-145。

写真4･1　舞鶴の軍用鉄道線跡（北吸トンネル）

平成23年12月18日著者撮影。

線申請が出て再び混乱した。最終的には、明治三七年（一九〇四）一一月に福知山から舞鶴まで鉄道が敷設され、舞鶴駅から港湾までの軍用線も敷設された[11][12][13]（写真4・1）。

振り返ってみると、日本で最初に新橋・横浜間で鉄道が敷設されたのが、明治五年（一八七二）。その一七年後（明治二二年、一八八九）に東京と横須賀が結ばれる。さらに呉（明治二七年、一九八四）、佐世保（明治三一年、一九九八）、舞鶴（明治三七年、一九〇四）に鉄道が通じる。この間わずか三二年で、四つの鎮守府が主要都市と鉄道で結ばれたのである。

4・2　兵站をめぐる戦い、日露戦争

(1) 日清戦争から日露戦争まで

明治二七年（一八九四）七月から翌年の三月まで続いた日清戦争に、日本は勝利した。しかし、ロシア、フランス、ドイツからの三国干渉によって、領有していた遼東半島を清に返還することになった。その後、遼東半島の旅順と大連を租借したロシアは、旅順に太平洋艦隊を配置した。

当時の朝鮮は中国を宗主国とするような立場にあったが、日本は朝鮮を自国の保護下に置こうとした。その背景には、ロシアの南下政策に対する恐れがあった。明治三五年（一九〇二）に、イギリスと日英同盟を結ぶ。明治三六年（一九〇三）の日露交渉では、満州と朝鮮半島をそれぞれロシアと日本が支配して

相互の権益を守ろうと交渉したが、不調に終わり戦争に向かっていった。そして開戦直前まで、戦費をまかなうための外貨調達に、明治政府は奔走したのである[14]。

明治三七年（一九〇四）二月に、日露戦争が始まる。南下政策をとるロシアと、これを防ごうとする日本の戦争であり、明治三八年（一九〇五）九月まで続いた。

当時のロシア軍の主力は、西方に置かれていた。海軍の西方部隊は、首都ペテルスブルグの近くに配置されたバルト海艦隊（バルチック艦隊）と、トルコに対峙するためにクリミア半島に配置された黒海艦隊だった。一方の東方では、旅順に配置された太平洋艦隊と、ウラジオストックに配置されたウラジオストック巡洋艦隊だった。陸上では、西から極東へ迅速に兵士や物資を輸送するために、シベリア鉄道が敷設されていった。鉄道が軍事用でもあることは、当時の日本と同様だった。

日露戦争開戦時の両国の国力が、『地図で知る日露戦争』に示されている。年間歳入は日本が約二・五億円でロシアは約二〇億円、兵力は一〇〇万人と二〇〇万人だった[15]。

日露戦争におけるロシアの作戦は、朝鮮半島から満州まで戦線を拡大させている日本の物資補給ルートを絶つことにより、戦況を有利に進めることだった。逆に日本は、朝鮮半島への物資補給ルートを維持するためにも、日本海と黄海の制海権を確保しなければならなかった。このために旅順のロシア太平洋艦隊を攻撃することになった。こうして明治三七年（一九〇四）二月に仁川沖海戦が起き、旅順港閉塞作戦、旅順要塞の攻防、黄海海戦、蔚山沖海戦と戦闘が続いた（写真4・2、図表4-2）。

ロシア海軍は、太平洋艦隊だけでは不十分と考えて、北欧のバルト海のリバウ港にいた艦隊を日本海に派遣することにした。第二太平洋艦隊は、明治三七年（一九〇四）一〇月一五日にリバウ港を出発し、本隊はスペイン沖からアフリカ大陸を南下し、南アフリカの喜望峰を回って、途中で地中海を経由し一二月三〇日に先着していた支隊と明治三八年（一九〇五）一月九日にマダガスカル島で合流する。その後、艦

写真4·2　日露戦争時に閉塞作戦が行われた旅順港の港口（二〇三高地にて撮影）

平成24年7月4日著者撮影。

図表4-2　日露戦争直前のバルチック艦隊の大回航

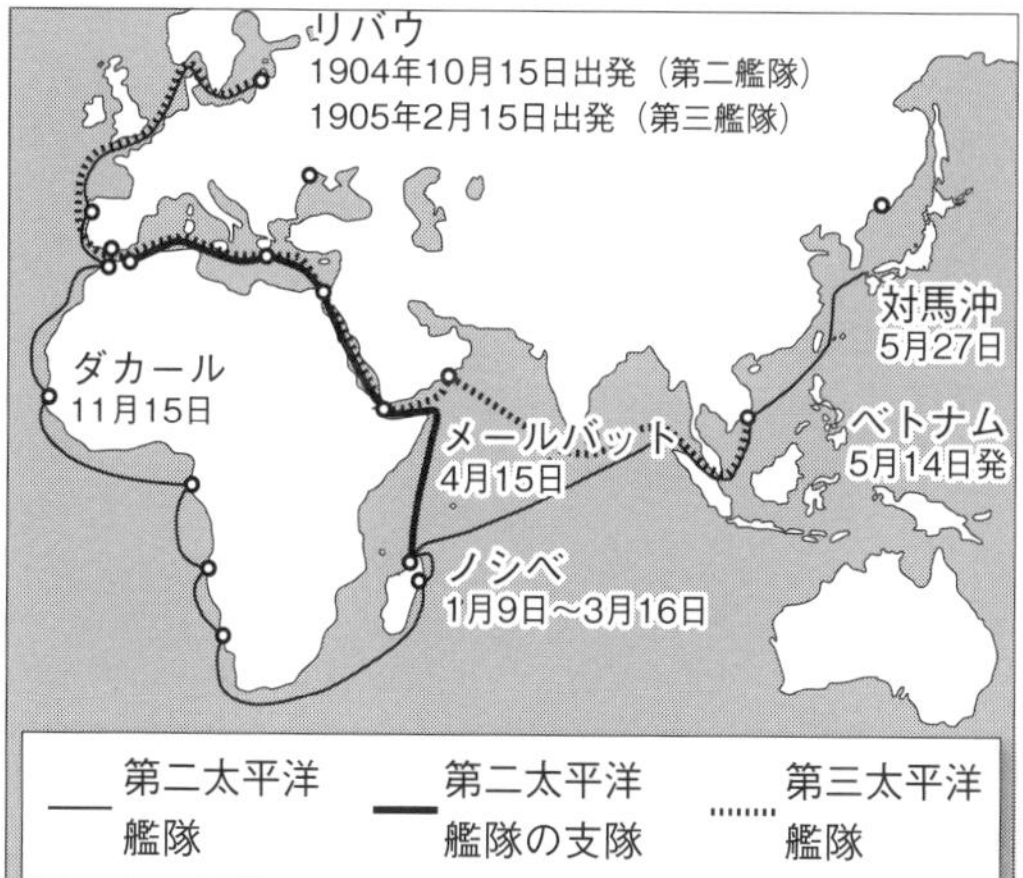

出所：「『坂の上の雲』を歩く　完結編」『男の隠れ家特別編集 時空旅人』Vol.5，三栄書房，2012年1月号，p.60を参考に著者作成。

隊はベトナムに向かった。増援のための第三太平洋艦隊は二月一五日にリバウ港を出発して、地中海からスエズ運河を経由し、五月九日にベトナムのカムラン湾で合流して一四日に日本に向かった。このバルト海からやって来た艦隊を、日本軍はバルチック艦隊と呼び、日本海で迎え撃つことになる。

（2）周到な準備と二つの奇襲戦法

日露戦争の帰趨を決めたとされる日本海海戦は、日露戦争開戦後一年三ヶ月ほどたった明治三八年（一九〇五）五月二七日に、対馬沖で起きた。この日が来ることを予想して、対馬の東西を容易に移動できるようにと、明治三三年（一九〇〇）に海軍が対馬西部の浅茅湾と東部の三浦湾を結ぶ運河を開削していた。これが、万関瀬戸《まんぜきせと》である。いかに当時の軍部が用意周到だったかがわかる（写真4・3）。

三笠保存会の『記念艦三笠』によれば、日本の連合艦隊は、戦艦六隻・巡洋艦六隻を始め、艦隊は合計九六隻だった。対するロシアのバルチック艦隊は、戦艦八隻・巡洋艦六隻・艦艇二九隻・輸送船など九隻、艦隊は合計五二隻だった。(16)

明治三八年（一九〇五）五月二七日の午前五時五分に有名な「敵艦隊見ユトノ警報ニ接シ聯合艦隊ハ直チニ出動、コレヲ撃滅セントス。本日天気晴朗ナレドモ浪高シ」との電文が、大本営に打電された。

半藤一利らの『徹底検証、日清・日露戦争』によれば、この「本日天気晴朗ナレドモ浪高シ」の「ナレドモ」の意味するところは、「この天候では、例の連繋機雷による奇襲戦法はできないかもしれない。そのときは、正面衝突で戦わざるを得ませんよ、という大本営への報告でもあるんです。」とある。連繋機雷とは、

写真4·3　日露戦争に備え開削された万関瀬戸（対馬）

平成22年2月14日著者撮影。

長さ一〇〇メートルのロープに機雷を四つつないだ全長三〇〇メートルのもので、これを連続して海上に投下し、ロープのどこかが敵艦に引っかかれば機雷が引き寄せられて爆発する仕掛けである。準備してきた連繋機雷作戦は採用できなかったが、秘密の作戦として温存するために、当時は公表されなかった。そして、別の奇襲戦法が必要となった[17]。

一三時五五分に、「皇国ノ興廃、コノ一戦ニ在リ。各員一層奮励努力セヨ」としてZ旗が掲揚された。一四時五分に、戦艦「三笠」が敵前大回頭（敵艦隊の直前での回頭）し、続いて後続艦も順次回頭を開始し、もう一つの奇襲戦法である丁字戦法（味方の全艦の攻撃を敵先頭の船舶に集中させ、しかも後続艦からの攻撃を受けない）をとることになった。一四時一七分にバルチック艦隊先頭の二艦に砲弾が命中し、一四時四三分に両艦は戦列から離脱した。わずか三〇分程度で、大勢が決したのである[18]（写真4・4）。

写真4·4　東郷平八郎像と戦艦「三笠」（横須賀市，三笠公園内）

平成23年2月13日著者撮影。

（3）日本海海戦の三つの勝因

日本海海戦については、戦術論としての敵前大回頭や丁字戦法が話題になりがちである。しかしロジスティクスの視点に立てば、私は三つのことが勝利を引き寄せたと考えている。

第一の勝因は、日本海海戦が「短期戦」だったことである。当時の日本の国力からすれば、食糧や武器弾薬などを長期にわたって戦場に補給することには限界があったはずだ。しかし短期戦となれば、継続的な補給の必要がないため、国力が乏しい日本にとっては望ましい。日本海海戦は、朝鮮半島の鎮海を出航し、戦闘開始後の最初の三〇分で大勢が決まった。

第二の勝因は、「現場主義」だったことである。日本海海戦の有名な絵に、軍艦三笠の艦橋の絵がある。ここには、東郷平八郎司令長官を始め、加藤友三郎参謀長、秋山真之参謀中佐などが描かれている。戦闘の指揮官自らが旗艦に乗り込み、司令官と兵士がともに現場で戦ったからこそ、臨機応変の対応が取れた。

第三の勝因は、「ホームの戦い」だったことである。サッカーのように、戦いをホームとアウェーに分けてみれば、日露戦争は日本海という至近な場所でのホームの戦いだった。艦隊が錨泊していた朝鮮半島の鎮海から対馬海峡までは一日の行動範囲であり、地の利に恵まれていた。一方ロシアのバルチック艦隊は、遠くヨーロッパからの遠征であり、途中で補給しつつ半年以上の時間をかけて戦地に駆けつけたのだから、アウェーの戦いである。日英同盟の影響もあって、途中での物資の調達や兵士の休養については苦労し、また燃料の石炭の質も悪かった。

国力ではロシアに劣っていた日本だから、いくら戦争の準備を重ねていたとはいえ、幸運がなければ勝てなかった。とりわけ日本海海戦という「戦闘」では、「短期戦」「現場主義」「ホーム」という利点があって勝利できた。こうして日本海の制海権を確保でき、朝鮮半島への物資補給ルートを維持できたのである。一方の満州にいるロシアにとっては、物資補給ルートを断ち切ることで日本に勝とうとする戦略が崩れたのである。

4・3　転換点となった日本海海戦

(1)　戦争論から戦闘論への転換

日露戦争は兵站線を巡る戦争（war）だったが、日本海海戦は兵站を意識せずに済む短期の戦闘（battle）

だった。

戦闘は、銃や刀などの武器で一戦を交えることなので、兵站を軽視できることもある。しかし戦争は、戦闘の積み重ねで長期にわたるから、国と国の間の武力だけでなく経済力を含めた総合力の戦いになる。そのため、食糧や武器・弾薬の調達生産から補給までの兵站能力が重要であり、兵站で躓けば確実に敗北する。だからこそ戦争では兵站を重視し、「食糧や武器弾薬が不足すれば勝利はないから、作戦を変えること」が正しい。そして「武器や弾薬の生産・補給能力からすれば、長くは戦えない」「物資輸送能力からすれば、戦線の拡大限度はこの地点まで」と考えて、戦略を変更すべきものなのだ。

明治政府は「戦争」に備えて、工廠の設置や鉄道整備とともに、兵站体制を地道に整えてきた。しかし日本海海戦という華々しい成功体験によって、「戦闘」ばかりが注目を浴びるようになり、戦争には不可欠な「兵站」が、人々の目には映らなくなってしまったのである。

そもそも「戦争のプロは戦略を語り、素人は戦術を語る。本当のプロは兵站を語る」ものである。しかし残念なことに、華々しい戦術論が「主役」となり、主役だったはずの兵站は、「脇役」どころか、姿の見えない「黒子」になってしまったのである。

こうして日本海海戦を境にして「戦争の備え、兵站重視」の時代が終わり、「戦闘優先、兵站軽視」の時代へと移っていく。

もっとも、明治時代にドイツ陸軍を手本にしたときから、兵站軽視が始まったという説もある。

谷光太郎は、『ロジスティクス　戦史に学ぶ物流戦略』のなかで、「フランスとドイツは軍事科学の分野での二大大国であったが、その軍事思想には、異なっている点も多かった。その一つに参謀部機能の違いがある。フランスの参謀部は、人事、情報、作戦、後方の四部制をとり、それぞれの部門は独立して平等な発言力を持っている。…参謀将校として人気があるのは情報と後方の両部門である。双方とも、参謀として知的才能を発揮できる部門である」として、フランスの兵站重視を記している。一方「ドイツ方式は、作戦、情報、後方の三部制をとり、作戦部が圧倒的に強い発言力を持つ。ドイツ方式を導入した旧日本陸軍では、作戦参謀が独善的に振舞った。…近代戦ではロジスティクスがますます重要になって、ドイツ方式をとる国はほとんどいなくなっている」としている。[19]

(2) 日露戦争勝利がもたらした調子狂い

日本の近代史のなかで、日露戦争が転換点だったとする考え方は多い。

船曳建夫は、『「日本人論」再考』(三八頁、文庫版一四八頁)のなかで、司馬遼太郎の「この国のかたち、第3回、〝雑貨屋〟の帝国主義」(月刊『文藝春秋』の巻頭エッセイ)を例に引きながら、明治を語っている。[20]

「…司馬の筆調は日本を描いて、いつものように澄んではいますが、暗い。その連載第三回は、夢幻能のように始まります。浅茅が原で「巨大な青みどろの不定形なモノ」に出会うと、そのモノは、「鬼(異)胎」は、自分を「日本の近代」だと名乗ります。そして、正確には、一九〇五年(明治三八)、日露戦争の勝利から一九四五年(昭和二〇)、敗戦までの四〇年間のことだと言うのです。幕末から明治三八年までの、成功した明治国家のあとに、その、鬼のような得体の知れぬものが生まれ、一九四五年の敗戦で潰えます。…明治と戦後の間の四〇年間、それだけが、まるで日本でないようで訳が分からない、として、司馬は考察にはいるのです」としている。これが、司馬遼太郎がいうところの「「鬼胎」の四〇年」である（図表4-3）。

当の本人の司馬遼太郎は、以下のようにまとめている（『この国のかたち 一』「〝雑貨屋〟の帝国主義」四四-四五頁）。

「調子狂いは、ここからはじまった。…私は（日比谷公園で開かれた全国）大会と暴動は、むこう四十年の魔の季節への出発点ではなかったかと考えている。この大群衆の熱気が多量に―たとえば参謀本部に―蓄電されて、以後の国家的妄動のエネルギーになったように思えてならない。むろん、戦争の実相を明かさなかった政府の秘密主義にも原因はある。また煽《あお》るのみで、真実を知ろうとしなかった新聞にも責任はあった。当

図表4-3　司馬遼太郎の「「鬼胎」の40年」

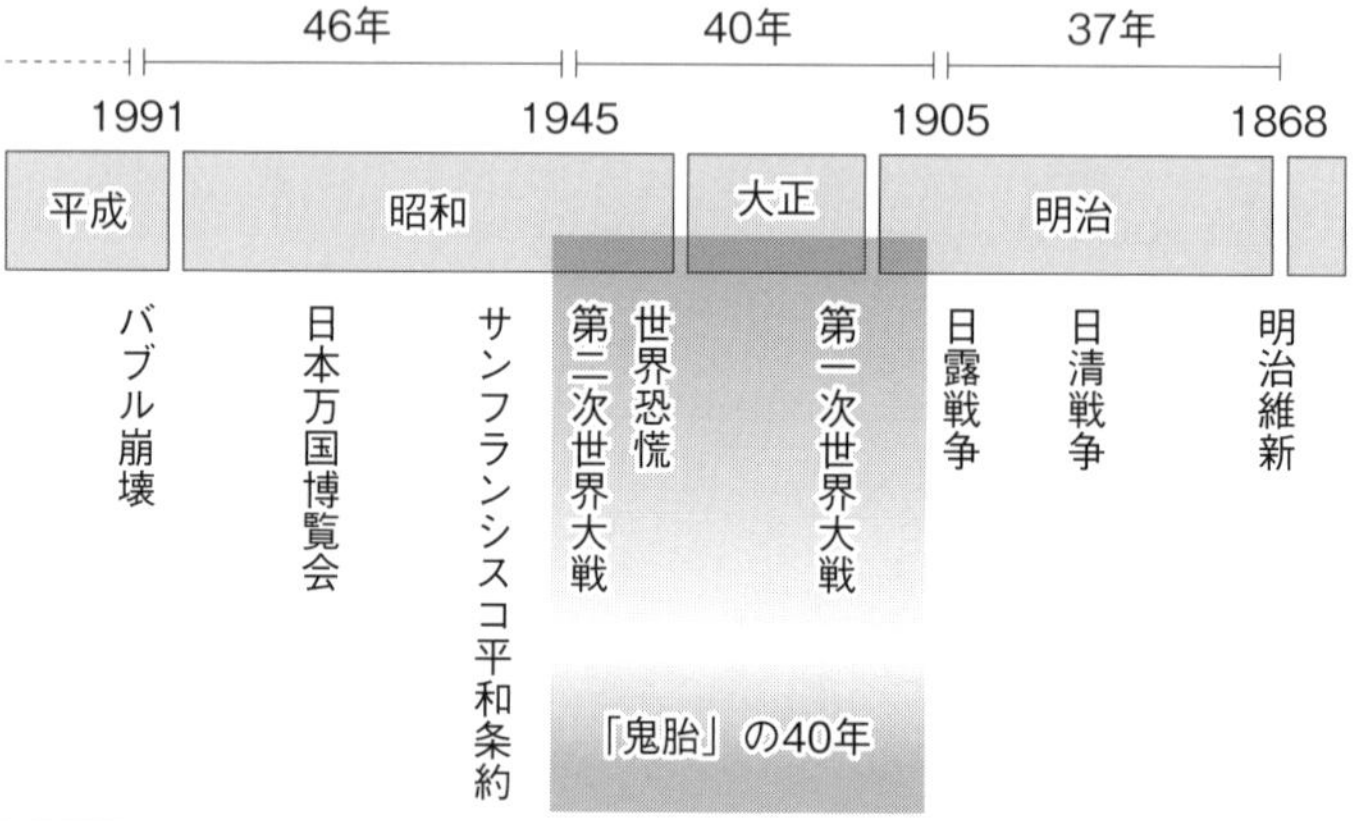

出所：船曳建夫『NHK人間講座「日本人論」再考』日本放送出版協会，2002年，p.39。

時の新聞がもし知っていて煽ったとすれば、以後の歴史に対する大きな犯罪だったといっていい。」[21]

そして船曳建夫は、次のように記している。

「日露戦争の勝利の段階で、日本は対外的に強国となっただけでなく、その後の「調子狂いの四〇年」の前半には、「大正デモクラシー」や、都市的生活の勃興もあったのです。しかし、そのデモクラシーや都市生活を支えるために不可欠な、個人的自由と権利が保証される「市民社会」というのは、日本の国家的な制約のなかでは育つことは困難でした。…成功の後の方向感の喪失が始まっていました。司馬の言う「坂の上の雲」日露戦争までの、「当面」を目指す目標が、その勝利によって失われたのです。しかし、それに代わる長期的な社会のビジョンはない。」（四九頁、文庫版一六一頁）と記している。

日露戦争を境に、日本と日本人が長期的な目標を見失い迷いだしたように、ロジスティクスも同様だった。兵站線確保のための日露戦争で、日本海海戦という短期の戦闘に勝利することにより、長期の戦争に備えるべき兵站体制の整備という目標を見失ったのである。

第一次世界大戦以降は、戦争が食糧・弾薬の補給力などを含め、国家の経済力の差も含めた総力戦となったにもかかわらず、日本では、日本海海戦の成功体験があだとなってしまい、戦闘のための戦術ばかりが重視された。結果として兵站を思考の外側に置き、精神論を寄りどころにし、戦争を回避できないまま太平洋戦争開戦に至ったのである。目標の喪失と自己分析の排除でもあったと考えて良い。

（3）精神論の高揚と、兵站の軽視

明治初期から兵站軽視だった否かはさておき、短期の戦闘で勝利した日露戦争以降の兵站軽視は、明らかである。

その兵站軽視の実態を、昭和一三年（一九三八）に陸軍の軍令として公布された『作戦要務令』の綱領で見てみよう。

第一一まである綱領のうち第一には、「軍の主とする所は戦闘なり。故に百事皆戦闘を以て基準とすべし。而して戦闘一般の目的は敵を圧倒殲滅《せんめつ》して迅速に戦捷《せんしょう》を獲得するに在り」とある。この「敵を滅ぼし（殲滅）、素早く勝ち戦にする（戦捷）」という表現は、あくまでも短期戦の「戦闘」を意識したもので、長期戦の「戦争」に対する意識ではない。

綱領の第六には、「軍隊は常に攻撃精神充溢《じゅういつ》し士気旺盛ならざるべからず。攻撃精神は忠君愛国の至誠より発する軍人精神の精華にして…」とある。綱領の第八には、「…資材の充実・補給の円滑は必ずしも常に之を望むべからず。故に軍隊は堅忍不抜《けんにんふばつ》克く困苦欠乏に堪え難局を打開し戦捷の一途に邁進するを要す」とある。

戦いには精神力が必要だが、「資材や補給の円滑を望まずに、困苦欠乏に堪えて…」とまでになると、兵站の軽視どころか無視でさえある。(22)

その後、作戦要務令は、昭和一四年（一九三九）に第三部が追加され、その第四編に兵站が加えられた。

作戦要務令の第二二三六から第二二五九までが、「第四編、兵站」である。その第二二三六には「兵站の主眼とする所は、軍をして常に其の戦闘力を維持増進し、後顧の憂い無く其の全能力を発揮せしむるに在り。而して、作戦上の必要なる軍需品及び馬の前送、補給、傷病人馬の収療及び後送、要整理物件の処理、戦地資源の調査、取得、及び増殖、通行人馬の宿泊、給養及び診療、背後連絡線の確保、占領地の行政等は兵站業務の重要なる事項とす」としてある。つまり、戦闘力を維持増進するために兵站があるとして、その重要性を示している(23)。

しかし、「後顧の憂い無く全能力を発揮するため…」と兵站の重要性を示されても、それに見合うだけの物資を用意できなければ、結局のところ綱領の第八の「資材の充実・補給の円滑は必ずしも常に之を望むべからず」が優先されてしまう。

(4) 軍人教育における兵站の位置づけ

陸軍士官学校や海軍兵学校に代表される明治以降の軍人教育においても、兵站の地位は低かった。

新人物往来社の『別冊歴史読本26　日本の軍隊』には、昭和一四年七月二八日改正の「海兵の学術教育科目」が記載されている。ここでは教育科目が軍事学と普通学に大別され、軍事学は運用術、航海術、砲術、水雷術、通信術、航空術、機関術、工作術、兵術大要、軍政、軍隊統率学、軍隊教育学となっている。普通学は、数学、理化学、精神科学、歴史、地理、国語漢文、外国語となっている。この他乗艦実習が行われたとされているが、兵站の文字は見あたらない(図表4-4)。

同じように「海大甲種学生の教授科目、受講時間数」も記載されている。海大とは海軍大学校のことで、甲種学生とは海軍兵学校の卒業生が海軍士官になってから選抜された学生である。ここでも兵站という教授科目はなく、多少なりとも兵站に関連する科目は、海上交通保護と陸上輸送と港湾防備である。しかし、受講時間は四〇時間と三〇時間と六〇時間であり、図上演習の九〇〇時間や、兵棋演習の五〇〇時間に

図表4-4　海兵の学術教育科目

	項目	内容
軍事学	運用術	運用，短艇，応急，造船
	航海術	航海，気象，海洋，信号，見張
	砲術	艦砲，測的，照射，陸戦
	水雷術	雷魚，機雷，潜水艦
	通信術	
	航空術	
	機関術	機関，図学
	工作術	工作一般，潜水
	兵術大要	（初級戦術，戦務，戦史など）
	軍政	軍政，法制，経済，衛生
	軍隊統率学	
	軍隊教育学	
普通学	数学	代数，微分積分，確率論，三角幾何
	理化学	物理学，化学，力学
	精神科学	心理学，論理学，倫理学，哲学概論
	歴史	
	地理	
	国語漢文	
	外国語	英語，独語，仏語，支語，露語

出所：『別冊歴史読本26　日本の軍隊―陸海軍のすべてがわかる』新人物往来社，2008年，p.70。

比較すれば少ない。主たる教授科目は、演習や術と名の付く戦闘論だったのである[24]（図表4-5）。

海軍兵学校や海軍大学校の卒業生のうち、成績の良い者は作戦課に行き、兵站担当は残り者という風潮もあった。大本営にも、兵站部門（兵站総監部）はあったが、総監は参謀次長の兼任ないし陸軍次官の兼任ポストだった。そして兵站参謀長は参謀本部第一部長の兼任だった。つまり兵站部門は、作戦参謀の下に

図表4-5　海大甲種学生の教授科目，受講時間数

科目	受講時間数		科目	受講時間数	
	1学年	2学年		1学年	2学年
統帥	20		海上交通保護		40
基本戦略	100		陸上輸送		30
出師準備		60	海戦法規		40
兵用地学	50		港湾防備		60
図上演習	300	600	軍事行政一般		50
諜報　宣伝　謀略		40	日本戦史	60	
基本戦術	60		欧州戦史		80
砲戦術	20		米国戦史		80
水雷戦術	20		外交史	20	
潜水艦戦術	30		憲法	40	
航空戦術	40		国際法	60	
通信戦術	10		刑法	20	
兵棋演習	300	200	行政法	60	
機関術	20		経済原論		
陸戦術	30		哲学		60
軍陣衛生	30		心理学	30	
海戦用務		80	外国語	80	

注：外国語は英，独，仏，露，中国のうち1あるいは2を選択。

出所：『別冊歴史読本26　日本の軍隊―陸海軍のすべてがわかる』新人物往来社，2008年，p.75。

位置づけられていたのだ。

半藤一利と江坂彰の対談による『日本人は、なぜ同じ失敗を繰り返すのか 撤退戦の研究』という本の一節には、以下のように記されている。

「旧日本軍の戦略思想には、情報と兵站の重要性が、信じられないほど稀薄だった」「情報参謀とか兵站参謀は、「そこにいればいい」といった程度の認識のされ方だった」「日本は、スペシャリストという存在を認めず、スペシャリストとすべき参謀をゼネラリストへの階段とした」「優秀な人間はゼネラリストになり、ゼネラリストになれない人間がスペシャリストになるという「とんでもない錯覚」をしてしまった[25]」。

明治維新以後、富国強兵のために兵站の準備をしていた明治政府だったが、日露戦争を境に、華々しい戦闘のための作戦論が主流となっていった。そして、兵站軽視とともに、兵站参謀というスペシャリスト軽視の思想が、昭和初期の軍人教育で強固になっていった。

4・4 兵站で敗れた太平洋戦争

(1) 陸軍のインパール作戦

太平洋戦争のさなか「輜重輸卒《しちょうゆそつ》が兵隊ならば、蝶々蜻蛉《ちょうちょうとんぼ》も鳥のうち」という戯れ歌があった。輜重とは、糧食・被服・武器・弾薬などの兵站担当であり、輸卒とは輸送を担当する兵士である。「兵站を担う者が

図表4-6　インパール作戦

出所：NHK「戦争証言」プロジェクト『証言記録　兵士たちの戦争2』日本放送出版協会，2009年，p.275を参考に著者作成。

兵士ならば、昆虫も鳥だ。だから兵士とは認めない」という意味である。これほどに兵站を軽んじていたからこそ、兵站を確保せずに、食糧は現地調達のまま戦線を拡大していくことになる。[26][27]

この典型的な例が、約八万六〇〇〇人の日本軍が参加したインパール作戦だった（図表4－6）。

昭和一九年（一九四四）三月に始まり六月に終わるインパール作戦とは、当時イギリスの植民地であったインドから中国（国民軍）への物資補給ルート上にあるインパールを攻略し、中国を孤立させるための戦いだった。しかし皮肉なことに、日本陸軍自らが前線まで物資補給ができ

ず、食糧・弾薬がつきて歴史的な敗北となった。[28][29][30][31][32]

ロジスティクスから見たとき、インパール作戦には三つの敗因があった。

第一の敗因は、インパール作戦が三ヶ月に渡る「長期戦」だったことである。三ヶ月の間、兵士に食糧・弾薬を補給し続けないと、戦争どころか戦闘にすらならない。事前の計画では十分な補給ができないことを予想し、敵の補給基地を攻撃奪取して食糧・弾薬を現地調達することを基本とした。しかし戦場にたどり着くまでに、日本軍の歩兵は三〇～六〇キログラムの重装備で山を越えていく必要があり、移動手段が徒歩しかなかった日本軍にとっては苦難の連続だった。牛や馬などが山地を越えられず、雨季には山道がぬかるんで移動できず、増水した河川を渡ることはできなかった。現地調達もかなわず、とても敵と戦うまでに至らなかった。

第二の敗因は、「非現場主義」だったことである。インパール作戦では、大本営の指示にもとづき後方に位置していた司令官が作戦を指揮していた。現場の食糧・弾薬の困窮状況や山越えの厳しさを理解できないまま、もしくは周囲の進言に聞く耳を持たないまま、無謀な作戦が継続されていった。戦況の不利に気づく兵站参謀もいたが、意志決定は常に作戦優先で、兵站が重視されることはなかった。

テーブル・ソルジャーとフィールド・ソルジャーという言葉がある。テーブル・ソルジャーとは、現場の現実を見ることなく、理念や精神論で机上の論理を振りかざす者である。フィールド・ソルジャーとは、現場の現実を目にしながら、実務的に戦いを考える者である。太平洋戦争当時の日本では、前線の現実を直視することのないテーブル・ソルジャーが、兵站軽視のまま前線から遠く離れた机上で作戦を考えていたのである。

第三の敗因は、「アウェー」での「戦争」だったことである。日本から遠く離れたビルマの地で、食糧や武器弾薬の補給もなく敵地に進軍することになった。空腹や病気に悩まされ、戦闘する前に、「戦わずして負けていった」のである。

一方の連合軍は、約一五万人を配置し、ビルマ地域の日本軍の物資補給ルートを破壊しながら、自らは空輸作戦による補給体制を確立していた。加えて軍隊をあえてインパールまで後退させ、日本軍をジャングルに誘い込むことで日本軍を疲弊させる作戦だった。つまり連合軍は、日本軍の脆弱な兵站に的を絞り、物資補給ルートを断つことで、「戦わずして勝つ方法」を選んだのである。

日本海海戦とインパール作戦を比較してみれば、兵站線の「確保」と「破断」の違いはあるものの、共通していることは「兵站線をめぐる戦い」だった。ただし、「ホームの短期戦」の日本海海戦は勝利し、「約三ヶ月に渡るアウェーの長期戦」のインパール作戦では敗北したのである。[33]

（2）太平洋戦争における商船隊の壊滅

宮本三夫の『太平洋戦争　喪われた日本船舶の記録』と日本殉職船員顕彰会のホームページには、太平洋戦争における商船隊のさまざまな記録が示されている。なかでも、「太平洋戦争での死亡率（損耗率）が、陸軍二〇パーセント、海軍一六パーセント、船員四三パーセント」という数値には、衝撃を受ける。

太平洋戦争での軍人の戦死者は約二三〇万人であり、一般人の死者数は約八〇万人だった。そのなかで、商船の船員の死者数は六万六〇九人だった。二三〇万人に比較すれば約六万人という数値自体は大きくない。しかし太平洋戦争に加わった商船の船員約一四万人のうち約四三パーセントの約六万人が死亡したのである。食糧や弾薬を輸送する商船の船員の死亡率が、陸軍の二・二倍、海軍の二・七倍ということは、それだけ危険な仕事だったことを示しているとともに、兵站をないがしろにした太平洋戦争を象徴している。

死亡率の高さだけでなく、命を落とした船員の年齢構成にも驚かされる。三一パーセント（一万九〇四八人）が二〇歳未満であり、二七パーセント（一万六六〇一人）が二〇歳から二九歳で、最年少は一四歳（一・六パーセント、九八七人）だった。年齢の若さの理由は、商船が攻撃されて船員不足になると、商船学校（明治三二年の実業学校令で設立され、今は五つの商船高等専門学校に引き継がれている）や高等商船学校

図表4-7　太平洋戦争における年次別戦没船員

期間	戦没船員数	割合
昭和16年12月7日以前	1,383人	2.3%
昭和16年12月8日～12月31日	72人	0.1%
昭和17年	2,830人	4.7%
昭和18年	7,610人	12.6%
昭和19年	25,801人	42.6%
昭和20年1月1日～8月15日	21,677人	35.8%
昭和20年8月16日以降	1,172人	1.9%
合計	60,545人	100.0%

注：戦没船員数は60,609人である。60,545人との差の64人は，没年月日が不明のため本表に含まれていない。

出所：宮本三夫『太平洋戦争―喪われた日本船舶の記録』成山堂書店，2008年，pp.1-47。
（公益社団法人）日本殉職船員顕彰会，http://www.kenshoukai.jp/

（現、東京海洋大学海洋工学部、神戸大学海事科学部）などで卒業年限を短縮して、若者を乗船させたからである。

船員が死亡した時期は、戦況の悪化する昭和一九年（一九四四）に二万五八〇一人（四三パーセント）、昭和二〇年（一九四五）の八月まで二万一六七七人（三六パーセント）と、殉職船員の七八パーセントが終戦直前の一年八ヶ月の間に没している。すでに多くの軍艦を失った海軍には、物資を輸送する商船の船員たちを、守る余裕はなかった。反撃のための大砲も武器もない商船は、ひたすら敵の標的となって、一方的に破壊されたのである（図表4-7）。

商船の被害は、約二五〇〇隻、八〇〇万総トン。開戦前は約六〇〇万総トンで世界三位、戦争中に約四〇〇万総トンを建造し合計一〇〇〇万総トンになる。しかし戦後は二〇〇万総トンとなったのだから、八割の商船を失ったことになる。まさに壊滅したのである。[34][35][36][37][38]

神奈川県横須賀市の観音崎公園内には、戦没船員の碑があり、天皇陛下の御製碑と皇后陛下の御歌碑が建立されている。毎年、日本殉職船員顕彰会により戦没・殉職船員追悼式が行われており、平成二七年六月一〇日には、天皇皇后両陛下のご臨席のもとで第四五回の式典が行われた。碑文は「安らかにねむれ、わが友よ、波静かなれ、とこしえに」である。御製は「戦日に逝きし船人を悼む碑の彼方に見ゆる海平らけし」、御歌は「かく濡れて遺族らと祈る更にさらにひたぬれて君ら逝き給ひしか」である。

（3）海軍の兵站軽視の実態

では、なぜ商船がこれだけの損害を受けたのだろうか。そこには三つの理由があると考えている。

第一は、日本海軍の短期戦による艦隊決戦思想である。先に述べたように日本海海戦における艦隊決戦の勝利が成功体験となって、「戦闘こそが兵の務め」という感覚になったのだろう。長期戦に耐えるための物資補給ルートの確保や商船の保護よりも、短期戦の艦隊決戦こそが勇猛果敢と賞賛されたのである。(39)(40)

第二は、希薄な商船保護の意識である。そもそも海軍には、物資輸送を担う輸送艦や商船を守る役目がある。海に囲まれた日本であれば、なおさらのことである。まして戦場にいれば、物資補給ルートの確保がいかに重要であるか実感できる。しかし作戦は大本営の机の上で考えられていて、現場の切実な実態を感じることはなかった。もしも勝敗の帰趨を察知して早期に終戦を迎えていれば、多くの若者が戦争末期に死ぬことはなかった。(41)

第三は、物資補給ルートの実力以上の延伸である。昭和一五年（一九四〇）までの海上交通保護の方針は、台湾以北のアジア海域に限っていたのだが、その後南シナ海や南洋諸島にまで戦線は拡大する。戦線の拡大は物資補給ルートの延伸を意味するし、延伸は物資輸送の負担を大きくする。実際に戦闘地域は、東のキリバス、南のニューギニア、西のビルマ、北のアリューシャン列島まで拡大した。そもそも物資補給ルートを維持できない地域まで戦線を拡大したことに、行き過ぎがあった。

情報と兵站を軽んじていた島国日本が、完全なアウェーの戦いに敗れることは必然だった。(42)

4・5　兵站を科学した欧米諸国

(1) 日本と欧米の、考え方の違い

日本と欧米諸国では、兵站に対する考え方に、どのような違いがあったのか振り返ってみよう。

そもそも日本の戦国時代の武将は、兵士の糧食に気を配り、兵糧攻めに備えて蓄えを怠ることはなかったからこそ、戦国時代を生き抜くことができた。とはいえ我が国の戦国時代の戦いは、長期戦よりも一瞬の戦闘が多かった。天下分け目の関ヶ原でさえ、一日で帰趨は決したのである。

しかも同じ民族の同じ言語のなかでの短期戦だった。西洋のチェスでは取った駒は死を意味して使えないが、日本の将棋は取った敵の駒を自分の駒として生かして使える。これと同じように、捕虜が味方の兵になるような戦いだった。永年の宿敵にさえ戦略物資の塩を送るように、どこかで徹底さが欠けている。

一方の欧米の戦いは、民族や言語が異なる地域に遠征し、占領して統治する歴史だった。基本的にアウェーの戦いだからこそ、兵站を重視する伝統があった。こうして西洋では、攻める側も守る側も、兵站重視の思想がより強固になっていったのだろう。

（2）Uボートと護送船団方式

第一次世界大戦においてイギリスは、ドイツの潜水艦（Uボート）により輸送船が攻撃される手痛い経験をした。Uボートとは、ドイツ語の「Unterseeboot（ウンターゼーボート＝水の下の船）」の略で潜水艦のことであり、一般的には第一次世界大戦と第二次世界大戦でのドイツ海軍の潜水艦を指す。

このUボートの目的は、アメリカとイギリスを結ぶ連合軍の輸送船を攻撃することで物資補給ルートを断ち切り、島国であるイギリスを孤立させることにあった。当時の制海権は強力な艦隊を持つイギリスにあったので、ドイツが対抗するには潜水艦しかなかったのである。

第二次世界大戦において、昭和一六年（一九四一）までのイギリスは、護衛艦の不足や対潜水艦の攻撃能力の不足により、Uボートによる被害は大きかった。そこで連合軍は、兵站線確保の対策に乗り出す。しかも、その

図表4-8　連合軍輸送船団の隊形

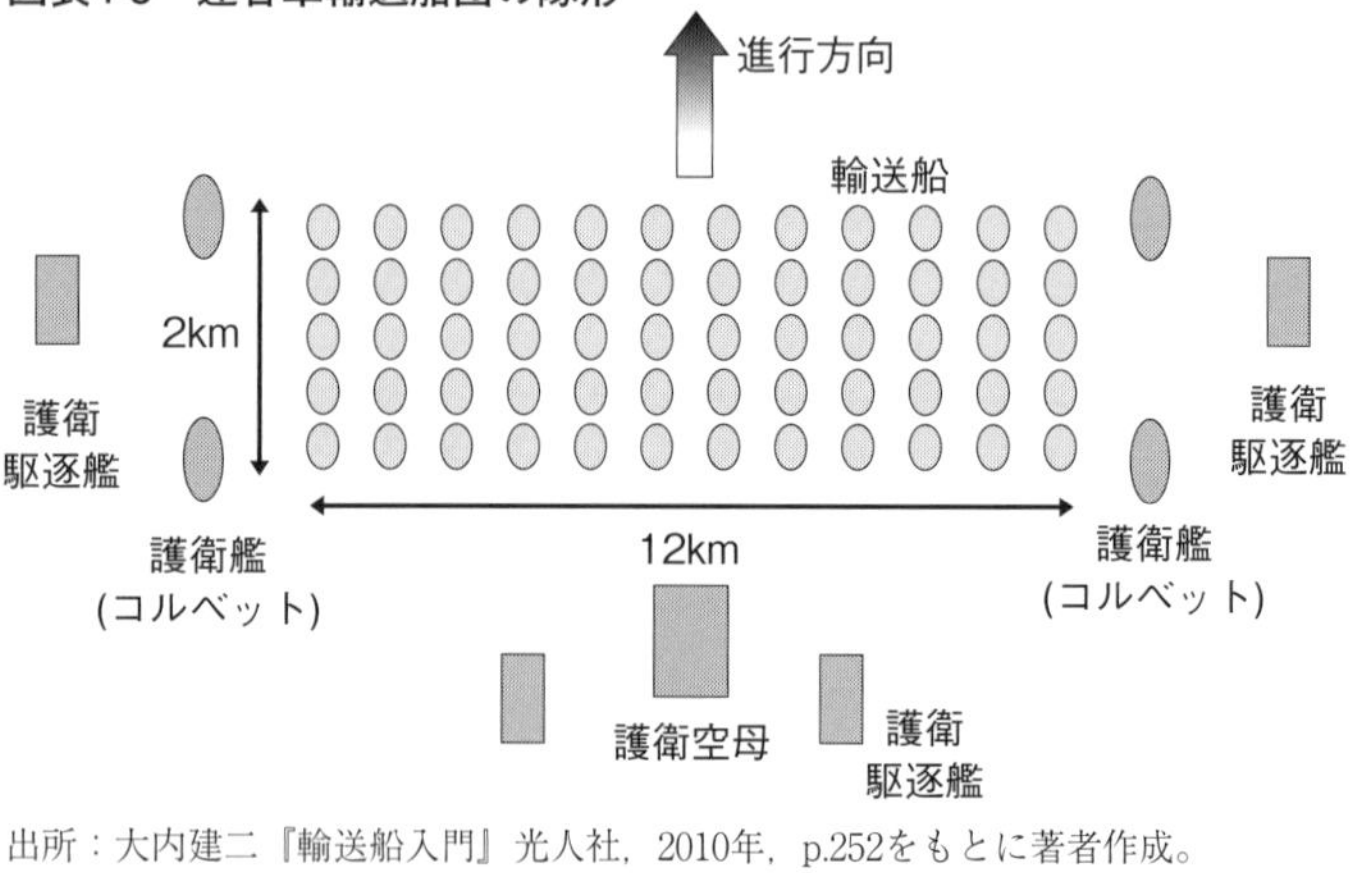

出所：大内建二『輸送船入門』光人社，2010年，p.252をもとに著者作成。

対策は決して精神論や特攻戦法ではなく、科学的な分析だった。そして、昭和一七年（一九四二）以降には、損害が急減した。この理由は、ソナーやレーダーなどの電子機器の開発、対潜哨戒機の性能向上や爆雷攻撃などとともに、輸送船を守る護送船団方式の開発があったからである。

護送船団方式は、船団を構成する商船と護衛鑑の最適数と最適隊列を、科学的な分析から導き出したものである。

大内建二の『輸送船入門』よれば、「十数隻のUボートに対しては、一つの船団に一〇隻程度の護衛艦で十分であり、船団を構成する商船の数とは無関係」という分析結果であった。これにより、六〇隻から八〇隻の商船が、進行方向に幅広く横長の長方形の船団を組み、左右に三〜四隻の護衛駆逐艦を置き、後方に一隻の護衛空母と空母を守る二隻の護衛駆逐艦を配置することになった。そして小型レーダーを搭載した哨戒機が、上空を警戒することで、潜水艦の攻撃を防いだのである[43]（図表4-8）。

(3) OR（オペレーションズ・リサーチ）の誕生

第二次世界大戦時の連合軍による科学的分析の方法論が、「OR：Operations Research（オペレーションズ・リサーチ）」である。ORとは、統計や数値をもとに、複雑なシステムを最適な状態にしたり、複雑な意志決定を支援したりするための応用数学の一分野である。Uボート対策だけでなく、ドイツの攻撃からイギリス本土を守るための防空体制や、前線への物資供給にもORは利用された。

アメリカ海軍でも、昭和一七年（一九四二）頃までには、もっとも効果的な戦力の配置方法や、前線までの食糧・弾薬の補給計画に、科学的な分析を用いるようになっていた。なかでも有名なのは、日本の神風特攻隊攻撃への対処方法である（図表4－9）（図表4－10）。

飯田耕司の『情報化時代の戦闘の科学　軍事ＯＲ入門』によれば、特攻機をかわすための艦艇の行動について、特攻機に攻撃された艦船のデータを数百件集めて分析し、「艦船の回避行動と特攻機の突入成功率が、大型艦と小型艦で逆の傾向にあること」を見いだした。この理由を、「大きく舵を切って回避行動をしたとき、大型艦は揺れが小さく照準も正確

図表4-9　ORの軍事への応用

	応用される軍事対象	内容
①	防衛力整備計画	軍事技術予測，脅威見積， 整備計画のシステム分析， 主要装備の機種選定問題， 部隊の配置と 更新計画の最適化
②	部隊運用計画	統合作戦，部隊運用のシナリオ分析， 部隊の処理能力分析，意志決定支援システム， 整備運用の効率， 補給システムや予備品などの後方支援最適化， 日程管理計画
③	研究開発	主要装備の運用と開発目標，性能試験と性能改善
④	データ・システムと評価	演習訓練の評価，防衛に関わる各国のデータ分析， 作戦指揮支援システム，戦争・戦闘のシミュレーション
⑤	その他	人事・採用評価，教育プログラム編成，医療システム， テロ対処方法・予防方法，防衛システムの費用構造， 海上交通量と日本船籍船舶による輸送可能量， 有事の輸出入量と経済分析

出所：飯田耕司『情報化時代の戦闘の科学―軍事OR入門』三恵社，2004年，pp.56-60。

なので迎撃に成功するが、揺れの大きい小型船は迎撃に失敗する」と分析した。これにより「大型艦は舵を大きく切って回避行動を取り、小型艦は回避行動よりも正確な対空射撃をすべき」と結論づけた。また艦の方向は、「急降下する特攻機には船腹を、低空で侵入する特攻機には船首か船尾を向けると良い」とした。この指示に従わなかった艦艇は四七パーセントが被害を受け、指示に従った艦艇は二九パーセントの被害で済んだという(44)(45)。

日本軍にも、同じような部署（戦力計算室）があった。また戦艦大和の建造では、現在でいうプ

図表4-10　ORのビジネスへの応用

	応用される ビジネス対象	内容
①	企業の技術開発と経営計画	技術予測，ライバル企業の脅威， 経営計画のシステム分析， 必要技術と必要設備の選定， 社内の人員配置施設更新の最適化
②	社内運用計画	全社的な経営計画，支店本部の営業シナリオ， 人材能力分析，意志決定支援システム， 施設設備運用の効率化， 設備・部品などの調達最適化， 生産計画の日程管理
③	研究開発	主要設備の運用と開発目標，性能試験と性能改善
④	データ・システムと評価	事前検討の評価， 経営に関わる競合他社のデータ分析， 意志決定支援システム，技術開発・営業のシミュレーション
⑤	その他	人事・採用評価，教育プログラム編成， 医療システム， 災害リスク対処方法・予防方法， 技術開発システムの費用構造， 有事における原材料や部品供給体制と調達可能量， 有事における事業継続計画の分析

出所：図表4-9と対比して筆者が作成。

ロジェクト管理の方法がとられていた。しかし、精神論優先のなかでは科学的分析が表舞台に立つことはなかった。

少し専門的になるが、ORの考え方を紹介してみよう。

たとえば「限られた資源（例、兵員や武器など）をどのように投入すれば、最大の成果（敵の損傷）を得ることができるか」という問題がある。このとき「資源」を資金や労働者数や原材料などとし、「成果」を利益とすれば、経営の問題になる。また「限られた資源（例、兵員や武器など）を、最短距離で多くの前線に運ぶための、輸送経路の順序を設定する」という問題の解法は、「どの時間に、どの店舗に、どの配送車が、どのようなルートで回ればムダなく短時間で配送できるか」というコンビニの配送計画に応用されている。

このように、軍事に利用されたORなどは、そのまま生産計画や配送計画にも応用できる。同じように、戦争から生まれたランチェスターの法則を、企業経営に応用している経営者も多い。

しかし太平洋戦争のときは、連合軍は「科学的根拠にもとづく兵站重視の戦争（war）」をしていたが、日本軍は「科学的根拠もないまま兵站軽視の精神論で戦闘（battle）」を続けていたのである。

［参考文献］

(1) 水嶋康雅編著『「価値発現」のロジスティクス』白桃書房、二〇〇四年、一－一〇頁。
(2) 江畑謙介『軍事とロジスティクス』日経ＢＰ社、二〇〇八年、一一－三〇頁。
(3) 苦瀬博仁『付加価値創造のロジスティクス』税務経理協会、一九九九年、三一－二四頁。
(4) マーチン・ファン・クレフェルト『補給戦―何が勝敗を決定するのか』中央公論新社、二〇〇六年、一三一－一八四頁。
(5) 林譲治『太平洋戦争のロジスティクス』学研パブリッシング、二〇一三年、一七頁。
(6) 遠藤芳信「日露戦争前における戦時編制と陸軍動員計画思想（八）―一八八二年朝鮮壬午京城事件に対する日本陸軍の対応と動員」『北海道教育大学紀要（人文科学・社会科学編）』第五八巻第二号、二〇〇八年、五七－七二頁。
(7) 竹内正浩『鉄道と日本軍』筑摩書房、二〇一〇年、六五－七七頁。
(8) 鉄道百年略史編さん委員会『鉄道百年略史』鉄道図書刊行会、一九七二年。
(9) 竹内、前掲書(7)、五六－六〇頁。
(10) 同前、九四－九七頁、一三〇－一三四頁。
(11) 同前、一三六－一四五頁。
(12) 小牟田哲彦『鉄道と国家』講談社、二〇一二年、三一－四一頁。
(13) 原田勝正『日本の鉄道』吉川弘文館、一九九一年、四二－五〇頁。
(14) 半藤一利・秦郁彦・原剛・松本健一・戸高一成『徹底検証　日清・日露戦争』文藝春秋、二〇一一年、三五－八一頁。
(15) 地図で知る日露戦争編集委員会・武揚堂編集部『地図で知る日露戦争』武揚堂、二〇〇九年、四六－五六頁。
(16) 三笠保存会『記念艦　三笠』三笠保存会、一－一二頁。
(17) 半藤ほか、前掲書(14)、二二一－一八二頁。

(18) 戸高一成『海戦からみた日露戦争』角川書店、二〇一〇年、一一七–一七三頁。
(19) 谷光太郎『ロジスティクス—戦史に学ぶ物流戦略』同文書院インターナショナル、一九九三年、八–一二頁。
(20) 船曳建夫『ＮＨＫ人間講座「日本人論」再考』日本放送出版協会、二〇〇二年、三八–五三頁（講談社学術文庫、二〇一〇年、一四八–一六七頁）。
(21) 司馬遼太郎『この国のかたち 一』文春文庫、一九九三年、三四–四六頁。
(22) 作戦要務令、http://web.kyoto-inet.or.jp/people/yatsu八hd/Ishiwara/deta.html 二〇一三年五月二日。
(23) 作戦要務令第三部、http://www.warbirds.jp/sudo/sakusen/sakusen_3_index.htm 二〇一三年五月二日。
(24)『別冊歴史読本26 日本の軍隊—陸海軍のすべてがわかる』新人物往来社、二〇〇八年、六八–七五頁。
(25) 半藤一利・江坂彰『日本人は、なぜ同じ失敗を繰り返すのか—撤退戦の研究』知恵の森文庫（光文社）、二〇〇六年、三–五頁、七九頁、一四五頁。
(26) 是本信義『誰も言わなかった海軍の失敗』光人社、二〇〇八年、一八九–一九九頁。
(27) 藤原彰『餓死した英霊たち』青木書店、二〇〇一年、一九五–二一七頁。
(28) ＮＨＫ取材班編『太平洋戦争 日本の敗因4 責任なき戦場インパール』角川書店、一九九五年、一三七–二一二頁。
(29) ＮＨＫ「戦争証言」プロジェクト『証言記録 兵士たちの戦争2』日本放送出版協会、二〇〇九年、二六九–三〇七頁。
(30) ＮＨＫ「戦争証言」プロジェクト『証言記録 兵士たちの戦争4』日本放送出版協会、二〇一〇年、九一–一二九頁。
(31) 戸部良一・寺本義也・鎌田伸一・杉之尾孝生・村井友秀・野中郁次郎『失敗の本質—日本軍の組織論的研究』中央公論新社、一九九一年、一〇七–一四〇頁。
(32) 藤原、前掲書(27)、七〇–八五頁。
(33) ＮＨＫ、前掲(28)、二〇九–二一〇頁。
(34) 宮本三夫『太平洋戦争—喪われた日本船舶の記録』成山堂書店、二〇〇九年、一–四七頁。

(35) NHK、前掲書(29)、一〇一―一五一頁。
(36) NHK、前掲書(30)、一三一―一六八頁。
(37) 戸部ほか、前掲書(31)、一四一―一七七頁。
(38) 藤原、前掲書(27)、一二―三四頁。
(39) 是本、前掲書(26)、三九―四八頁。
(40) NHK取材班編『太平洋戦争　日本の敗因2　ガダルカナル学ばざる軍隊』角川書店、一九九五年、九〇―一〇二頁。
(41) NHK取材班編『太平洋戦争　日本の敗因1　日米開戦勝算なし』角川書店、一九九五年、二七―七三頁、一八三―二〇五頁。
(42) 戸高一成『証言録　海軍反省会2』PHP研究所、二〇一一年、四〇―六五頁。
(43) 大内健二『輸送船入門』光人社、二〇一〇年、二二三―二六二頁。
(44) 飯田耕司『情報化時代の戦闘の科学―軍事OR入門』三恵社、二〇〇四年、七二―七九頁。
(45) 井上孝司『現代ミリタリー・ロジスティクス入門―軍事作戦を支える人・モノ・仕事』潮書房光人社、二〇一二年、五二―七七頁。

第5章

戦後から平成までのロジスティクスの変遷

5・1 用語の変遷（兵站から、物流・ロジスティクス・サプライチェーンへ）

（1）戦後のロジスティクスをたどる視点

前章まで、戦国時代の一部を含め江戸時代から、太平洋戦争終結までのロジスティクスをたどってみた。

戦国時代には、食糧を管理する兵糧奉行《ひょうろう》や、食糧や武器や陣地の設営道具を運ぶ部隊を運ぶ小荷駄奉行が存在していた。また、戦わずに勝つための「兵糧攻め《ひょうろうぜ》」が、有力な戦法の一つだった。江戸時代も、食糧や生活用品の供給のために廻船航路や河川舟運が発達していった。となると、この時代にロジスティクスの概念を統一的に示す用語が無かったとしても、ロジスティクスの重要性は確実に認識されていたと考えて良いだろう（第1章～第2章）。

明治時代には、ロジスティクスが兵站《へいたん》と訳されて、富国強兵のもと、生糸輸出や軍事輸送のために鉄道が敷設され、工廠や糧秣廠が設けられていった。それゆえ、江戸時代から明治中期までは、「ロジスティクス重視の時代」と言えるだろう（第3章）。

しかし、日露戦争に勝利して以降は兵站が軽んじられるようになり、太平洋戦争では兵站の不備もあって大きな犠牲を払い、敗戦に向かっていった。つまり、「ロジスティクス軽視の時代」だった（第4章）。

では、戦後から平成の現在までの七〇年は、どんな時代なのだろうか。実は私は、「ロジスティクス復活の時代」ないし「復活しつつある時代」ではないかと思っている。

このことを確かめるために、本章（第5章）では、戦後のロジスティクスの変遷を、①専門用語の変遷

（5・1）、②トラック輸送の発展と都市内配送への進化（5・2）、③ハードな施設整備とともにソフトなシステムづくりへ（5・3）、④ビジネス・ロジスティクスの進展（5・4）、の四つから考えてみたい。

（2）兵站（ミリタリー）から、物的流通（物流）へ

太平洋戦争が終わり戦後になると、それまでの「兵站」に代わって「物的流通」という言葉が使われるようになった。

終戦直後から戦災復興の時期を経て、「もはや戦後ではない」と経済白書にうたわれたのは、昭和三一年（一九五六）だった。その翌年の昭和三二年（一九五七）に、日本生産性本部の視察団が製造業の生産性向上と効率化を学ぶためにアメリカに出かけて、「physical distribution」という用語を持ち帰ってきた。これを直訳したのが「物的流通」である。受発注などの「商取引流通」に対比させて、商品や物資そのものの移動や保管を意味していた。その後略されて「物流」となり、長い間、日本のビジネスの世界で使用されてきた[1]。

日本で最初の本格的な物流の書物の一つに、昭和四三年（一九六八）に発行された『現代の物的流通』（林周二・中西睦編）がある。その「はしがき」には、「我が国が当面する物的流通問題（physical distribution problem）について、これを経済論の立場から体系づけて考察すべく編まれた概説の一つの試みである」としている。そして物流の恩師である中西睦先生から譲り受けた本の第1章「物的流通の概念」には、多くのアンダーラインとともに、余白には「流通機構の認識（外国と日本の相違）」「各定義に

図表5-1　物的流通と物資流動の違い

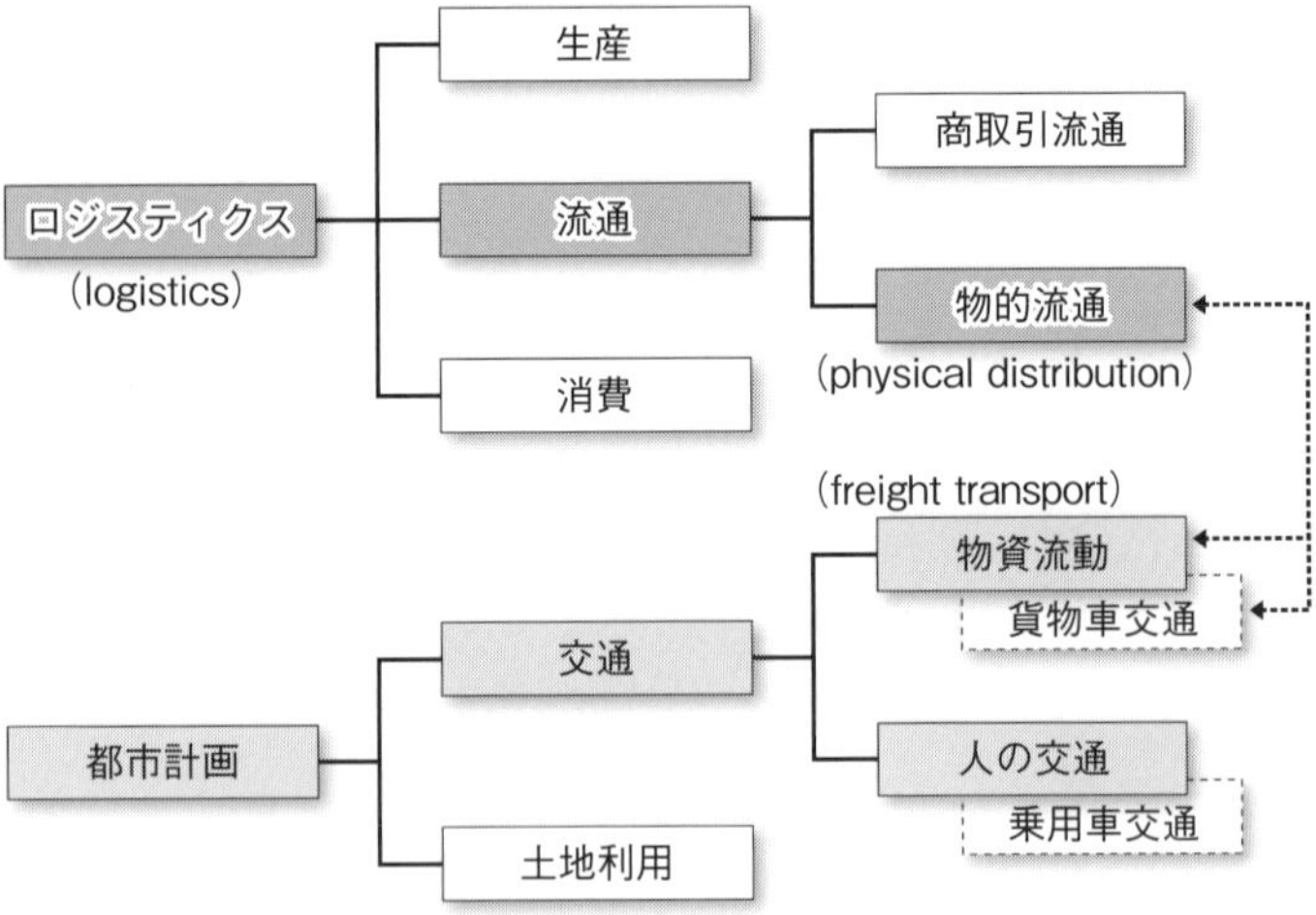

出所：苦瀬博仁『付加価値創造のロジスティクス』税務経理研究会, 1999年, p.9。

みられる混乱」「社会的流通コスト」などの鉛筆書きのメモがあり、「物的流通の概念」を構築しようとしていた当時の、思索の過程を偲ぶことができる。

この本のなかでは「物的流通」と書かれているから、昭和四三年（一九六八）年当時は、まだ「物流」とは言わなかったのかもしれない。しかし、その五年後（昭和四八年、一九七三）に大学院で授業を受けたときは、林周二先生（流通経済論）も中西睦先生（物的流通論）も、「物流」と言っていた記憶がある。ということは、この数年間の間に、「物流」という略語が定着したのかもしれない。[2]

物流（物的流通）には、輸送・保管・流通加工・包装・荷役・情報の六機能がある。しかし、輸送に限定した「物資流動（freight transport）」を短縮しても、同じ「物流」になってしまう。このため「物的流通」と「物資流動」を混同してしまうことがある。さらには、「貨物車交通（トラックの交通）」を「物流」と表

図表5-2　戦後における専門用語の変遷

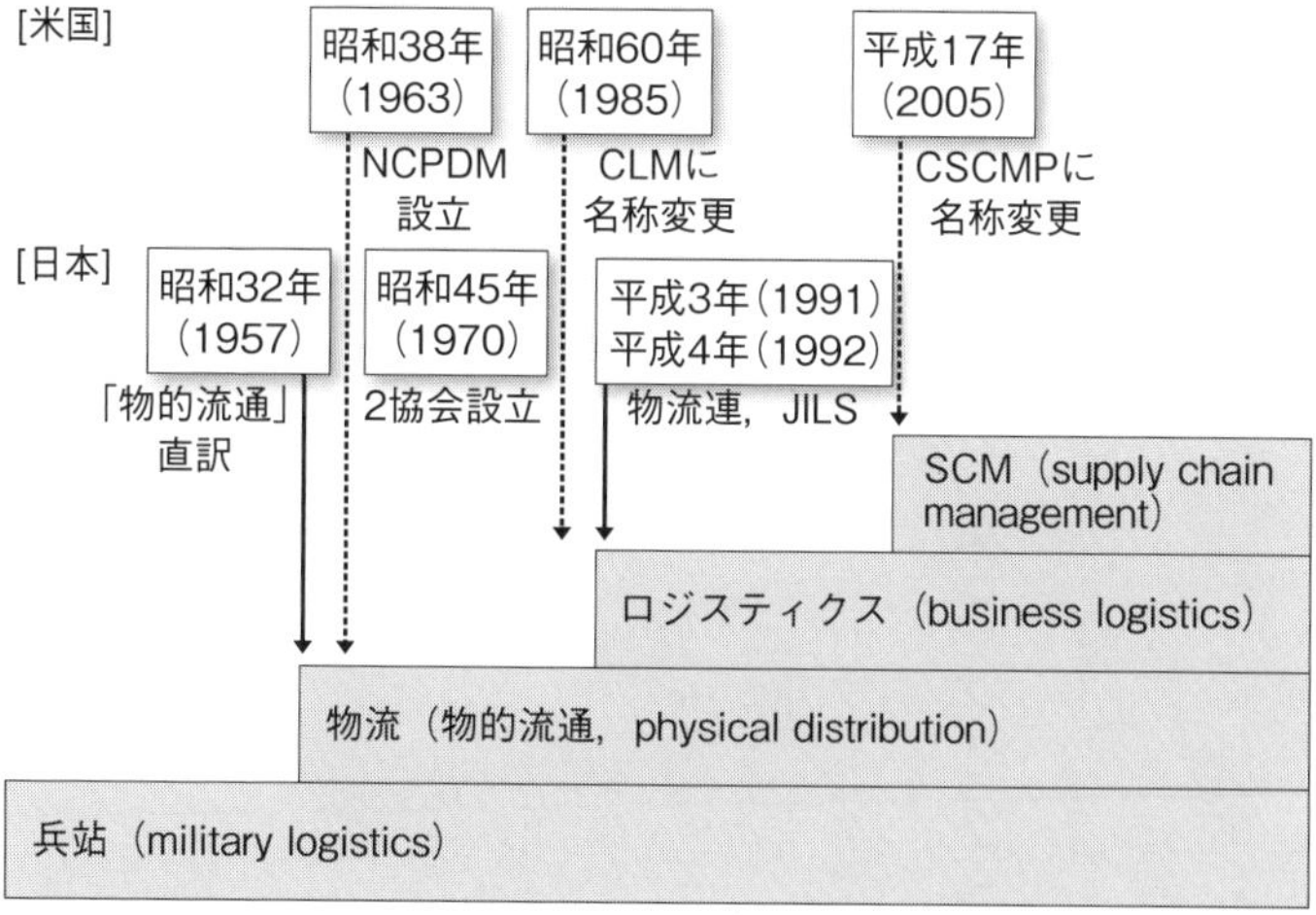

著者作成。

現することもあるので、混乱に拍車がかかっている[3]（図表5-1）。

（3）物流から、ビジネス・ロジスティクスへ

二〇世紀終盤になると、「物流」に代わり「ロジスティクス」という用語も使われるようになった。

一九九二年に、初めて海外の学会に出かけたとき「ロジスティクスを研究している」と言うと、「ミリタリーか、ビジネスか」と問われた。海外の学会や協会では、二つのロジスティクスが並立していることもある。

物流の名を冠した日本で代表的な二つの協会（日本物的流通協会と日本物流管理協議会）が平成四年（一九九二）に統合し、日本ロジスティクスシステム協会（ＪＩＬＳ：Japan Logistics System Society）になった（図表5-2）。

昭和五八年（一九八三）に設立された日本物流学会（Japan Logistics Society）は、設立当時から英語

名称ではロジスティクスを使用している。また、平成三年（一九九一）に設立された日本物流団体連合会（Japan Federation of Freight Industries）は、陸・海・空の物流事業者が広く集まる団体で、英語では「Freight」を使用していたが、平成二七年（二〇一五）六月に、「Japan Association for Logistics and Transport（JALoT）」と変更した。

ロジスティクスとは、「コストの最小化」と「付加価値の最大化」を目的に、「商品や物資を、顧客のニーズに合わせて届けるとき、発地から着地までの商取引流通（受発注、金融）と物的流通（輸送、保管、流通加工、包装、荷役、情報）を、効率的かつ効果的に、計画・実施・統制すること」である。このため、「必要な商品を、適切な時間・場所・価格のもとで、要求された数量と品質（5R＝Right Time, Place, Price, Quantity and Quality）で、供給すること」が必要である。

商品や物資が消費者に届かない限りビジネスは完結しないから、商品を生産したり販売するメーカーや卸小売業にとっても、ロジスティクスは重要である（図表5-3）（図表5-4）。

（4）ロジスティクスから、サプライチェーンへ

近年では、ロジスティクスとともに、「サプライチェーン」という用語も使用されている。

米国では、昭和三八年（一九六三）に設立された物的流通管理協会（National Council of Physical Distribution Management）が、昭和六〇年（一九八五）にロジスティクス管理協会（Council of Logistics Management）となり、平成一七年（二〇〇五）にSCM専門家協会（Council of Supply Chain

図表5-3　ビジネス・ロジスティクスの定義と5つの指標

定義	：顧客の要求に合わせて，商品・サービス・情報の， 発地から着地までの輸送や保管や作業を， 効率的かつ効果的に計画・実施・統制すること。
指標	：時間（集荷・輸送・配送時間，荷役時間，作業時間など） 場所（車両・貨物の位置，棚位置，作業管理，運行管理など） 費用（集荷・輸送・配送費用，入出庫・在庫費用，荷役費用など） 数量（車両台数管理，輸送量管理，入出庫・在庫管理など） 品質（温湿度管理，破損汚損管理，消費・賞味期限管理など）

出所：苦瀬博仁編著『ロジスティクス概論』白桃書房，2014年，pp.21-26。

図表5-4　ロジスティクスにおける6つの物流機能

	物流機能	内　　容	物流機能の分類
①	輸送機能	長距離を運ぶ「輸送」 商品・貨物を集める「集荷」 商品・貨物を配る「配送」	運ぶ機能 （空間的な移動）
②	荷役機能	トラック・鉄道・船への「積み込み」 トラック・鉄道・船からの「荷おろし」	
③	保管機能	長期間預かる「貯蔵」 一時的に預かる「保管」	保管する機能 （時間的な移動）
④	流通加工機能	製品を加工する「生産加工」 商品を組み合わせる「販促加工」	商品価値を高める機能
⑤	包装機能	段ボールなどで商品を保護する「工業包装」 リボンなどを使い商品の価値を高める「商業包装」	
⑥	情報機能	貨物追跡，入在出庫などの「数量管理情報」 温湿度管理，振動管理などの「品質管理情報」 自動仕分け，ピッキングなどの「作業管理情報」	情報を伝える機能

出所：苦瀬博仁編著『ロジスティクス概論』白桃書房，2014年，pp.51-54。。

図表5-5　サプライチェーンとロジスティクス

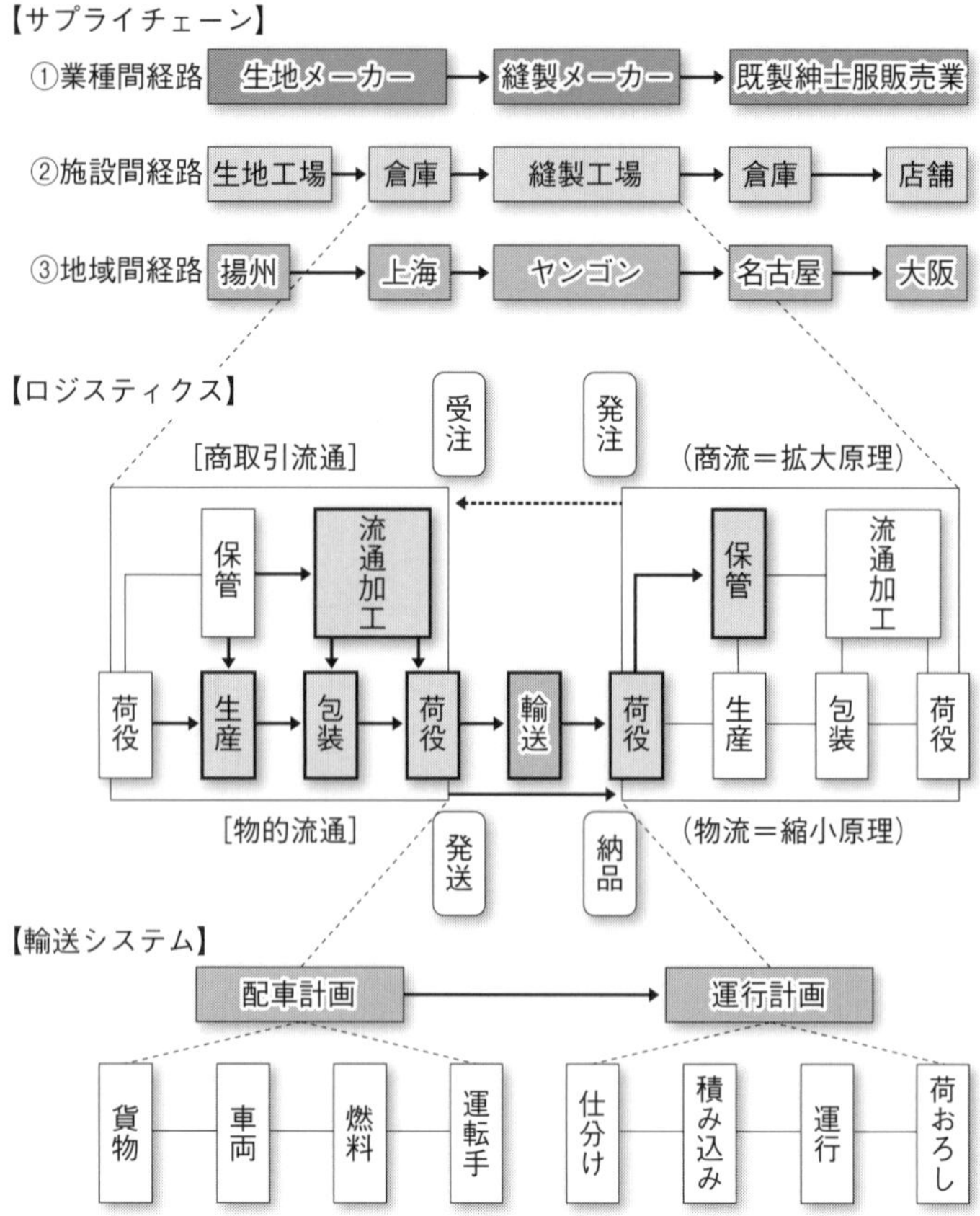

出所：苦瀬博仁編著『ロジスティクス概論』白桃書房，2014年，pp.21-26。

Management and Professionals）と名称を変更している。[4]

サプライチェーン（supply chain）とは、「原材料の調達から生産と流通を経て消費に至るプロセスを、鎖に見立てたもの」であり、サプライチェーン・マネジメント（SCM：supply chain management）とは、「調達から消費に至るサプライチェーンのプロセスを、最適な状態に維持管理すること」である（図表5-5）。

本格的な国際化時代を迎え、「原材料調達、製品の生産、製品の販売、消費」が各国にまたがることで、原材料・半製品・製品が各国間を行きかうようになっている。これを、グローバル・サプライチェーン（global supply chain）という。

5・2　トラック輸送の発展と都市内配送への進化（貨物輸送システムの変遷）

（1）明治後期に始まるトラック輸送

江戸時代の物資輸送手段は、廻船や河川舟運による船舶輸送が主だった。明治時代には、鉄道貨物輸送が加わった。そして戦後になると、貨物自動車（トラック）輸送が主役となっていく。

我が国で最初の自動車による貨物輸送会社は、明治四一年（一九〇八）に設立された帝国運輸自動車である。フランス製の一・五t積み貨物自動車一一台と商用車二台により貨物輸送事業を開始したが、同社は明治四五年（一九一二）に解散した。[5]

我が国のトラックの台数は、大正四年度（一九一五）には全国で二四台だったが、一〇年後の大正一四年度（一九二五）には約七九〇〇台と約三三〇倍になった。この間、大正一二年（一九二三）に関東大震災が発生すると、線路や貨車に大きな被害を受けた鉄道に代わり、復旧の早い道路を利用するトラックが、機動性の高さもあって、被災者の救済や復興のための資材の輸送を担った（図表5-6）。

戦争中の昭和一五年度（一九四〇）から昭和二〇年度（一九四五）は、約一〇万台から一二万台だった。この間、台数が増えなかったのは、昭和一三年（一九三八）のトラックの輸入禁止、戦時中のトラック国内生産台数の低下、空襲によるトラックの破損などの理由があったからである。

図表5-6　自動車保有台数の推移

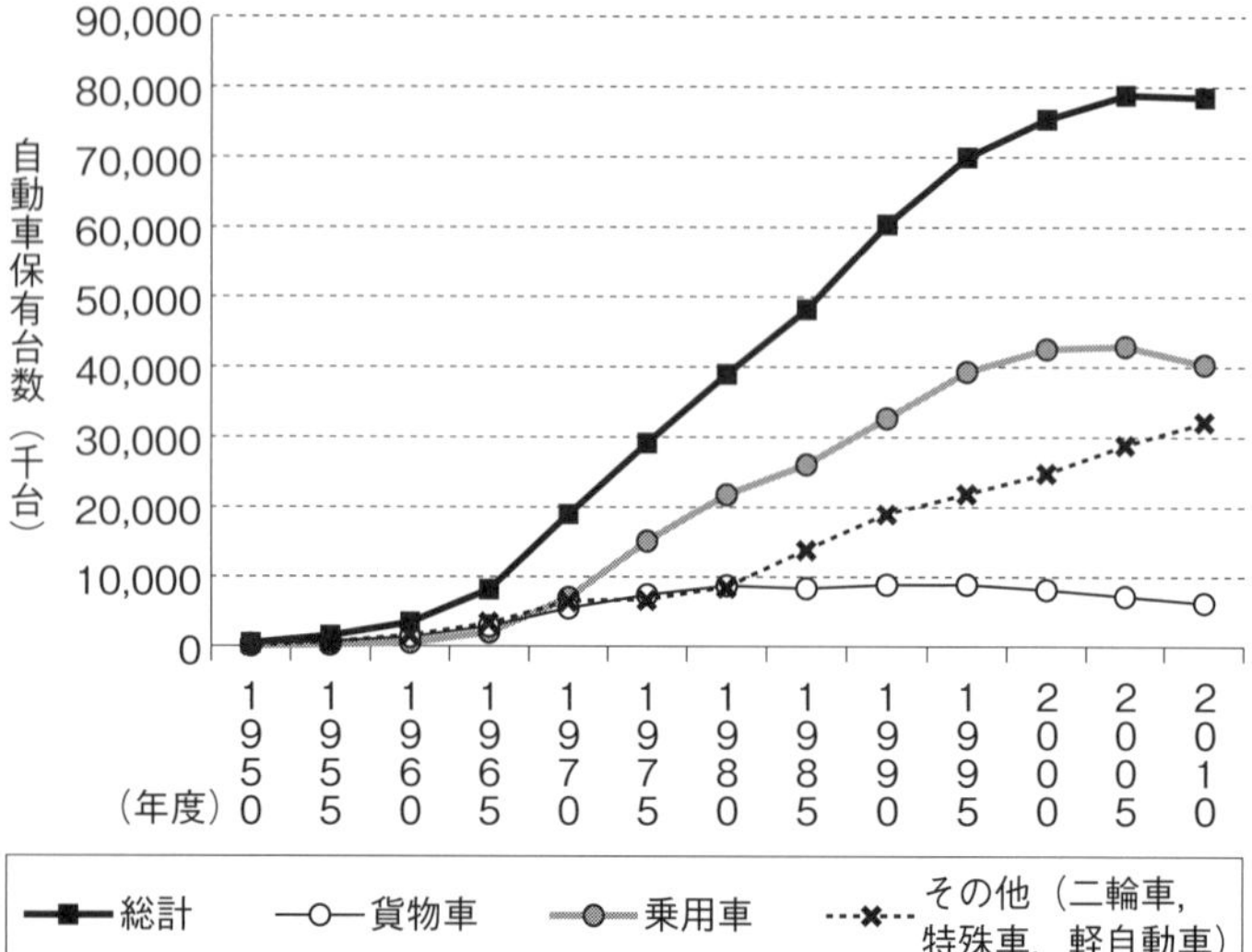

注1：乗用車にはバスを含む。
注2：その他は，二輪車，特殊車，軽自動車等。
出所：国土交通省（2000年度以前は運輸省）『自動車保有車両数統計（月報）』。

(2) 鉄道からトラック輸送への転換(戦後から昭和四〇年までの変化)

戦後になり物資輸送量が増えると、鉄道の貨車が不足していった。このため、昭和二四年(一九四九)には、東京圏・近畿圏を中心に五〇キロメートル圏以内の鉄道貨物の貨物自動車への転換を進めるために、運輸省が「鉄道近距離貨物のトラック転換実施要領」を定めた。現在はモーダルシフトとして、貨物自動車から船舶や鉄道への転換が進められているが、戦後はまったく逆の対策が必要だったのである。

高度経済成長期に入ると、貨物自動車は、昭和三〇年度(一九五五)の約六九万台から、昭和四〇年度(一九六五)の約一八七万台へと約四倍に増加した。輸送量も、この一〇年間で約五・一倍に増加した。一方で、同じ期間の鉄道の輸送量は約一・三倍、内航海運は約二・八倍の増加量だった[(6)(7)(8)](図表5-7)。

昭和三〇年代に貨物自動車の輸送量が増加した理由は、三つあった。

第一の理由は、高度成長期に工場から流通センターを経て店舗に運ぶような都市内配送が多くなって、道路を通行する貨物自動車のニーズが急増したことである。第二の理由は、貧弱だった道路が舗装されるとともに、昭和三八年(一九六三)年七月の名神高速道路(栗東IC~尼崎IC間)を皮切りに、高速道路が整備されていったことである。第三の理由は、タンクローリーや、冷凍車・冷蔵車など車両の専用化が進んだことである。

NHKの「みんなのうた」に「はたらくくるま」という楽しい歌がある。一番の歌詞は、郵便車、清掃車、救急車、はしご消防車で始まるが、三番になると、フォークリフト、ブルドーザー、ショベルカー、ダンプカーが出てくる。おもちゃのミニカーにも、多くの車が用意されている。メーカーのホームページによると、「乗用車やバス、建設車など、人気の働くクルマを常に一四〇種類ラインアップして…」「毎月第三土曜日に続々新車が登場…」とある。タンクローリーやコンテナ車や冷凍車などのほか、凝ったところでは対人地雷除去機、ラーメン屋台、いすゞエルフ佐川急便

図表5-7　輸送機関別国内貨物輸送トンキロの推移

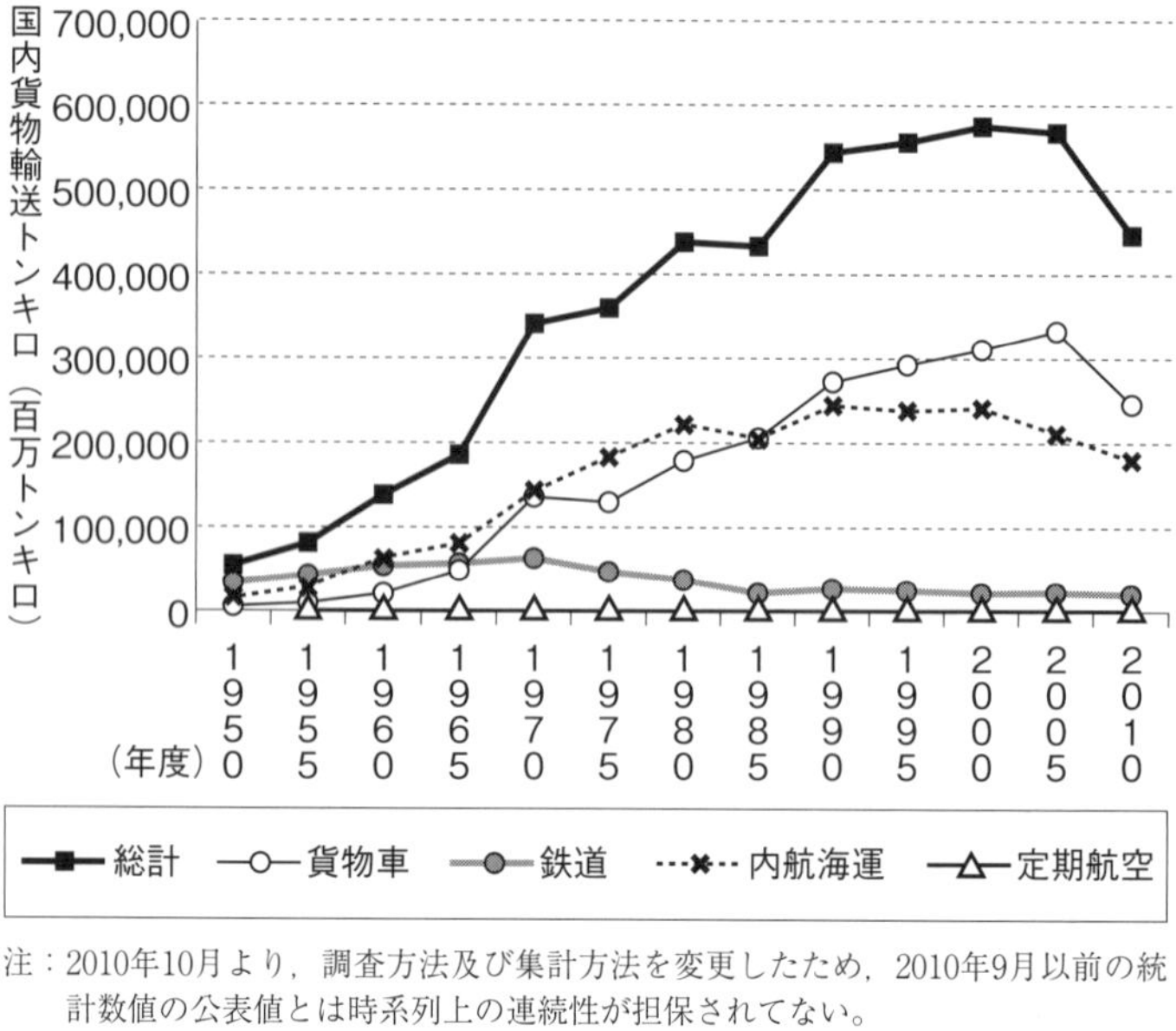

注：2010年10月より，調査方法及び集計方法を変更したため，2010年9月以前の統計数値の公表値とは時系列上の連続性が担保されてない。

出所：貨物車の1950～1955年度と鉄道の1955～1980年度は，運輸省『陸運統計要覧』。貨物車の1960年度以降は，国土交通省（2000年度以前は運輸省）『自動車輸送統計年報』。鉄道の1985年度以降は，国土交通省（2000年度以前は運輸省）『鉄道輸送統計年報』。内航海運の1965年度以降は，国土交通省（2000年度以前は運輸省）『内航船舶輸送統計年報』。定期航空の1960年度以降は，国土交通省（2000年度以前は運輸省）『航空輸送統計年報』。上記以外のデータは，財団法人運輸経済研究センター近代輸送史研究会編『近代日本輸送史』成山堂書店，1979年。

などもある。船や鉄道貨車に比較して、貨物自動車の種類ははるかに多い。このような車両の専用化や特殊車両が、貨物特性に合わせた輸送を可能にしている。

(3) 長距離路線トラック輸送の確立(昭和四〇年以降の道路整備と長距離トラック輸送)

昭和四〇年代になると、国道や高速道路の整備がさらに充実していく。国道の舗装率は、昭和四〇年度(一九六五)の約六〇パーセントから、昭和五〇年度(一九七〇年度)には九〇パーセントになった。高速道路は、名神高速道路(昭和四〇年、一九六五)、首都高速環状線(昭和四二年、一九六七)、東名高速道路(昭和四四年、一九六九)が開通した。

このような道路ネットワークの整備により、輸送の高速化と車両の大型化が可能となり、西濃運輸や福山通運などの地方の事業者が全国的な路線トラック輸送網を形成していった。当時、東京から地方に発送される貨物は多く、地方から東京に発送される貨物は少なかった。このため、地方の事業者は貨物が少ない地元では地の利を活かして集貨でき、一方で東京でも容易に集貨できたので、往復で貨物に恵まれて事業も順調に発展していったのである。

昭和四四年度(一九六九年度)には乗用車台数が貨物車台数を上回り、昭和五〇年度(一九七五年度)には貨物車の二倍以上まで増加した。マイカーブームが起きて、急激にモータリゼーションが進んだ結果でもある。(9)(10)(11)(12)

（4）多頻度小口配送の普及（昭和四八年の石油危機以降の配送システム）

昭和四八年（一九七三）に第一次石油危機が起きると、国内の貨物輸送量は一時的に減少したが、昭和五〇年代に入ると再び増加し、産業の主役には、鉄鋼や造船などの重厚長大産業とともに、電化製品やコンピューターなどの軽薄短小産業が加わった。このため多品種少量生産が多くなり、多頻度小口輸送のニーズが増えて、宅配便やＪＩＴ配送が普及していった。

昭和六〇年代には、消費生活の多様化に合わせて、ほしいときにほしいものを届けるために、メーカーだけでなく店舗配送にもＪＩＴ（just in time）が普及していった。たとえばコンビニでは、限られた店舗スペースに約三〇〇〇品目の商品を用意するために、在庫を極力少なく

図表5-8　貨物輸送システムの変遷

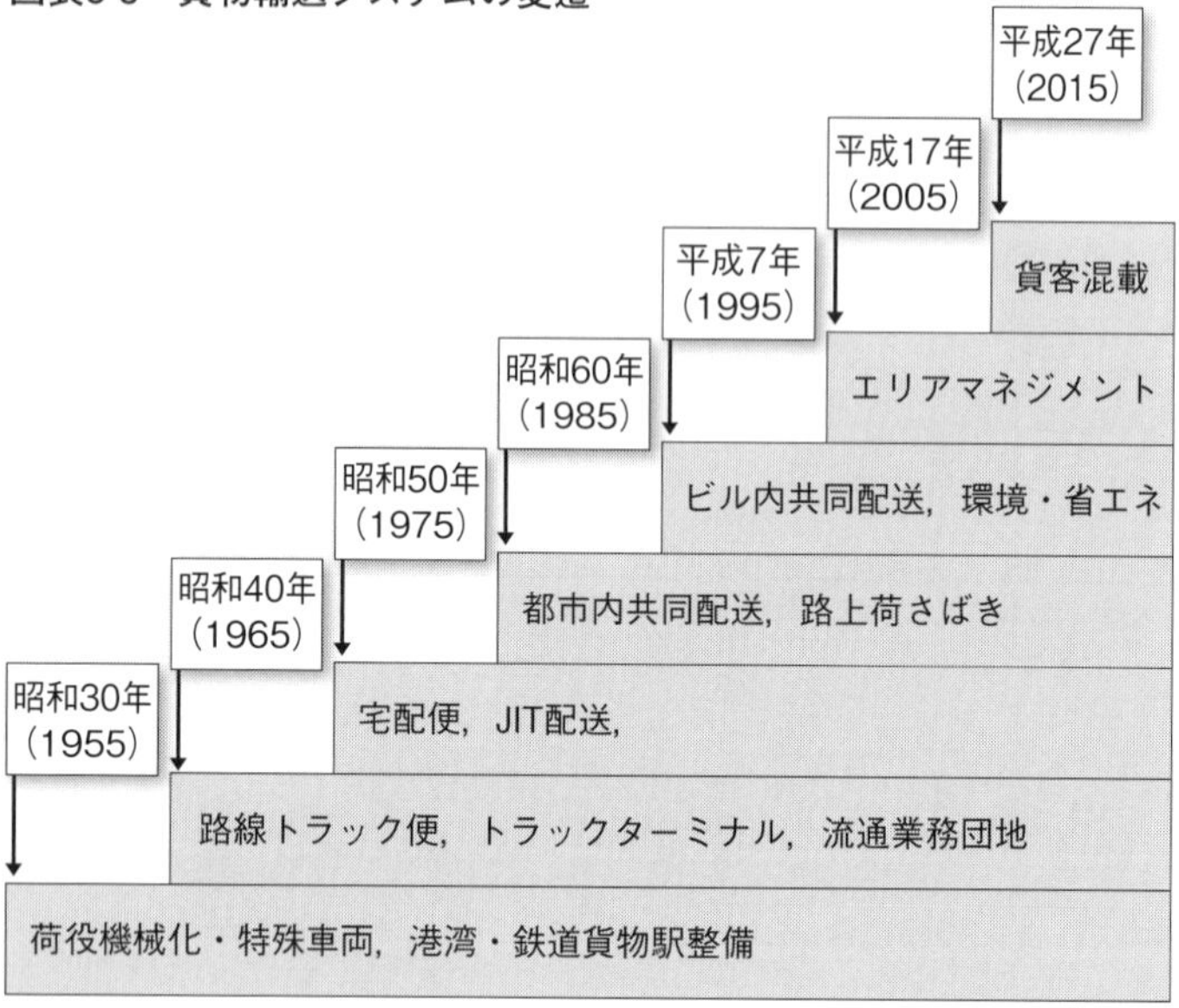

著者作成。

した上で品切れを防がなければならない。そこで何台もの車で運ぶことを避けるために、共同配送センターでさまざまな商品を店舗別にまとめてから、各店舗に一日九回程度配送している（図表5－8）。

（5）都市内物流対策の進展（平成になって本格化する共同配送、環境、エリアマネジメント）

都市の物流ネットワークが完成し、さまざまな商品や物資が、店舗やオフィスや住宅にまで届けられるようになると、都心にも多くの貨物自動車が集中するようになった。そこで都心で走行する貨物自動車の台数を削減し環境負荷を削減するために、輸送の効率化が試みられるようになった。この代表例が、共同配送である。共同配送とは、複数の輸送会社が、同じ店舗やオフィスに別々に届けるよりも、共同して一台の貨物自動車に積み合わせて運ぶ方法である。台数が少なくて済むことで、各社にとっても効率化が図れると考えたのである。

都心のような地域への共同配送の代表例が、昭和五三年（一九七八）に始まった福岡市の天神地区である。貨物車台数で六五パーセント減、駐車回数で七二パーセント減とされている。その後、吉祥寺（平成一三年、二〇〇一）や横浜元町（平成一六年、二〇〇四）などでも実施されている。

平面的な共同配送の次は、高層ビルなどでの上下方向の配達を共同化する「縦持ち（館内）共同配送」が増加していく。私が最初にビル内の共同配送を調査したのは、大阪ＯＭＭビル（大阪マーチャンダイズマート）で、平成二年（一九九〇）頃だったと思うが、その一〇年ほど前の昭和五五年（一九八〇）頃には、すでに共同配送が始められたという。平成一四年（二〇〇二）には「丸の内地区物流ＴＤＭ実証実験」

が行われ、これ以降、多くのビルでは共同配送が取り入れられている。

平面（横）の共同配送、高層ビル（縦）の共同配送に続くのが、エリアマネジメントと呼ばれる地区単位の対策である。平成四年（一九九二）には、新宿副都心の複数の高層ビルへ届ける複数の輸送会社の貨物を受け取り、届け先ごとにまとめて届ける共同配送を、協同組合新宿摩天楼が始めた。平成一六年（二〇〇四）には、東京駅周辺を対象に「大手町・丸の内・有楽町駐車協議会」が発足し、ビル内の共同配送を前提に、多くの高層ビルで駐車場や荷さばき施設が整備されている(13)。

これからの時代は、旅客用のバスや電車で貨物を運ぶこと（貨客混載）が増えるだろう。これは、少子高齢化の影響による旅客減少や運転手不足の対策でもある。すでに一部の中山間地では実施されているが、今後は早朝の時間帯などで貨物専用車両を連結して、大都市の鉄道でも貨物輸送が検討されるかもしれない。

5・3　施設整備とともに、システムづくりへ（都市物流計画の変遷）

（1）昭和四〇年代に始まった都市物流政策（流通業務団地）

都市では人々への物資供給が不可欠であるからこそ、物流のための施設が計画されていく。たとえば戦国時代や江戸時代の城下町では、風水の思想にもとづき物資供給路を確保し、明治時代は製品輸出のための鉄道整備を進め、関東大震災後の復興都市計画では市場や運河など物流のための施設を計画した。

　しかし戦後において、都市政策として物流が議論されるのは、昭和四〇年（一九六五）前後になってからのことである。当時は、東京や大阪などの大都市に人口が集中し、トラックによる長距離輸送が増えている時期だった。このため都心にあるトラックターミナルや倉庫などの周辺では、車両の集中による交通混雑や騒音や振動などの公害が起きていた。そこで、都心の物流施設を、鉄道や道路の利用しやすい市街地の外周部に移転させようと考えたのである。

　昭和四一年（一九六六）に「流通業務市街地の整備に関する法律」が公布され、東京の都心の物流施設の移転先として、京浜二区（大田区）、高島平（板橋区）、足立（足立区）、葛西（江戸川区）、越谷（埼玉県越谷市）の五つの流通業務団地が建設された。今、浜松町と羽田空港を結ぶモノレールの「流通センター」駅の周囲が、京浜二区である（写真5・1）。

　その後、東京や大阪などの大都市だけでなく、地方都市でも流通業務団地の整備が進められ、最終的に

写真5·1　開設当初の高島平の流通業務団地

出所：東京都の資料。

図表5-9　都市物流計画に関連する法制度の変遷

年	法制度	特　徴
昭和38(1963)	大都市問題懇談会	流通業務市街地の形成
昭和41(1966)	流通業務市街地の整備に関する法律	流通業務団地
昭和42(1967)	運輸経済懇談会の物流対策の提案	①ユニットロード　②複合一貫輸送　③複合ターミナル　④流通業務団地
昭和48(1973)	流通業務団地への疑問	局地的混雑，都市内拠点の必要性
昭和49(1974)	運輸政策審議会都市交通部会・貨物輸送小委員会報告	①ターミナル，トラックベイ，共同配送センターなどの整備　②道路容量と物流需要量の整合　③大都市再開発　④交通規制
平成4(1992)	都市計画中央審議会	広域・都市内拠点・端末物流施設の整備
平成5(1993)	流通業務市街地の整備に関する法律の一部改正	入居基準の緩和
平成6(1994)	駐車場法の一部改正	荷さばき駐車場の附置義務
	道路審議会	広域物流拠点の整備
平成10(1998)	大規模小売店舗立地法	荷さばき駐車場，荷さばき時間指定
平成17(2005)	流通業務の総合化及び効率化の促進に関する法律	環境に配慮した物流体系の構築
	エネルギー使用の合理化に関する法律の改正（改正省エネ法）	省エネ計画策定とエネルギー使用量の定期報告が義務づけ
平成18(2006)	道路交通法の一部を改正する法律（平成16年法律第90号）	放置車両の取り締まり，道路交通の円滑化や環境対策

著者作成。

は全国で二六団地（平成二四年（二〇一二）三月現在）が指定された。地方中核都市でもトラック団地や卸売団地などが集まっている地区があるが、その多くは流通業務団地である[(14)(15)]（図表5-9）。

（2）石油危機（昭和四八年）後に停滞した都市物流政策

昭和四八年（一九七三）の石油危機以後の安定成長期に入ると、大規模・複合型の流通業務団地に疑問も出されるようになった。昭和四九年（一九七四）には、運輸政策審議会都市交通部会の貨物輸送小委員会が、物流施設を郊外に移転するだけでは問題解決が困難なことを踏まえて報告書を出している。ここでは、単に物流施設を郊外に移転しても、最終的には都心に住み働く人のために商品や物資を届けなくてはならないので、地域に合わせた物流対策を立てるべきと考えたのである。

たとえば施設整備として、工業地域ではトラックターミナル、商業地域では集配センターやトラック用の駐停車施設、住宅地域では共同荷物授受施設などがあった。また都市計画の方法論として、道路の通行可能な交通量に合わせた建物の規模の調整や、貨物車用の駐停車施設の設置が提案された。

郊外の大型物流施設であれ都市内の物流対策であれ、当時の着想と計画理論は今でも色あせていない。しかし残念なことに、この貨物輸送小委員会の報告以後の約一五年間は、都市の物流に関する話題がほとんど消えた時代でもある。むしろ問題は、先人達の知恵をいまだに活かしきれず、当時の課題をいまだに解決できていないことである。

おそらくは、石油危機以後の経済が混乱した時期に、物流政策が経済活動を制約すると誤解された可能性がある。実態として物流政策には、経済活動の活性化や効率化という目的もあるのだが、当時は理解されなかったのではないかと思う。

結果として、この間の空白が、物流に関わる計画理論の不備や物流対策の遅れにつながったとすれば、誠に残念な時期でもある。

(3) 平成時代の、物流政策の「復活」

平成の時代になると、さまざまな物流政策が打ち出されていく。これを、「輸送事業」「広域物流拠点」「都市内配送」「道路交通対策」「環境対策」「資源リサイクル対策」の六つの視点からたどってみたい。

第一は、「輸送事業」に関する制度である。平成二年(一九九〇)に改正された物流二法(貨物自動車運送事業法、貨物運送取扱事業法)では、路線と区域の事業区分の廃止、新規参入が免許制から許可制に緩和され、運賃も事前届出制になった。その後平成一五年(二〇〇三)に再度改正され、物流三法(貨物自動車運送事業法、貨物運送取扱事業法、鉄道事業法)と呼ばれている。

第二は、流通業務団地などの「広域物流拠点」の制度である。平成五年(一九九三)に「流通業務市街地の整備に関する法律」が一部改正され、流通業務団地内に立地できる施設の基準が緩和された。平成一七年(二〇〇五)には、高速道路インターチェンジや港湾の周辺地区での物流活動の効率化のために、「流通業務の総合化及び効率化の促進に関する法律」が制定された。

第三は、「都市内配送」に関する制度である。平成六年(一九九四)の「駐車場法の一部改正」によって、高層ビルや商業施設などの大規模建築物において貨物車のための駐車スペースを設置することが義務付けられた。平成一〇年（一九九八）の「大規模小売店舗立地法」により、デパートやスーパーなどでは荷さばき施設の設置が義務付けられた。

第四は、「道路交通対策」である。平成一五年（二〇〇三）九月の道路交通法の改正により、大型貨物車へのスピードリミッターの装着が義務付けられた。平成二三年（二〇一一）には、運輸事業者が運転手を点呼する祭にアルコールチェッカーの使用を義務付けることで、飲酒運転の取り締まり強化が進められた。平成一八年（二〇〇六）六月に、路上駐車の取り締まりを強化する「道路交通法の一部を改正する法律」が施行された(16)。

第五は、CO_2やNOxなどの排出ガス削減や廃棄物削減などの「環境対策」に関する制度である。平成四年（一九九二）に自動車NOx・PM法が制定され、平成一三年（二〇〇一）に対象区域が拡大され、平成一九年（二〇〇七）に流入車対策が加えられた。平成一七年（二〇〇五）には、一定規模以上の企業に省エネ計画策定とエネルギー使用量の定期報告を義務付ける「エネルギー使用の合理化に関する法律の改正（改正省エネ法）」が定められた。

第六は、資源再利用のための「資源リサイクル対策」である。「資源有効利用促進法（平成三年、一九九一）」、「容器包装リサイクル法（平成七年、一九九五）」、「家電リサイクル法（平成一〇年、一九九八）」、「建設リサイクル法（平成一二年、二〇〇〇）」、「食品リサイクル法（平成一二年、二〇〇〇）」、「自動車リサイクル法（平成一七年、二〇〇五）」などが、次々に制定された（図表5-10）。

図表5-10　平成時代の物流政策

種類	年	内　容
①輸送事業	平成2年　(1990)	「物流二法」の改正（貨物自動車運送事業法，貨物運送取扱事業法
	平成15年 (2003)	「物流三法」の改正（貨物自動車運送事業法，貨物運送取扱事業法，鉄道事業法）
②広域物流拠点	平成5年　(1993)	「流通業務市街地の整備に関する法律」の一部改正
	平成17年 (2005)	「流通業務の総合化及び効率化の促進に関する法律」の制定
③都市内配送	平成6年　(1994)	「駐車場法」の一部改正
	平成10年 (1998)	「大規模小売店舗立地法」の制定
④道路交通	平成15年 (2003)	「道路交通法」の改正（スピードリミッターの装着）
	平成23年 (2011)	同上のアルコールチェック義務
	平成18年 (2006)	「道路交通法」の一部改正（路上駐車の取り締まり強化）
⑤環境	平成4年　(1992)	「自動車NOX・PM法」の制定
	平成13年 (2001)	同上の制定対象区域の拡大
	平成19年 (2007)	同上の流入車対策の導入
	平成17年 (2005)	「エネルギー使用の合理化に関する法律」の改正（改正省エネ法）
⑥資源リサイクル	平成3年　(1991)	「資源有効利用促進法」の制定
	平成7年　(1995)	「容器包装リサイクル法」の制定
	平成10年 (1998)	「家電リサイクル法」の制定
	平成12年 (2000)	「建設リサイクル法」の制定
	平成12年 (2000)	「食品リサイクル法」の制定
	平成17年 (2005)	「自動車リサイクル法」の制定

著者作成。

(4) 二一世紀の国家戦略としての総合物流施策大綱

我が国の物流政策は、経済産業省が製造業や卸小売業、農林水産省が農水産業、国土交通省が物流事業と道路や港湾などを担当し、各省庁が個別に取り組む傾向があった。しかし、二〇世紀後半に本格的な国際化時代を迎えると、各省庁の枠組みを超えて、国家としての総合的な物流政策が必要となった。

そこで政府は、平成九年(一九九七)四月四日に、総合物流施策大綱を閣議決定した。その後、平成一三年(二〇〇一)、平成一七年(二〇〇五)、平成二一年(二〇〇九)と改定した。

平成二五年(二〇一三)の第五次の総合物流施策大綱の特徴は、二つある。第一は、東日本大震災(平成二三年〔二〇一一〕三月一一日)後の最初の大綱として、災害対策を強調していることである。第二は、大綱が具体性に欠けるとの批判に対して、より具体的かつ実効性を高めるために、関係省庁による推進会議を設け、物流施策と他の施策の整合性を図りつつ、工程表を作成し進捗管理をすることである。

平成二九年(二〇一七)の第六次の総合物流施策大綱の特徴は、政策実現のスピードアップを図るために、具体的な方法論を掲げたことである。すなわち、①繋がる、②見える、③支える、④備える、⑤革命的に変化する、⑥育てるという六つである。

令和時代初となる令和三年(二〇二一)の第七次の総合物流施策大綱では、①物流のDXや物流標準化によるサプライチェーンの最適化、②労働力不足対策と物流構造改革の推進、③強靭性と持続可能性を確保した新たな物流ネットワークの構築を、目標として掲げている[17](図表5-11)。

図表5-11　総合物流施策大綱の変遷

	内　容
総合物流政策大綱 平成9-13年 (1997-2001)	①アジア太平洋地域で最も利便性が高く魅力的な物流サービスを提供 ②物流サービスが産業立地競争力の阻害要因とならない水準のコストで提供 ③物流に係るエネルギー問題，環境問題及び交通の安全等に対応
総合物流政策大綱 平成13-17年 (2001-2005)	①コストを含めて国際的に競争力のある水準の市場構築 ②環境負荷を低減させる物流体系の構築と循環型社会へ貢献
総合物流政策大綱 平成17-21年 (2005-2009)	①スピーディでシームレスかつ低廉な国際・国内の一体となった物流の実現 ②「グリーン物流」など効率的で環境にやさしい物流の実現 ③ディマンドサイドを重視した効率的物流システムの実現 ④国民生活の安全・安心を支える物流システムの実現
総合物流政策大綱 平成21-25年 (2009-2013)	①グローバル・サプライチェーンを支える効率的物流の実現 ②環境負荷の少ない物流の実現等 ③安全・確実な物流の確保等
総合物流施策大綱 平成25-29年 (2013-2017)	①産業活動と国民生活を支える効率的な物流の実現 ②さらなる環境負荷の低減に向けた取組 ③安全・安心の確保に向けた取組
総合物流施策大綱 平成29-令和2年度 (2017-2020年度)	①繋がる：サプライチェーン全体の効率化・価値創造に資するとともにそれ自体が高い付加価値を生み出す物流への変革 ②見える：物流の透明化・効率化とそれを通じた働き方改革の実現 ③支える：ストック効果発現等のインフラの機能強化による効率的な物流の実現 ④備える：災害等のリスク・地球環境問題に対応するサステイナブルな物流の構築 ⑤革命的に変化する：新技術（IoT, BD, AI等）の活用による“物流革命” ⑥育てる：人材の確保・育成，物流への理解を深めるための国民への啓発活動等
総合物流施策大綱 令和3-7年度 (2021-2025年度)	①物流DXや物流標準化の推進によるサプライチェーン最適化 ②労働力不足対策と物流構造改革の推進 ③強靱性と持続可能性を確保した物流ネットワークの構築

著者作成。

5・4　ビジネス・ロジスティクスの進展（企業のロジスティクスの変遷）

（1）メーカーのロジスティクスの変遷

我が国の代表的な輸出品は、明治時代に開国して以降昭和に至るまで、生糸に代表される繊維製品だった。戦後になると、経済復興と高度成長という目標のもとで、臨海工業地帯の形成と港湾整備が進められて、鉄鉱石や石炭を輸入し鉄鋼製品を生産し輸出する。つまり、「海外と国内の港を結ぶロジスティクス（P to P：Port to Port）」の時代となった（図表5－12）（図表5－13）。

次に、自動車産業や電機産業が主要産業に加わると、「海外と国内の生産ラインを結ぶロジスティクス（L to L：Line to Line）」の時代となった。製造業の現場では、品質管理（QC：Quality Control）とともに、現場での改善が進められた。

そして本格的な国際化時代になると、ロジスティクスを軽視していたら世界的な競争に生き残れないので、荷主企業（メーカーや卸小売業者など）は、より効率的なロジスティクスを追求するようになってきた。また物流企業も、荷主企業の物流業務を一括して請け負う3PL（3rd Party Logistics：サード・パーティ・ロジスティクス）へと進化しながら、高度な物流サービスを提供するようになった。

これら効率的で高度なサービスを提供するための手法の代表例が、JIT（Just In Time：ジャスト・イン・タイム）とカンバン方式である。JITとは、「必要なものを必要なときに必要なだけ用意すること」

図表5-12　民間企業のロジスティクスの変遷

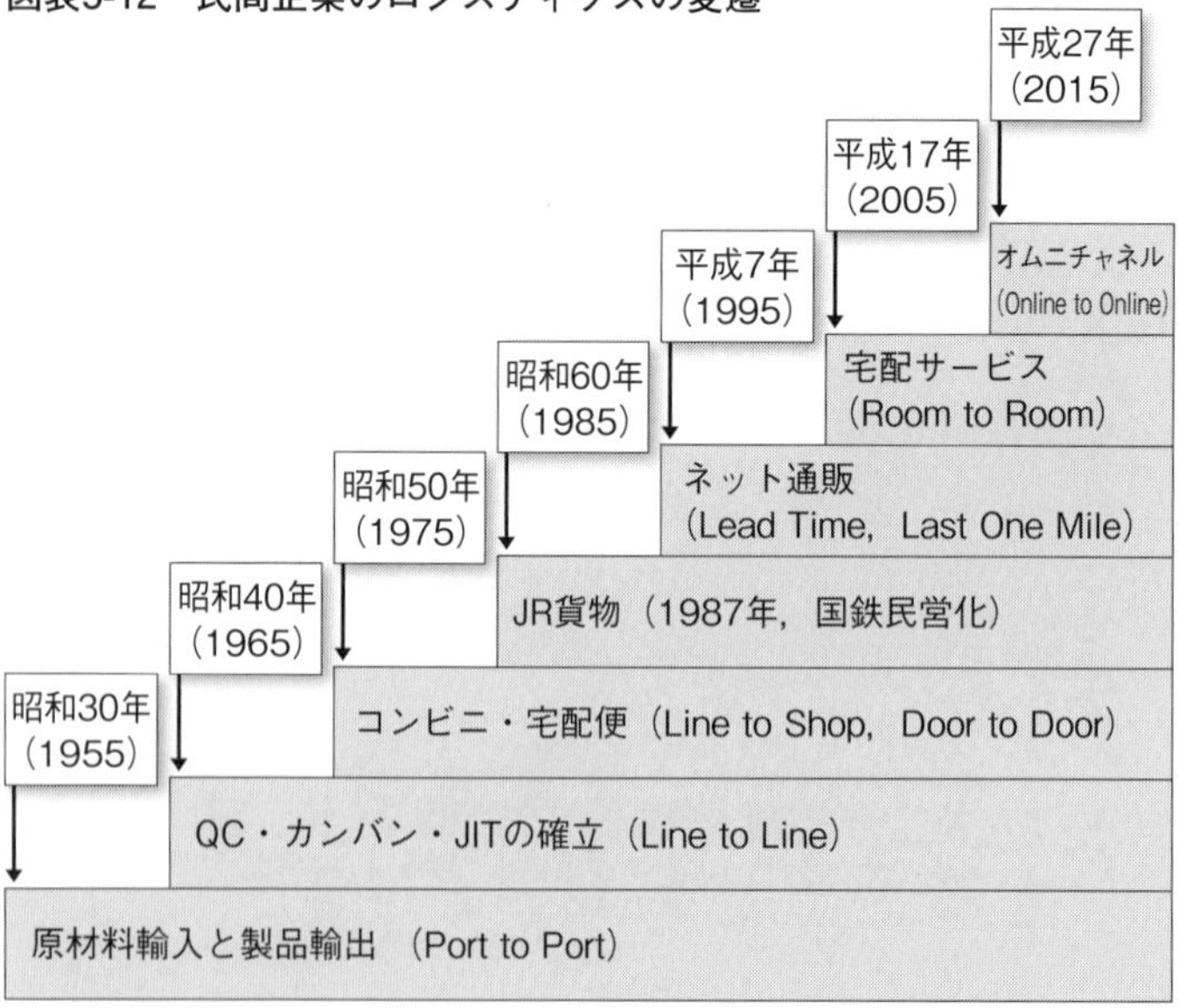

著者作成。

図表5-13　ロジスティクスの発着地点の変化

P to P	(Port to Port)	：海外と国内の港を結ぶ （原材料の輸入と，製品の輸出）
L to L	(Line to Line)	：海外と国内の生産ラインを結ぶ （部品・半製品の輸入と，国内生産）
L to S	(Line to Shop)	：流通センターや工場と店舗を結ぶ （商品の生産と，店舗への配送）
D to D	(Door to Door)	：配送センターと家のドアを結ぶ （通信販売による家やオフィスへの宅配）
R to R	(Room to Room)	：出発地と到着地の部屋を結ぶ （部屋に届けて使用可能にする）
O to O	(Online to Online)	：どこでも発注でき，どこでも受け取れる （宅配貨物の受取場所を駅や店舗に変更）

著者作成。

である。カンバン方式とは、「商品名、品番、置き場所などの情報が記載されているカードで、商品や物資を発注し在庫を管理する方法」である。

平成二六年（二〇一四）の一月一四日に開催された日本ロジスティクスシステム協会の賀詞交歓会において、張富士夫（トヨタ自動車名誉会長）の講演「グローバル経営と人づくり」があった。これによると、「昭和五七年（一九八二）にトヨタ自工とトヨタ自販が合併するとき、自販には物流に関する部があったが、自工には無かったので物流部を作ることになった。その責任者を任された。当時は物流という言葉も知らなかった。やってみて、結局、生産管理も物流なのだということが解った。」とのことである。当時は、トヨタ生産方式が生産部門から物流部門へと拡大していく時期でもあったのだろうし、調達・生産・流通を結ぶサプライチェーンを意識していたと考えても良いだろう。[18][19]

(2) コンビニ・宅配便の誕生と、ネットワークの発展

現代の日常生活で、もっとも身近にロジスティクスを感じるのは、コンビニと宅配便だろう。

コンビニは昭和四九年（一九七四）にセブン‐イレブンが開店し、宅配便は昭和五一年（一九七六）にヤマト運輸の宅急便が始まった。ちょうど昭和四八年（一九七三）の石油危機を経て、高度成長期から安定成長期に向かう時期である。

コンビニは、「ラインと店舗を結ぶロジスティクス（L to S：Line to Shop）」である。コンビニでは、おにぎりや総菜などの調理済み食品が、工場や配送センターのラインから店舗に運ばれてくる。宅配便は、

「ドアツードアのロジスティクス（D to D：Door to Door）」である。旅先に先回りして自分の荷物を送ることも、インターネット通販で自宅に居ながら商品を手にすることも、宅配便があってこそ可能になっている。

宅配便が日常生活に浸透するにつれて、本格的なインターネット通販も普及していく。書籍の翌日配送から始まったアマゾンは、平成六年（一九九四）にアメリカで誕生し、日本法人は平成一〇年（一九九八）に設立された。楽天は平成九年（一九九七）に設立され、平成一二年（二〇〇〇）に株式公開を果たした。

さらに二一世紀にはいると、療養食の宅配を行うメディカルフードサービスが平成一六年（二〇〇四）に設立された。ワタミの宅食は、昭和五三年（一九七八）設立の長崎ディナーサービスを、平成二〇年（二〇〇八）にグループ化した。

このように、運ぶことに加えて部屋のなかで生活を提供するようになり、ドアツードアをさらに一歩進めた「ルームツールーム（R to R：Room to Room）」のロジスティクスに進化している。

これからの時代は、スマホやタブレットが普及し、受発注方法や配送先も多様になって、「どこでも発注して、どこでも受け取れる」時代が来ることだろう。「オンラインツーオンライン（Online to Online）」である。さらには、「IOT：Internet of Things」により、製品や設備にタグが付いて在庫管理ができ、さらにコントロールもできることになる。いずれは、自宅の冷蔵庫内のビールも、在庫管理にもとづき自動発注できるかもしれない。

(3) 都市のロジスティクス・ネットワークの拡大

戦後のロジスティクスの発着地点は港湾に始まり、次第に店舗やオフィスや住宅にまで広がった。この変遷は、都市のロジスティクス・ネットワークの段階でも示すことができる[20](図表5-14)。

第一は、幹線ネットワークである。輸入された原材料や国内長距離輸送による商品は、広域物流拠点(港湾やトラックターミナルや倉庫など)に運び込まれる。これらの広域物流拠点を結ぶのが、航路や鉄道や高速道路などの幹線ネットワークである。

第二は、輸送ネットワークである。広域物流拠点から、流通加工・包装や配送のための都市内配送拠点(流通センターや配送センターなど)に運ぶネットワークである。

第三は、配送ネットワークである。都市内配送拠点から、ビルの地下駐車場や道路などの積みおろし場所(荷さばき施設)までである。

第四は、搬送ネットワークである。積みおろし場所(荷さばき施設)にトラックを停めてから、商品を台車に積み替えて最終到着地(店舗やオフィスや住宅)までである。高層ビルであれば、地下の荷さばき場から各フロアーにある店舗やオフィスの部屋まで、商店街であれば路上停車してから店舗の陳列棚まで、住宅であれば家のドアまでが搬送である。

図表5-14　都市のロジスティクス・ネットワーク

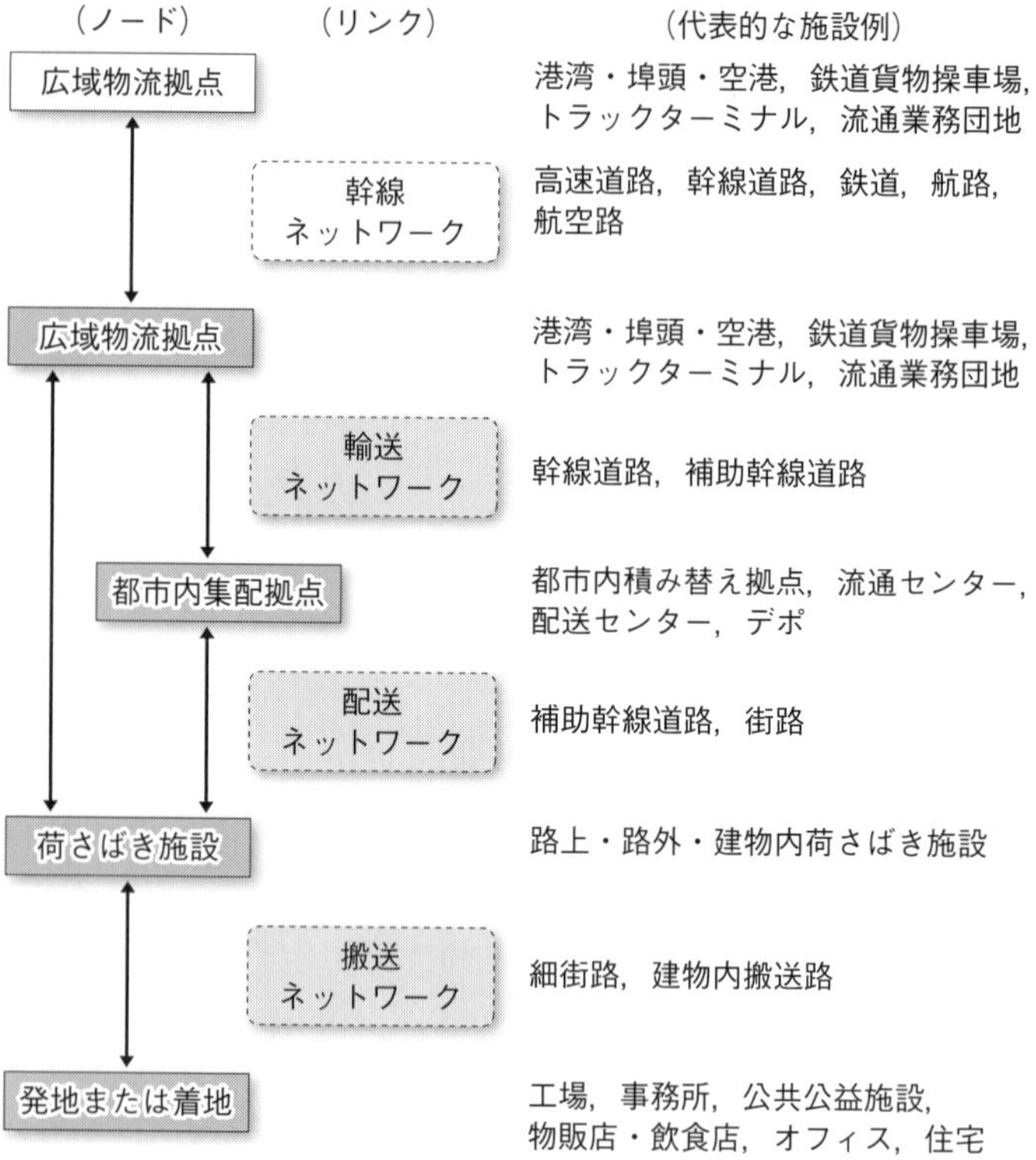

出所：苦瀬博仁編著『ロジスティクス概論』白桃書房，2014年，pp.47-54。

（4）リードタイムとラスト・ワンマイル

ロジスティクス・ネットワークが、物資の最終到着地点（店舗や病院、住宅やオフィスなど）にまで広がると、「リードタイム」と「ラスト・ワンマイル」の二つがより重要となった。

第一の「リードタイム」とは、発注から納品までの時間であり、受発注時間と生産・品揃え時間と配送時間の合計である。ＩＴの進歩により瞬時に受発注できるが、配送時間は短縮できない。このためインターネット通販の配送のように、リードタイムの短縮が迫られるほど、生産・品揃え時間の短縮が課題となる[21]（図表5－15）。

第二の「ラスト・ワンマイル」とは、最終到着地の直前の一マイルのことである。たとえ世界の果てから何万キロも輸送されてきたとしても、最後の一マイル（一・六キロメートル）を運ぶことができなかったら、

図表5-15　リードタイム（発注から納品まで）からみたロジスティクス

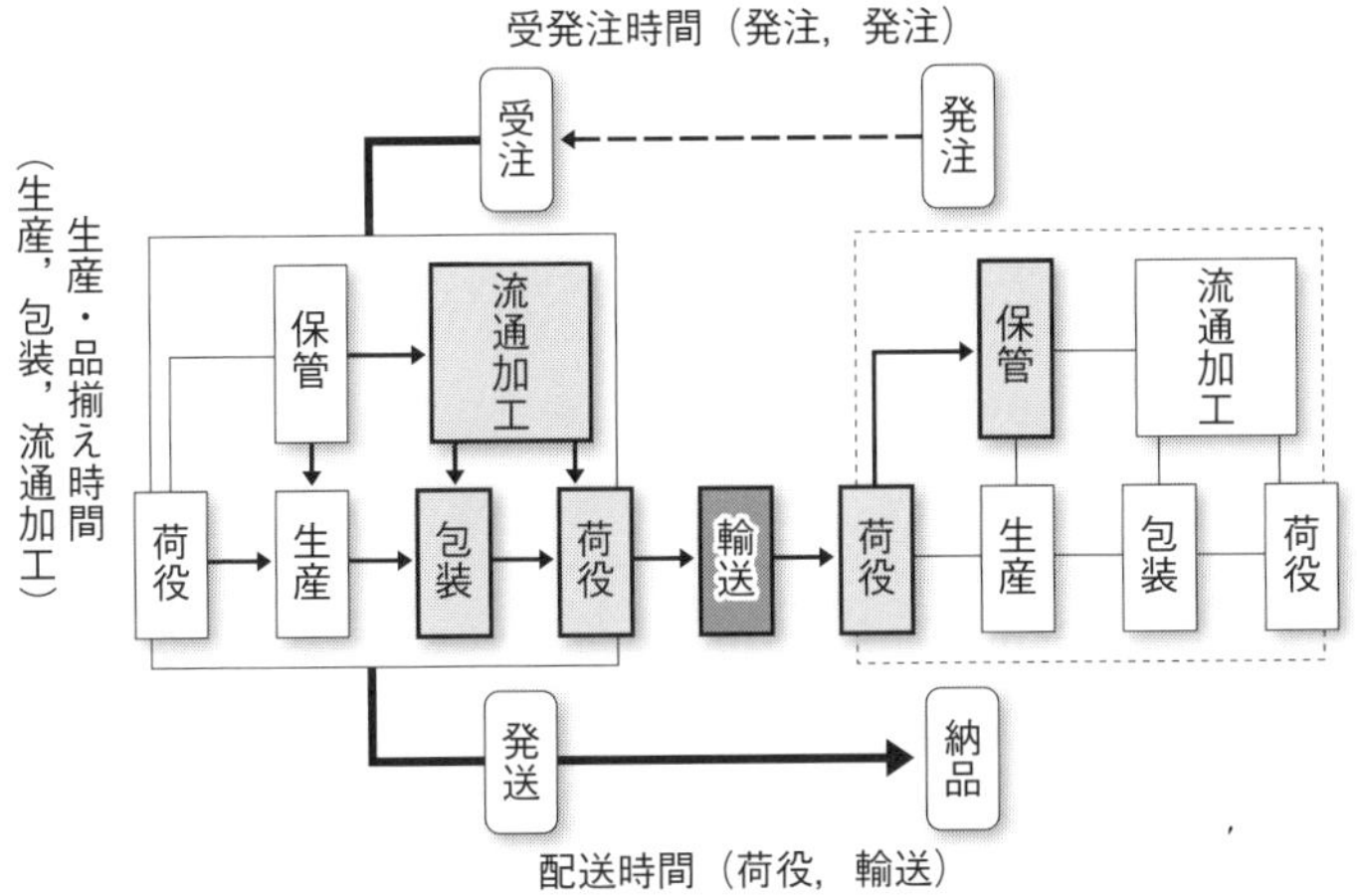

出所：苦瀬博仁編著『ロジスティクス概論』白桃書房，2014年，p.24。

結局は顧客の手元に商品は届かない。もちろん、途中の長距離輸送も、ファースト・ワンマイルの集荷も重要であるが、ラスト・ワンマイルと称することで、顧客に確実に届ける配送の重要性を強調しているのである。(22)

[参考文献]

(1) 中田信哉『物流政策と物流拠点』白桃書房、一九九八年、三六一-三九二頁。
(2) 林周二・中西睦編『現代の物的流通』日本経済新聞社、一九六八年、一-二六頁。
(3) 苦瀬博仁『付加価値創造のロジスティクス』税務経理協会、一九九九年、八-一八頁。
(4) 日本物流学会ロジスティクス研究会「第Ⅰ期　ロジスティクス研究会の実施報告」『物流・ロジスティクス・SCM概念について』二〇〇七年。
(5) 佐々木烈「社会に貢献し続けてきたトラック」『JAMAGAZINE』二〇〇九年九月号、社団法人日本自動車工業会、二-九頁。
(6) 財団法人運輸経済研究センター近代日本輸送史研究会編『近代日本輸送史』成山堂書店、一九七九年、四六六-四六七頁。
(7) 国土交通省（平成一二年以前、運輸省）『自動車保有車両数（月報）』（昭和二五年度~平成二一年度）。
(8) 苦瀬博仁監修・㈱建設技術研究所物流研究会編著『物流からみた道路交通計画―物流を、分ける・減らす・換える』大成出版社、二〇一四年。
(9) 財団法人運輸経済研究センター、前掲書(6)、五二八-五二九頁。
(10) 運輸省『陸運統計要覧』（貨物車・鉄道の昭和三〇年度~昭和六〇年度）。

(11) 国土交通省（平成一二年以前、運輸省）『自動車輸送統計年報』（貨物車の平成二年度～平成二一年度）。
(12) 国土交通省（平成一二年以前、運輸省）『鉄道輸送統計年報』（鉄道の平成二年度～平成二一年度）。
(13) 苦瀬博仁・高田邦道・高橋洋二『都市の物流マネジメント』勁草書房、二〇〇六年、六三-九五頁。
(14) 苦瀬、前掲書(3)、一六一-一八四頁。
(15) 苦瀬・高田・高橋、前掲書(13)、六三-九五頁。
(16) 苦瀬博仁編著『ロジスティクス概論』白桃書房、二〇一四年、一二七-一三四頁。
(17) 苦瀬博仁編著『増補改訂版 ロジスティクス概論』白桃書房、二〇二二年、一六二-一七三頁。
(18) 張富士夫「グローバル経営と人づくり」日本ロジスティクスシステム協会の賀詞交歓会、平成二六年（二〇一四）一月一四日。
(19) 高松孝行「トヨタのロジスティクス戦略」日本物流学会関東部会講演会、平成二七年（二〇一五）三月七日。
(20) 苦瀬・高田・高橋、前掲書(13)、一八-二六頁。
(21) 苦瀬博仁・森慶彰「受発注システム導入による物流活動への効果に関する基礎的研究」『日本都市計画学会論文集』第三七号、二〇〇二年、二二九-二三四頁。
(22) 岩尾詠一郎・苦瀬博仁・朴相徹・深田健二「店舗内の物流を含めた百貨店の配送における効率改善施策の比較分析」『日本都市計画学会論文集』第三三号、一九九八年、二二三-二二八頁。

第6章

平成時代のロジスティクスの課題

6・1 ロジスティクスが直面している課題

(1) 企業の意識改革と人材育成

今まで見てきたように、戦後になってロジスティクスの用語も変わり、輸送ネットワークも進展し、都市物流計画も進歩し、企業のロジスティクスもより細やかに消費者に近づいてきた。そして、JITやカンバン方式が普及し、またリードタイムやラスト・ワンマイルも当たり前になっていることからすれば、戦後になってロジスティクスは、確実に復活しつつあると考えてよいだろう。しかし一方では、我が国が直面しているロジスティクスの課題への取り組みは不十分と思えるし、その背景には、いまだにロジスティクスに対する認識不足があるように思う。だとすれば、ロジスティクスの完全な復活までには道半ばであり、現在は「復活途上の段階」ということになる。

我が国が直面しているロジスティクスの課題は、三つある。

第一の課題は、企業の意識改革と大学における人材育成である。というのは、もしも企業がロジスティクスの重要性を認識しているのであれば、社会もロジスティクスの専門教育を受けた人材を必要とするはずであり、この結果大学もロジスティクスの教育に積極的に取り組むはずと考えられるからである。しかし、実態はそこまで到達していないように思う。

大学教育についてみると、我が国では、ロジスティクスを専門とする学科を有する大学は数大学しかない。一方で、アメリカには一八八の大学にロジスティクス教育の学科があるとされ、ドイツでは四五の大学に学科があるとされている。中国は一八七三大学のうち四七七の大学（二五・五パーセント）にロジスティクスないし物流の学科があり、韓国では国土交通部や教育部（日本の省に相当する）が、「特性化優秀大学支援事業」「物流専門大学院開設支援事業」「物流特性化人力養成事業」などを進めている。欧米各国やアジア各国では、ロジスティクスを重視する政府の意向とともに、社会や企業も大学もロジスティクス教育に熱心である。

過去には、ロジスティクス教育に力を入れたいと考える大学から相談されたこともあったが、最後には「ロジスティクスを学ぶと学生の就職に有利だろうか…」と考え込んでしまい、見送られることもあった。日本と諸外国の間で、社会におけるロジスティクスの認識の差が大きく影響していると思っている。

もちろん、我が国には、ロジスティクスを重視し多くの優秀な人材を配している大企業もある。また、日本物流団体連合会は大学に物流に関する寄付講座を設けており、日本ロジスティクスシステム協会は研修制度と資格制度を設けて実務家の人材育成を進め、中央職業能力開発協会はビジネスキャリア試験制度とテキストの発行を通じて教育普及に努めている。

しかし残念ながら我が国では、ロジスティクスを付加価値を生む対象ではなく、単なるコストカットの対象としか考えていない企業が多い。しかも金融や保険業界でさえ理系の専門的な人材を必要とする現代であるにもかかわらず、ロジスティクスについては入社してから現場で叩き上げれば十分と考えている企業も多い。このような面に限れば、兵站軽視の時代を引きずっており、企業の意識改革が不可欠なのである。

ただし近い将来、文系と理系の枠を超えた広範な知識と幅広い教養を基礎に、ロジスティクスの専門知識を持った人材が必ず必要となるだろう。なぜならば、グローバル化の時代だからこそ、会計学や貿易学とともに物流管理やマーケティングの知識も必要であり、世界各国の法制度の違いも身に付ける必要があるからである。またITによるビッグデータの時代だからこそ、生産管理や品質管理の知識とともに、統計学やORなどの科学的分析が必要だからである。

我が国も諸外国と同じように、社会と企業がロジスティクスの重要性を認識し、企業内と大学の両方で、人材育成が進むことを期待している。[1]

(2) 少子高齢化対策(アベイラビリティの確保)

我が国が直面しているロジスティクスの第二の課題は、少子高齢化問題である。この問題は、経済問題や外交問題とは異なり、着実に必ずやってくる問題である。

少子高齢化社会では、交通弱者(自動車非保有者、車いす移動者、交通不便地域の住民など)が増え、この交通弱者が生活弱者(買い物弱者や通院弱者)になる可能性が高い。特に、買い物弱者に食料品や生活用品を届け、慢性患者に医薬品を届けることは、生活と生命の維持に不可欠である。古くはローマ時代に水道網が整備されたように、また現代のインターネット通販で書店まで出かけずに本を入手できるように、移動せずに商品や物資を入手できることは、文明の証でもある。

従来の、買い物弱者や通院弱者対策は、交通手段と交通施設の整備により、障害の有無、年齢、性別、国籍などを超えて、円滑に移動するために、モビリティの確保を重視してきた。しかし少子高齢化社会では、自ら移動するモビリティの確保と同じように、商品や物資を入手できるアベイラビリティ（入手可能性、可用性）の確保が重要となる。つまり、自らが移動せずに商品や物資の入手が可能となり、遠隔診療と医薬品の配送が可能になれば、生活弱者もあえて移動しなくても問題は解決できるからである[2]。

（3）災害対策（補給と備蓄）

我が国が直面しているロジスティクスの第三の課題は、災害対策である。風光明媚な自然に恵まれている我が国は、同時に地震や台風などの自然災害も多い。このため、災害時の物資供給対策や備蓄対策は、不可避の課題なのである。

災害時は、無事に避難できたとしても食料や生活物資が補給されなければ、また上水やエネルギーが途切れてしまえば、生き残ることさえ至難の業になってしまう。このため災害対策では、耐震・防火対策や避難計画とともに、災害という名の「兵糧攻《ひょうろうぜ》め（物資供給を断つ戦法）」を耐えしのぐために、「外部からの補給」と「内部での備蓄」が不可欠である。

補給対策として、緊急支援物資を、被災内容や被災規模や季節によって、「どのような緊急支援物資を、いつ、どこに、どのくらいの量を、仕分け、配分して、届けるか」という計画は、極めて重要である。国土交通省では、「東日本大震災からの復興の基本方針（平成二三年（二〇一一）七月二九日東日本大震災復興本部決定）」を踏まえて、平成二三年（二〇一一）一二月二日に「支援物資物流システムの基本的な考え方」に関する報告書を公表している。これをもとに災害時のロジスティクスを構築していく必要がある。

一方で、東日本大震災でも経験したように、被災後七二時間（三日間）は、人命救助が最優先であるから、緊急支援物資の補給が最短でも四日目以降になる可能性が高い。さらには、緊急支援物資が必ず用意できるとは限らないし、用意できても必ず輸送できるとは限らないし、輸送できても仕分けに手間取れば速やかに被災者に届くとは限らない。

そのため、最低限の対策として補給されるまでの間は備蓄が必要である、それも輸送の必要がない最終消費場所である生活の場（家庭、学校、オフィス、商業施設など）で備蓄することが最も確実なのである。具体的には、家庭での備蓄では農林水産省が「緊急時に備えた家庭用食料品備蓄ガイド」を策定し、オフィスでの備蓄では、東京都が「東京都帰宅困難者対策条例」を設けている。これらを国民全体が心がけていくようにしたい。(3)(4)

さらには都市計画として、補給や備蓄対策を進めるべきである。たとえば、避難場所に指定されている小中学校の防災拠点化や備蓄基地化、体育館や展示場などの公共施設の避難場所や物資供給拠点としての設計、高層ビルの備蓄倉庫の附置義務などが考えられる。加えて、都市計画制度としては、ロジスティクスの視点を含めた防災マスタープランの制定なども不可欠である。(5)(6)

6・2　ロジスティクス復活への、きざしと期待

（1）復活途上から、完全復活へ

今までに記したように、ロジスティクスが直面している三つの課題への取り組みは、いまだ不十分である。そうだとすれば、国家の課題とロジスティクスに真正面から取り組んだ江戸時代や明治時代（ロジスティクス重視の時代）に遠く及ばず、兵站軽視の明治期後半以降（ロジスティクス軽視の時代）の過去から脱皮も道半ばと考えて良いだろう。もちろん現代は、江戸時代や明治時代とは比較にならないほど、物流技術も情報技術も進歩している。しかし、社会や企業のロジスティクスに対する認識という面で、戦後から平成の現代までは「復活途上の時代」と考えざるを得ない。

もしもロジスティクスの重要性を認識できないままであれば、兵站無視の過去の失敗を繰り返す恐れもある。それゆえ、「ロジスティクスの完全復活」を目指していかなければならない。

本格的なＩＴ化とグローバル化の時代を迎え、資源の乏しい我が国が産業貿易国家であり続けるためにも、ロジスティクスがより重要になり人材育成も必要となるはずである。また少子高齢化対策と災害対策は、諸外国と異なる我が国特有の課題でもあるからこそ、諸外国にお手本を探すのではなく、我が国独自で解決策を見出さなければならない。我が国の得意な改善の積み重ねとともに、多少不得意であっても、古い慣行にとらわれずに、大きな改革を進めなければならないだろう。

（2）社会に浸透しつつあるロジスティクス

一方で、現在の日常生活は、ロジスティクスなくして成り立たない。それゆえ消費者も、コンビニを通じてロジスティクスを身近に感じ、ネット通販と翌日配送には驚きとともに有り難ささえ感じているように思う。そして、サービスを受ける消費者も「黒子」となっているロジスティクスの存在と重要性に気づき始め、日本社会全体が本格的にロジスティクスを認識し受け入れつつあると、感じている。

たとえばマスコミでも「物流」「ロジスティクス」「サプライチェーン」などの専門用語を普通に使い出している。テレビでは、大物タレントや人気女優が、宅配便会社や輸送会社のＣＭに出演し、ロジスティクスを題材にしたドキュメンタリー番組も増えている。週刊誌では、しばしば物流特集が組まれている。

特に東日本大震災（平成二三年（二〇一一）三月一一日）を契機に、市民も企業もロジスティクスの重要性を再認識するようになった。なぜならば、震災直後に被災地への物資輸送が滞ったり、東京でも石油が不足してガソリンスタンドにクルマの行列ができたり、コンビニの店頭からカップ麺が消えたりしたからである。また自動車部品工場が被災して、サプライチェーンが断絶し、世界各国で自動車の生産に中断や遅れが生じたからである。

近い将来、多くの人々の理解と努力によって、ロジスティクスが完全に復活することを期待している。

〔参考文献〕

(1) 苦瀬博仁「アジアの中での日本の強さと弱さ」『流通設計21』（教授の呟き　第六七回）二〇〇八年七月号、輸送経済新聞社、五四-五五頁。
(2) 苦瀬博仁「コラム—2　モビリティとアベイラビリティの両立したやさしく生活ができる街」『交通まちづくり』鹿島出版会、二〇一五年、一一頁。
(3) 農林水産省「緊急時に備えた家庭用食料品備蓄ガイド」の策定について、http://www.maff.go.jp/j/press/kanbo/anpo/140205.html　平成二六年二月五日。
(4) 東京都帰宅困難者対策条例、http://www.bousai.metro.tokyo.jp/kitaku_portal/1000050/1000536.html
(5) 日本都市計画学会　防災・復興問題研究特別委員会『社会システム再編部会（第三部会）報告書』日本都市計画学会、二〇一二年、九-三五頁、九三-一一六頁。
(6) 苦瀬博仁「防災・減災のための社会システムの再編に向けて」『都市計画』二九九号、日本都市計画学会、二〇一二年、五二-五三頁。

第7章

平成から令和にかけての出来事

7・1　荷主の役割が重要な環境負荷削減対策

（1）我が国の環境問題の変遷

人々の日常生活のなかで食事や通勤通学においても、また産業活動として原材料の調達から製品の生産と販売においても、我々は何らかの形で自然環境に負荷を与えている。この日常生活や産業活動による環境負荷が、自然環境の回復力を上回ってしまうと、環境問題が発生してしまう。このため環境問題の解決には、環境負荷を削減する対策が必要になる。

我が国における環境問題は、産業公害問題、都市型環境問題（大気汚染、騒音振動など）、地球温暖化問題へと変化してきた。

産業公害問題では、古くは明治期の足尾銅山の鉱毒事件があり、戦後の高度成長期には水俣病やイタイイタイ病や四日市ぜんそくなどが発生した。都市型環境問題としては、一九六〇年代からの急速なモータリゼーションにともない、都市内の住宅地を走行する大型車の振動や騒音が生活環境の悪化を招き、流通業務団地（流通センターとも呼ばれている）の整備のきっかけにもなった。その後一九七〇年代に入ると、大都市において工場や自動車の排気ガスが原因とされる光化学スモッグ問題が起きた。地球温暖化問題としては、一九八〇年代に入ると、南極でのオゾンホールが発見され（一九八五年）、気候変動に関する政府間パネル（ＩＰＣＣ）の初会合が開かれた（一九八八年）。そして、自動車の排気ガスが環境問題の原因の一つとされることで、ロジスティクスにとっても環境負荷削減対策は避けられない課題となった。

そして近年の最大の話題は、カーボンニュートラルである。カーボンニュートラルとは、「二酸化炭素(CO_2)をはじめとする温室効果ガスの排出量から、森林などによる吸収量を差し引いて、ゼロとなること」である。令和二年(二〇二〇)一〇月二六日、第二〇三回臨時国会の所信表明演説において、菅義偉内閣総理大臣は「二〇五〇年までに、温室効果ガスの排出を全体としてゼロ(カーボンニュートラル)として、脱炭素社会の実現を目指す」とした。これを実現するために、生活様式を変えることが期待されており、ロジスティクスや物流については、電動車の利用、再配達の抑制(宅配ボックス、置き配など)などが例示されている。

(2) 環境負荷削減のための規制対策

環境負荷削減対策の変遷を制定された主な法制度でみると、昭和三三年(一九五八)の水質二法(水質保全法、工場排水法)、昭和四二年(一九六七)の公害対策基本法、昭和四三年(一九六八)の大気汚染防止法と騒音規制法がある。また大気汚染問題に対しては、昭和五二年(一九七七)にオキシダント濃度の測定法を正式に定めるとともに、緊急時の措置を執るべき場合のオキシダント濃度(緊急時発令基準値)を改めた「大気汚染防止法にもとづくオキシダントに係る緊急時の措置を執るべき場合のオキシダント濃度の変更等」がある。このように、工場や事業所や自動車に対して排出規制を強化するとともに、事業者が排出ガスの脱硫装置などを設置し、自動車では触媒装置や燃料噴射技術を開発することで、環境問題を克服していった。その後、平成一六年（二〇〇四）には、浮遊粒子状物質（SPM）及び光化学オキシダントによる大気汚染の防止を図るため、これらの原因物質の一つである揮発性有機化合物（VOC）の工場・事業場からの排出を抑制するための「大気汚染防止法の一部を改正する法律案」が閣議決定された。

近年における自動車の排出物質削減のための代表的な法制度については、すでに第5章でも記しているが（一七四〜一七六頁）、「自動車NOx・PM法（平成一二年〔二〇〇一〕）」と「改正省エネ法（エネルギー使用の合理化等に関する法律）（平成一七年〔二〇〇五〕改正、平成三〇年〔二〇一八〕改正）」が代表的である（図表7-1）。

「自動車NOx・PM法」は、窒素酸化物（NOx）と粒子状物質（PM）の削減を目的に制定され、ここでは、①自動車から排出されるNOxおよびPMに関する総量削減基本方針と総量削減計画を定める

図表 7-1　公共部門による排出物資の削減対策

発生量削減のための「規制対策」の例

①　「自動車から排出される窒素酸化物及び粒子状物質の特定地域における総量の削減等に関する特別措置法（自動車 NOx・PM 法）」（制定は平成 4 年，1992）
　　制定対象区域の拡大（平成 13 年，2001）
　　流入車対策の導入（平成 19 年，2007）

②　「エネルギー使用の合理化に関する法律」の改正（改正省エネ法）（平成 17 年，2005）
　　大規模事業者に対する省エネの報告義務

排出源転換のための「支援制度」の例

①　「流通業務の総合化及び効率化の促進に関する法律（物流総合効率化法）」の改正（平成 28 年，2016）
　　流通業務の総合化・効率化で，環境負荷低減・省力化に資する事業への補助

②　「モーダルシフト等推進事業」（平成 22 年，2010）
　　CO_2排出原単位の小さい輸送手段への転換の補助

著者作成。

こと、②車種規制として、三大都市圏（首都圏、愛知・三重圏、大阪・兵庫圏）において、トラック、バス、ディーゼル乗用車等の使用規制を行うこと、③事業者の排出抑制対策として、一定規模以上の事業者の自動車使用管理計画作成等によりNO_xおよびPMの排出抑制を求めること、とされている。また、「改正省エネ法」は、エネルギーの使用に関して新たに運輸部門に関する措置が追加され、一定規模以上の荷主と輸送事業者に、①省エネ計画の策定と、②エネルギー使用量（CO_2排出量等）の定期報告が義務付けられた。これにより、輸送事業者だけでなく荷主にまで排出責任が及ぶようになった。[1]

（3）環境負荷削減対策への支援制度と消費者へのPR活動

環境負荷削減対策は、規制政策ばかりでなく、環境問題に取り組む事業への支援制度もある。

近年の物流に関わる代表的な支援制度として、「流通業務の総合化及び効率化の促進に関する法律（物流総合効率化法、平成二八年（二〇一六）改正）」では、環境負荷削減や省力化に資する事業に対して、事業の経費の一部を補助している。また、「モーダルシフト等推進事業（平成二二年（二〇一〇））」では、貨物自動車から船舶や鉄道などCO_2排出量の少ない輸送手段への転換を図るモーダルシフト等を推進するために、事業の経費の一部を補助している。

この一方で、環境問題の解決には、最終的な荷主である消費者の環境負荷削減対策に対する理解と協力が不可欠として、消費者へのPR活動も行われている。

たとえば、CFP（Carbon Footprint of Products：カーボンフットプリント）とは、原材料調達から廃棄・

リサイクルまでのライフサイクル全体を対象に、排出される温室効果ガスの排出量を表示するものである。これにより、環境負荷の小さい商品を消費者に選んでもらおうとするものである。

エコレールマークとは、平成一七年（二〇〇五）に鉄道貨物協会が始めた制度である。製品等の輸送において環境負荷の小さい鉄道貨物輸送を利用している商品または企業を対象とした認定制度およびマークである。認定を受けた企業は商品パッケージやカタログ・広告、環境報告書などにマークを表示し、消費者に環境負荷削減活動に貢献していることを知らせるものである。現在（令和三年〔二〇二一〕六月時点）では、認定商品は合計で一九八品目（一七六件）、認定企業は合計で九一社、協賛企業は三九社に達している。

エコシップマークとは、エコシップ・モーダルシフト事業実行委員会が平成二〇年（二〇〇八）に始めた制度である。エコレールマークと同様に、地球環境にやさしい海上貨物輸送を一定以上利用している荷主および物流事業者を、環境にやさしい企業として表示するマークである（図表7－2、写真7－1）。

（4）平成時代から続く地球温暖化問題

平成時代から令和時代にかけて地球温暖化が顕在化し、二酸化炭素（以下、CO_2）削減対策が課題となっている。

我が国におけるCO_2排出量（一一・八トン、二〇一九年度）のうち、運輸部門の排出量は一八・六パーセントを占めている。この内訳を輸送機関別にみると、自家用乗用車が四五・九パーセント、営業用貨物車が二〇・四パーセント、自家用貨物車が一六・五パーセント、以下、航空五・一パーセント、内航海運五・〇パーセント、鉄道三・八パーセント、バス一・九パーセント、タクシー一・二パーセント、二輪車〇・四パーセントとなっている。ロジスティクスでは、輸送以外にも、保管時のエネルギーの効率的な利用や包装資材の過剰使用の排除などの省資源対策もあるが、最大の課題は輸配送時における貨物車のCO_2削減対策ということになる。[2]

平成が始まって三年ほどたった平成四年（一九九二）に、大気中の温室効果ガスの濃度を安定化させ、地球温暖化対策に取り組む「気候変動に関する国際連合枠組条約」が採択された。これ以降、地球温暖化対策は世界的に取り組むことと認

図表7-2　エコレールマークとエコシップマーク

出所：https://rfa.or.jp/ecorail/about　http://www.ecoship.jp/what_ecoship.html

写真7-1　エコレールマークを付けたお菓子

参考：https://www.bourbon.co.jp/petit/activity/

識され、国連気候変動枠組条約締約国会議（ＣＯＰ）が一九九五年から毎年開催されている。平成九年（一九九七）には日本で開催された会議（ＣＯＰ３）で京都議定書が採択され、二酸化炭素（CO_2）については、一九九〇年を基準に二〇〇八～二〇一二年までに少なくとも五％削減することなどが定められた。平成二七年（二〇一五）のパリ会議（ＣＯＰ21）では、各国が二〇二〇年までに、排出削減の貢献について報告することになっている。令和三年（二〇二一）のグラスゴー会議（ＣＯＰ26）では、当初の「石炭使用の段階的廃止」という表現が「段階的削減」となったが、「グラスゴー気候協定」が採択された。

平成二七年（二〇一五）には、国連が持続可能な開発目標（ＳＤＧｓ：Sustainable Development Goals）を提唱し、「持続可能な開発のための２０３０アジェンダ」に記載された。これは、二〇三〇年までに持続可能でよりよい世界を目指す国際目標であり、一七のゴール・一六九のターゲットから構成され、地球上の「誰一人取り残さない（leave no one behind）」と誓っている。

また、近年話題になっているＥＳＧ投資（Environment Social Governance）とは、環境・社会・企業統治に配慮している企業を重視・選別して行う投資のことである。この評価が高い企業は、事業の社会的意義や成長の持続性など優れていると判断されている。(3)

（５）発生源対策から、ロジスティクス対策へ

CO_2の削減対策には、ロジスティクスのプロセス（発注→受注→出荷→入荷）に合わせて、発生源対策、物流対策、ロジスティクス対策の三つがある（図表７－３、図表７－４、図表５－15参照）。

図表7-3　ロジスティクスにおける環境負荷削減対策
（発生源対策，生産在庫対策，受発注対策）

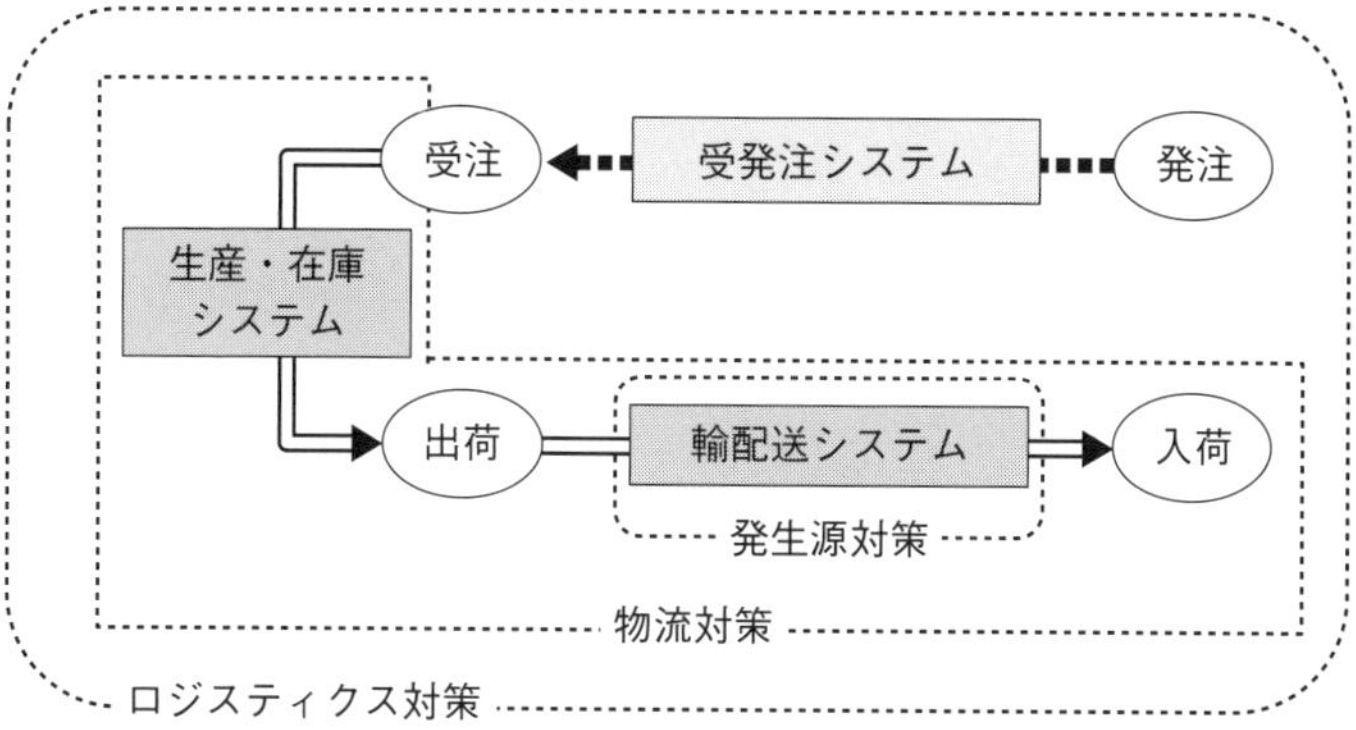

著者作成。

図表 7-4　３つの環境負荷削減対策の特徴

輸配送システムによる対策（物流事業者）
①　発生地点の分散　：トラックターミナルの移転など
②　発生量の削減　　：最短経路，共同配送
③　発生源の転換　　：低公害車の導入，モーダルシフト

生産在庫システムによる対策（受注者，発荷主）
①　生産計画の見直し：生産方式，生産ロット
②　在庫計画の見直し：在庫数量，在庫品目
③　販売計画の見直し：受注単位，出荷時間）
④　出荷回数の削減　：ロットの大口化，共同配送
⑤　発生量の削減　　：過剰包装の排除，積載率の向上

受発注システムによる対策（発注者，着荷主）
①　発注単位の見直し：ピースから，箱・パレット
②　発注日時の見直し：余裕あるリードタイム
③　納品方法の見直し：納品時間平準化，事前検品

著者作成。

第一の「発生源対策」は「輸配送システム（出荷→入荷）」を対象に、主に物流事業者（運輸倉庫業など）が実施するものである。①発生地点の分散（トラックターミナルの移転など）、②発生量の削減（最短経路、共同配送）、③発生源の転換（低公害車の導入、トラックから鉄道などへのモーダルシフト）などがある。[4]

第二の「物流対策」は、「輸配送システム」とともに「生産在庫システム（受注→出荷）」を含み、主に発荷主（メーカー、卸小売業者など）が実施するものである。①生産計画の見直し（生産方式、生産ロット）、②在庫計画の見直し（在庫数量、在庫品目）、③販売計画の見直し（受注単位、出荷時間）、④出荷回数の削減（ロットの大口化、共同配送）、⑤発生量の削減（過剰包装の排除、積載率の向上）などがある。

第三の「ロジスティクス対策」は、先の二つの対策に、商流（商取引流通）としての「受発注システム（発注→受注）」を加えて、主に発注者（卸小売業者、消費者など）が実施するものである。①発注単位の見直し（ピースから、箱・パレット）、②発注日時の見直し（余裕あるリードタイム）、③納品方法の見直し（納品時間平準化、事前検品）などがある。

人の交通では、移動する本人が輸送手段や経路を選ぶことが多い。しかし物の輸送では、「輸送を依頼する人（発注者や発荷主）」と「輸送を担う人（物流事業者）」が異なるために、対策も複雑なことが多い。ただし、輸送を依頼する人が工夫して、注文や出荷を個単位から箱単位に変更したり、厳密な時間指定を避けることで、輸送を担う人（物流事業者）の負担が減り、CO_2削減の余地も大きくなる。

このように、CO_2削減対策は、受発注システムや生産在庫システムも含めて、これからは「発注→受注→出荷→入荷」の全体を対象とする「ロジスティクス対策」が主流になるだろう。

7・2　災害時の緊急支援物資の補給対策

(1) 東日本大震災における緊急支援物資の補給

我が国は、定期的に大震災や台風に見舞われる災害大国なので、建物の倒壊や洪水の危険から身を守る防災対策は極めて重要である。このため従来からも、建築物や構造物の耐震防火対策と、被災から逃れる避難対策が、防災計画の主流であった。しかし、これらの対策とともに、避難した被災者の生命と生活を維持するためには、食料品や日用品などの生活物資を速やかに届ける対策も重要である。そこで本節では、避難対策とセットで考えられるべき避難後の緊急支援物資の補給対策を中心に、防災対策を考えてみることにする。

東日本大震災（平成二三年〔二〇一一〕三月一一日、最大避難者数約四七万人、死者数約一・六万人）では、①津波による食料品や日用品の在庫の流失、②物資の保管や仕分けでの混乱、③流通業者のデータの破損、④工場や倉庫での製造機械や搬送機器の破損、⑤車両・燃料・運転手不足などにより、被災地の一部の地域で生活物資が不足した。そして、震源地から遠い東京でさえも、食料品や日用品の品切れが続出した。(5)

これについて、日本都市計画学会の防災・震災問題研究特別委員会の社会システム再編部会（第三部会）では、①交通インフラ、②ライフライン、③ロジスティクス・メディカル、④コミュニティ・土地利用の四つのテーマを取り上げているが、特にロジスティクスにおける緊急支援物資の供給（③）については、緊急支援物資の調達と供給、備蓄拠点と物資集積所の設定、輸送・配送の対策を提言している[6]。

私はこの学会の調査団の一員として、震災後に開通した四月二九日六時四〇分の東京駅発の東北新幹線（はやて一一五号新青森行）で現地に向かった。集合場所の仙台駅から被災地に向かうバスの車中は、次々と現れる衝撃的な場面を目の当たりにして、次第に調査団員たちの言葉が少なくなっていった。バスで八戸まで北上していく予定だったが、私は別の用事があったため、大船渡から遠野経由で盛岡までバスで向かい、東北新幹線で帰京した。

この現地調査のなかで、サプライチェーンやロジスティクスについて、いくつか気がついたことを記しておきたい。

サプライチェーンは、調達・生産・輸送のすべてが、つながっていなければ成り立たない。調達段階では原材料や包装資材、生産段階では製造設備・電力・労働者など、輸送段階では車両・燃料・輸送用具・運転手・通行可能な道路などのうち、何か一つでも欠けてしまえば途切れてしまう（図表７－５）[7]。

図表7-5　リービッヒの最小養分律とドベネックの桶

出所：苦瀬博仁「デジタル化による物流のパラダイムシフト」機関誌『日立総研』Vol.13-3，pp.16-19，2018年。

東日本大震災では、宮城県石巻市にある大きな製紙工場が津波に被災して、雑誌用の紙が不足してしまい、週刊誌が一部で休刊となった。また、調査団が宿泊した宮城県松島町のホテルでは、復旧の応援に来ている人たちの必需品である作業服と作業用品が販売されていたが、ネットワークが破断して電子決済ができず千円札も不足していた。さらには、被災地の金物屋で見かけた「水杓子、入荷しました」との張り紙は、「バケツがあっても、ヒシャクがないと水を汲めない」ということだと

写真7-2　日本製紙石巻工場，雲雀野倉庫

宮城県石巻市，平成23年4月30日著者撮影。

写真7-3　ホテルでの情報ネットワークの破断状況

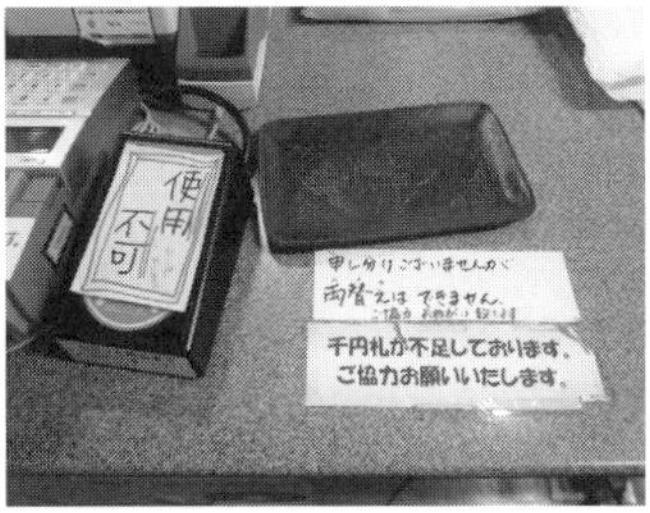

宮城県松島町，平成23年5月1日著者撮影。

写真7-4　ホテルでの作業服・作業用品の販売

宮城県松島町，平成23年5月1日著者撮影。

写真7-5　水杓子（ひしゃく）の入荷を知らせる張り紙

宮城県本吉町，平成23年5月1日著者撮影。

図表7-6　気仙沼市の物資集積所（旧青果市場）

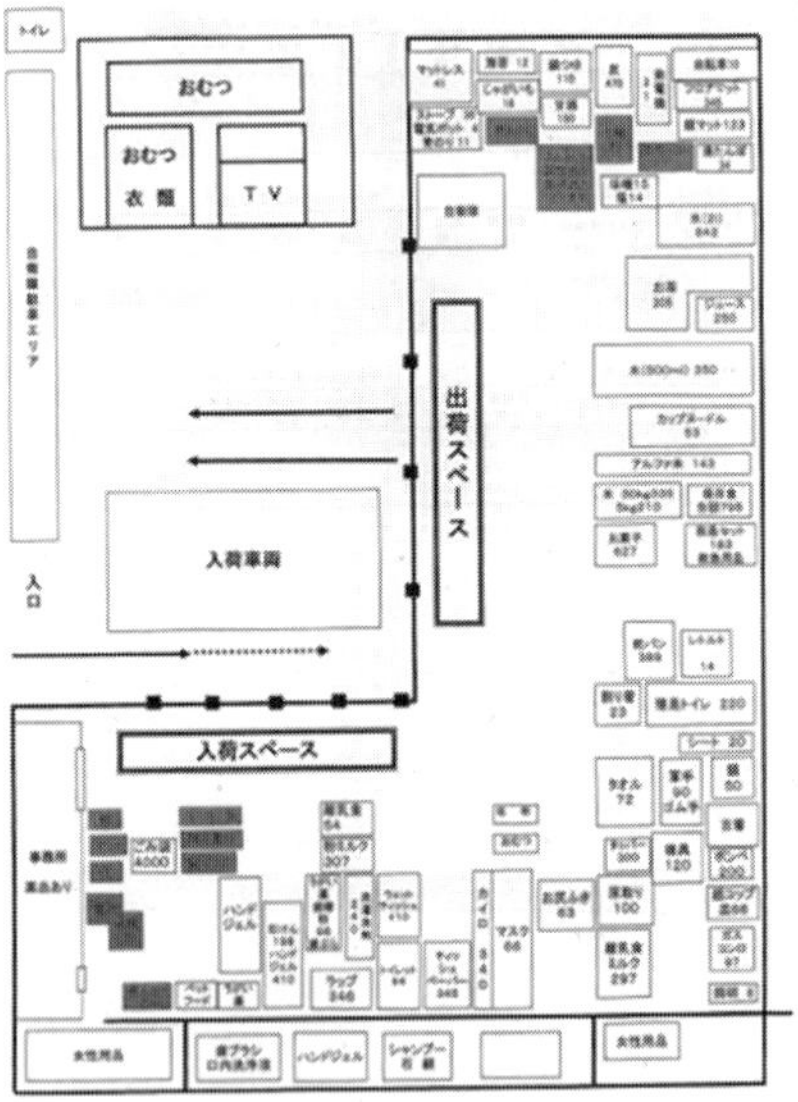

（資料提供：ヤマト運輸）

図表7-7　石巻総合運動公園の物資集積所

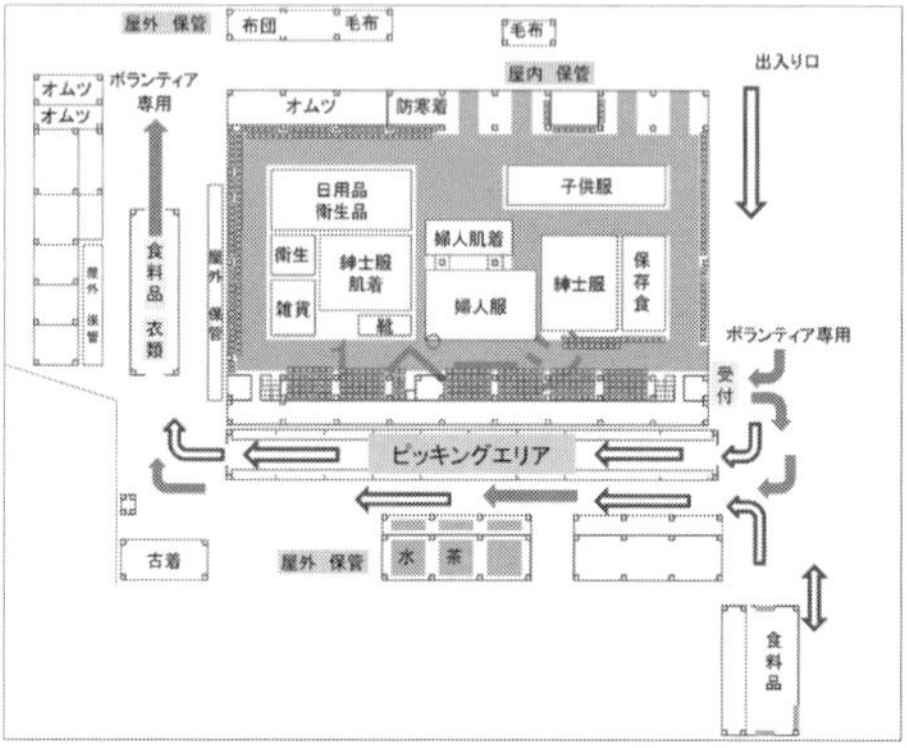

（資料提供：佐川急便）

察した。これらはすべて、「何か一つでも欠けると、サプライチェーンが途切れてしまう」ということの証でもある（写真7-2〜7-5）。

被災地における緊急支援物資のロジスティクスにおいて表面化した課題は、避難所への配送だった。集積所に集まった緊急支援物資を、どのように仕分けて避難所の被災者に届けるかが、大きな課題となったのである。東京に戻ってから宅配企業二社にヒアリングしたところ、ある会社は、市の委託を受けて緊急支援物資の仕分けや配送を行い、別の会社は体育館での緊急支援物資の仕分けや配分を任されていた。東日本大震災以降は、集積所などでの作業を物流のプロに委託するべきとの考えが定着し、緊急支援物資の荷受け・保管・配送を全面的に物流事業者と提携することが常識となっていった[8]（図表7-6〜7-7）。

（2）熊本地震における緊急支援物資の補給

熊本地震（平成二八年（二〇一六）四月一六日、最大避難者数約一八万人、死者数五〇人）では、①避難所への仕分け作業の停滞、②指定外避難所の把握困難、③支援物資の配送時の交通渋滞、④個人や企業による大量の義援物資の滞留などにより、一部の被災者に物資が十分届かなかった。

これについて、土木学会の土木計画学研究委員会の熊本地震報告会では、①個人や企業などの支援物資の受け入れのルール化、②指定避難所の位置・規模、③交通運用情報などによる事前防災計画の立案、④集積所の位置や役割分担などを事前に計画・周知、⑤集積所での支援物資の保管位置や取り扱いのマニュアル策定、⑥「集積所→配送→避難所」の一括委託などを、提案している[9]。

被災地に緊急支援物資を補給する場合には、いくつかの物流拠点（集積所）が必要になる。特に、重労働となる緊急支援物資の仕分け作業は、被災者の負担を軽くするためにも、できるだけ被災地外で行いたい。たとえば、都道府県の運営する「一次集積所」は被災地外に設け、「二次集積所」は被災地内に設け、最終的に「避難所」に配送する方式である。この「一次集積所・二次集積所・避難所」という三段階の体制は、東日本大震災や内閣府が想定する体制と同じであり、さらには軍事のロジスティクスにおける兵站の補給体制とも同じである[10]（図表7－8、写真7－6～7－7）。

熊本地震では、東日本大震災の教訓を生かして、プッシュ型の支援（被災者のニーズを想定して、あらかじめ緊急支援物資を送り込む方法）が初めて行われた。県外（被災地外の一次集積所）に本州からも含めて多くの物資が輸送された。一部の物資集積所で支援物資が滞留する事態も見られたが、「災害時は、不足するよりも余る方が良い」と考えれば、プッシュ型の支援は成功したことになる。

図表7-8　緊急支援物資補給のサプライチェーンと三段階の物流拠点

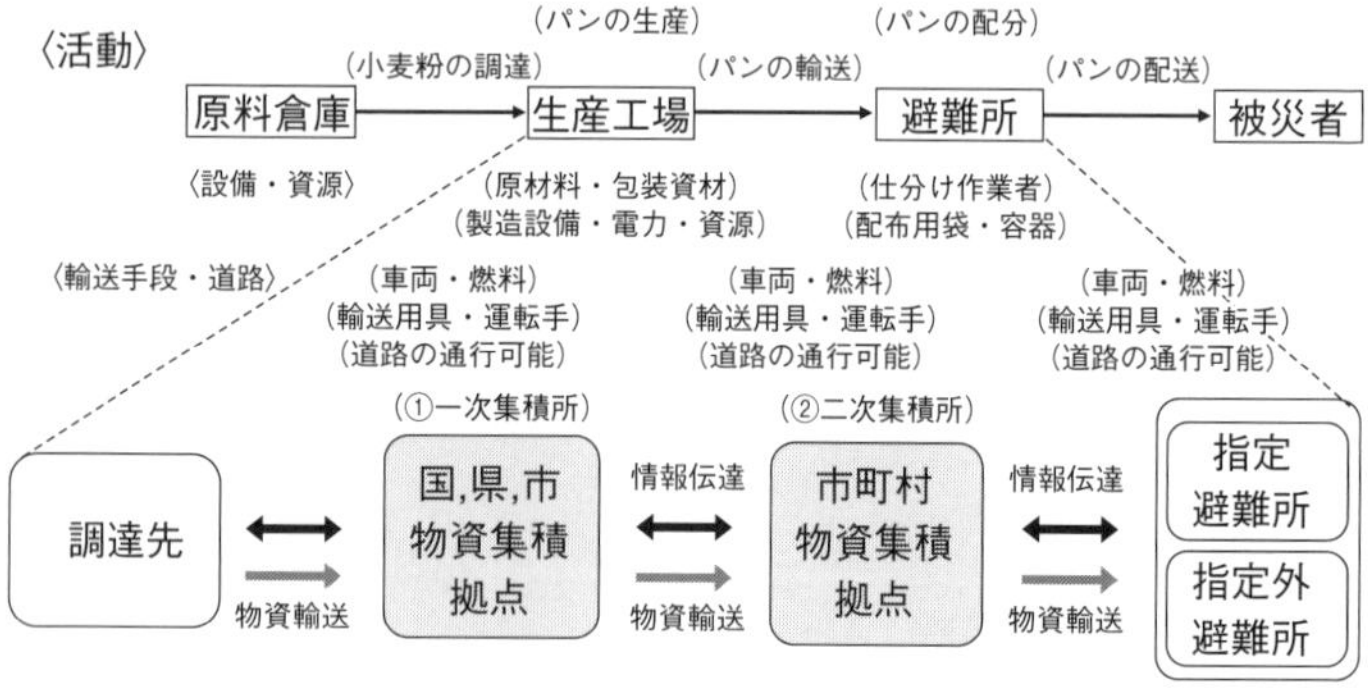

著者作成。

写真7-6　熊本地震で水のないプールわきに置かれた緊急支援物資，熊本県熊本市アクアドームくまもと

2016年5月21日著者撮影。

写真7-7　熊本地震で企業の応援社員の宿泊場所，熊本県益城町

2016年5月21日著者撮影。

(3) 災害という名の「兵糧攻め」から身を守る「籠城」作戦

いままで緊急支援物資の補給について述べてきたが、実は補給だけでは防災対策として不十分なことが多い。

その昔の戦国時代に、敵の城を取り囲み、物資補給路を断って敵を飢えさせる「兵糧攻め」という戦法があった。そして、守る側は食糧を蓄えて「籠城」する作戦をとった。自然災害においても、同じように物資補給路が断たれたら、まさに「災害という名の『兵糧攻め』」という事態になってしまう。つまり、防災対策としては、被災地への「緊急支援物資の補給」も重要であるが、「籠城のための物資の備蓄」も重要なのである。

この備蓄の重要性を、もう少し具体的に考えてみよう。

一般に、災害では、被災規模が大きいほど必要な緊急支援物資の数量も多くなる。しかし、同時に大災害ほど、ライフライン（電力ネットワーク、水道網など）の被害も大きく、工場や倉庫が被災して原材料の供給も滞ることが多いので、大災害になるほど緊急支援物資の生産中止や生産量減少の可能性が高くなる。また、製品倉庫の在庫が少なければ、被災地への出荷量も限られてしまう。加えて大災害ほど、道路の被害も大きく車両や運転手の手当ても間に合わなくなり、たとえ物資があっても輸送できないことさえ起きるだろう（図表7-9）。

このように、緊急支援物資の「補給」は多くの条件を満たす必要があるからこそ、補給できない事態に備えて「備蓄」が不可欠となる。このとき「備蓄」という、企業の在庫や政府・自治体の備蓄を当てにする風潮があるが、備蓄量が不十分なこともあれば、公的な備蓄場所が被災地から遠いことや、備蓄場所でトラックや運転手が用意できずに輸送できないこともある。このため、通常の生活の場（家庭、学校、オフィスなど）において、食料品や日用品などの生活物資を備蓄しておく必要がある。加えて、メーカーであれば原材料や半製品や製品、卸小売業であれば商品や製品、病院であれば医薬品や医療材料や自家発電用燃料などの備蓄が必要である[11]。

今後発生が危惧されている首都直下地震（想定避難者約七〇〇万人、想定死者約二・三万人）や南海トラフ地震（想定避難者数最大九五〇万人、想定死者数最大三二万人）は、過去の震災とは比較にならないほど桁違いの被災規模が想定されているので、緊急支援物資が届かない事態が十分に予想できる。だからこそ、緊急支援物資の補給と備蓄のバランスを考えた防災対策が求められている[12]。

図表 7-9　被災時による需要量増加と供給量減少の関係

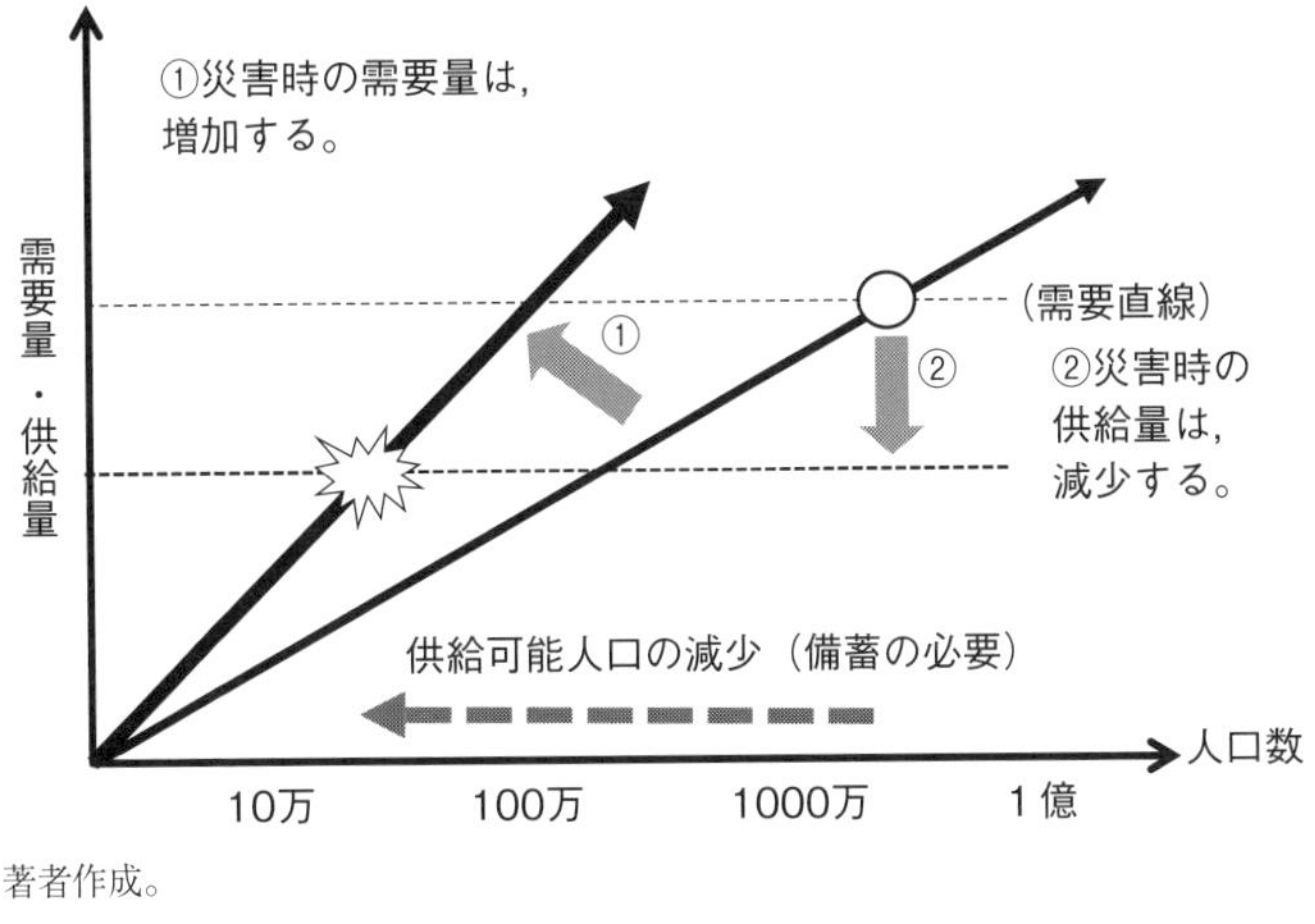

著者作成。

(4) 第一の対策、緊急支援物資の補給対策

災害時に生活物資を確保する対策には、補給対策、備蓄対策、ライフラインの強靭化対策の三つがある。

第一の緊急支援物資の補給対策とは、被災直後に被災者の生命と生活を維持するために、生活物資(食料品、日用品など)を補給することである。

補給対策は、おおむね次の三つにまとめることができる。すなわち、①緊急支援物資の供給システムについては、物資補給の方法(必要物資を想定して送り込むプッシュ型と、ニーズに合わせて送るプル型)、物資のセット化(必要な物資をセットにして一つのパックにする)、物流拠点の設定など(物資の集積所の事前の設定))がある。次に、②補給のための統制システムには、トリアージ(物資供給の優先順位)や、シグナル(行動開始の合図や警報設定)がある。さらに、③補給のための官民協力には、有事の際に政府に協力することになっている指定公共機関をはじめとして、荷主事業者の協力(食料品や日用品の提供、報道などへの協力)や、物流事業者の協力(車両や運転手の優先配置など)がある。

この緊急支援物資の補給対策については、東日本大震災以降に、本格的に取り組みが始まった。

国土交通省は、「東日本大震災からの復興の基本方針(平成二三年(二〇一一)七月二九日 東日本大震災復興本部決定)」を踏まえて、平成二三年(二〇一一)一二月二日に「支援物資物流システムの基本的な考え方」という報告書を公表した。これに従って、平成二三年度(二〇一一)以降、全国のブロックごとに、国、地方自治体、物流事業者等の関係者による協議会が設置されて、緊急支援物資の円滑な補給方

法について検討を開始して、「災害に強い物流システムの構築」が進められた。

内閣府は、熊本地震を踏まえた応急対策・生活支援策検討ワーキンググループによる「熊本地震を踏まえた応急対策・生活支援策の在り方について（報告）」を、平成二八年（二〇一六）一二月二〇日に公表した。ここでは物資輸送について、官民連携による輸送システムの計画（民間物流事業者との連携、物流事業者の物資拠点の活用、被災地外での拠点設置）、物資輸送情報の共有（輸送管理システムの活用、タブレットの活用）、個人ニーズを踏まえた物資支援（時間経過にともなうプッシュ型からプル型・現地調達型への移行）などを示している[13]（図表7－10）。

緊急支援物資の補給には、指定公共機関の役割が大きい。指定公共機関とは、災害が発生した際に、「災害対策基本法に基づき指定する、電気・ガス・輸送・通信などの公益的事業を営む法人」のことである。

図表 7-10　第一の対策，緊急支援物資の補給対策

(1) 緊急支援物資の補給対策
　① 緊急支援物資の補給システム
　　（プッシュ型とプル型，物資のセット化，拠点設定）
　② 物資補給のための統制システム
　　（トリアージ，シグナルなど）
　③ 物資補給のための官民協力
　　（指定公共機関，荷主，物流事業者，報道機関など）
(2) 国土交通省による支援物資物流システム
　全国のブロックごとに国，地方自治体，物流事業者等の協議会設置と，緊急支援物資の円滑な補給方法検討
(3) 内閣府による応急対策・緊急支援策の在り方
　官民協力，個人企業の支援抑制，物資輸送情報の共有，プッシュ型からプル型への以降
(4) 災害対策基本法（指定公共機関）
　公共的機関および電気·ガス·輸送・通信·輸送等の法人
　トラック事業者５社，内航海運事業者５社など

著者作成。

現在一六〇社（令和三年五月現在）が指定されているが、運輸事業者のうち貨物に関しては日本全域にわたり貨物運送を行っているトラック業者（五社）や、複数の都道府県の港湾に寄港する長距離貨物航路などを運送する内航海運業者（五社）、複数の都道府県にわたり鉄道事業者（二三社）などが指定されている。

そして令和三年（二〇二一）六月に閣議決定された第七次総合物流施策大綱においても、自然災害でも対応できる緊急支援物資輸送プラットフォーム（ＰＦ）の構築や、頻発化・激甚化する自然災害や感染症の対策として強靭なサプライチェーン（供給網）構築の必要性が謳われている。

（5）第二の対策、生活物資の備蓄対策

第二の生活物資（食料品、日用品など）の備蓄対策は、被災直後において極めて重要である。なぜならば、被災後の七二時間は救命が最優先になるため、「七二時間内は、可能な限り被災地内の備蓄物資や、店舗などの在庫物資でまかなうこと」が原則だからである。特に、家庭における食料品や日用品については、①ローリングストック（多めに在庫して消費した分を買い足す）や買い置きと、②インフラの被災に備えたエネルギーなどの備蓄（飲料水、電池、灯油など）が必須である。

この備蓄対策については、政府や自治体が様々な提案をしている(14)（図表7-11）。

首相官邸は、発災直後の火災や津波からの避難では、すぐ持ち出せる非常バッグの内容として、以下の持ち出し品を提示している。①飲料水、②食料品（カップ麺、缶詰、ビスケット、チョコレートなど）、③貴重品（預金通帳、印鑑、現金、健康保険証など）、④救急用品（ばんそうこう、包帯、消毒液、常備

薬など)、⑤防災用品(ヘルメット、防災ずきん、マスク、軍手、懐中電灯)、⑥衣類等(衣類、下着、毛布、タオル)、⑦日用品(携帯ラジオ、予備電池)、⑧衛生用品(使い捨てカイロ、ウェットティッシュ、洗面用具など)である。総務省消防庁で推奨している非常持ち出し袋も、ほぼ同じ品目である。

農林水産省は、家庭での備蓄について「緊急時に備えた家庭用食料品備蓄ガイド」(平成二六年〔二〇一四〕二月五日)で以下の品目を示している。主食二一食分として、①精米または無洗米、②レトルトご飯・アルファ米、③小麦粉、④パン(食パン)、⑤もち、⑥乾麺(うどん、そば、パスタ)、⑦乾パン・パンの缶詰、即席麺・カップ麺、などがあげられている。主菜には、①肉・魚・豆などの缶詰、②レトルト食品、③豆腐(充塡)、④乾物(かつお節、桜エビ、

図表 7-11　第二の対策，生活物資の備蓄対策

(1) 家庭での生活物資とエネルギーなどの備蓄対策
　① 食料品や日用品のローリングストック，買い置きなど
　② 飲料水，電池，灯油など在庫
(2) 首相官邸と消防庁による被災時の持ち出し品
　すぐ持ち出せる非常バッグの内容を提示
　(① 飲料水, ② 食料品, ③ 貴重品, ④ 救急用品,
　⑤防災用品, ⑥ 衣類等, ⑦ 日用品, ⑧ 衛生用品)
(3) 農林水産省による家庭用食料品備蓄ガイド
　緊急時に備えた家庭用食料品備蓄を提示
　(主食 21 食分 :① 米, ② レトルトご飯, ③ 小麦粉,
　④ パン, ⑤ もち, ⑥ 乾麺 , ⑦ 乾パン・カップ麺など)
　(主菜 :① 肉・魚の缶詰, ② レトルト食品, ③ 豆腐,
　④ 乾物, ⑤ ロングライフ牛乳など)
　(副菜 :① 野菜・山菜・海草類, ② 汁物, ③ 果物,
　④ その他 (調味料)
(4) 東京都による帰宅困難者対策条例
　従業員向けの備蓄例を提示 (3日分の備蓄)
　(水は9リットル，主食9食分，毛布1人1枚)
　(例，ペットボトル，アルファ化米，クラッカー等)

著者作成。

煮干し等)、⑤ロングライフ牛乳などである。これ以外に、副菜として、①野菜・山菜・海草類、②汁物(インスタントみそ汁など)、③果物、④その他(調味料、嗜好品、菓子類など)もある。

東京都は、職場での備蓄について、平成二四年(二〇一二)三月に「東京都帰宅困難者対策条例」を制定している。ここでは、従業員向けの備蓄例として、三日分の備蓄(水は一人三リットルで九リットル、主食一日三食で九食分、毛布一人一枚)を目安とし、備蓄品には、ペットボトル、アルファ化米、クラッカー、乾パンなどをあげている。このとき、従業員だけでなく、来訪者や避難してくる帰宅困難者を含めて、被災後の三日間程度の生活を維持できる備蓄が必要としている。

(6) 第三の対策、リソースとインフラの強靭化対策

第三の対策は、生活物資の補給とそのネットワークの維持に必要な、リソース(資源、運転手、車両、燃料など)とインフラ(供給ネットワークや道路ネットワークなどの施設)の強靭化対策である。

この強靭化対策を、上水を例に考えてみよう。災害によって「供給(水道)ネットワーク」が破断してしまえば、家庭でのペットボトルの「備蓄」、もしくは給水車による「補給」に頼ることになる。

しかし、「備蓄」はいずれ尽きてしまう。また「補給」では、リソース(資源)として、運行条件(運転手、燃料、荷役要員など)と、輸送手段(モードとして貨物車や船舶などの確保)が必要になる。このときインフラとしては、倉庫など(ノード)が機能していなければならないし、交通路(リンク)として道路も走行できる状態でなければならない。このため、「補給」にあたっては、多くのリソースとインフラが利

図表7-12　災害時の供給・補給・備蓄の相互関係

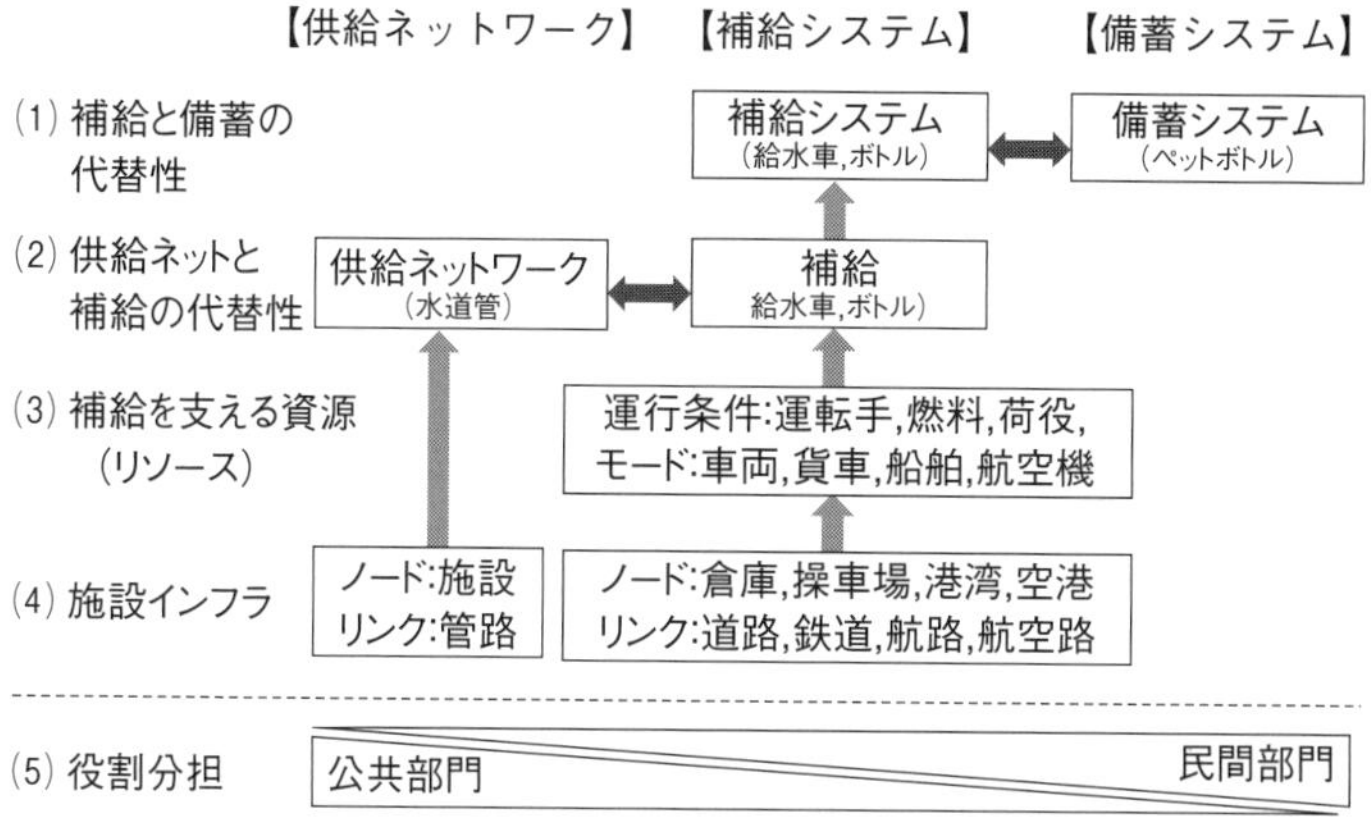

出所：苦瀬博仁「首都直下地震でシミュレーション，輸送による救援物資確保は不可能，施設単位での「備蓄」が重要に」日経ムック『物流革命 2020』日本経済新聞出版社，2019 年 12 月，pp.61-63。

図表 7-13　第三の対策，リソースとインフラの強靭化対策

(1) 補給システムを支える資源（リソース）の強靭化
　運行条件：運転手，燃料，荷役，
　モード　：車両，貨車，船舶，航空機)
(2) 補給システムの施設インフラの強靭化
　ノード　：倉庫，操車場，港湾，空港
　リンク　：道路，鉄道，航路，航空路
(3) 供給ネットワーク（施設インフラ）の強靭化
　ノード　：施設
　リンク　：管路

著者作成。

用可能であることが前提となる。

この一方、「供給（水道）ネットワーク」が破断されなければ断水もないので、補給も備蓄も不要となる。つまり、「補給・備蓄対策」と「上水道の供給ネットワークの強靭化対策」は、代替関係にある。

このため、補給や備蓄を補完するためにも、「供給（水道）ネットワーク」について、施設や管路の耐震耐火などの「強化」と、ネットワークの破断に対応できる複数経路の確保などの「多重化」による、強靭化対策が重要なのである[15]（図表7－12）。

(7) 第四の対策、物資補給と都市防災計画

従来の都市防災計画は、避難行動や建築物の耐震耐火が中心であった、しかし、すでに述べたように避難後の生活物資を考えたときには、三つの対策（緊急支援物資の補給対策、生活物資の備蓄対策、供給ネットワークの強靭化対策）を取り込みながら、都市防災計画を進めていく必要がある。

このロジスティクスに関わる都市防災計画については、ハードな対策とソフトな対策がある。

ハード対策としての都市施設の整備は、強靭化（建物や施設の耐震・耐火などの「強化」と、複数の施設を設定する「多重化」）と、シェルター化（オフィスや学校などにおいて、避難設備を設置し、生活物資を備蓄して、災害から避難して生活を送れる場所にすること）がある。すでに、一部では小学校や体育館を、あらかじめ避難所として使用できるような設計や、高層マンションに備蓄倉庫を附置して自宅避難とする設計が増えている。

ソフト対策としての都市計画制度では、都市施設の整備に関する方針や防災計画を通じて規制誘導対策であり、防災マスタープラン（防災の視点から都市施設の整備を行う）や、防災アセスメント（防災に対するリスクや対策を立案する）の導入がある。また、近年ハザードマップの公開が進み災害別地域別に被害想定が可能となったため、より詳細な防災対策を事前に立てることも可能になっている。たとえば洪水対策であれば、浸水危険地域の建物の一階には寝室を設けないような規制誘導や、水塚（敷地の一部の盛土部分の避難小屋）の設置の推奨などである。このように、地震、洪水、高潮、火災、風害などの様々な災害を想定しながら、ソフト対策を進めていく必要がある。

なお、国土交通省は、都市防災計画の一環として、平成二四年（二〇一二）九月一四日に建築基準法の施行令を改正し、高層建築物において備蓄倉庫と非常用電源装置を設けやすいように、その分の床面積を容積率の算定対象から外し、オフィスやマンションに災害用施設を設けやすくしている。また、都市再生特別措置法では、「安全なまちづくり」として、①浸水ハザードエリアの見える化の促進、②災害ハザードエリアにおける新規立地の抑制、③災害ハザードエリアの移転の促進、④災害ハザードエリアを踏まえたまちづくり、をあげている[16]。

図表 7-14　第四の対策，物資補給と都市防災計画

（1）都市施設の整備（ハードな対策）
　　強靭化：耐震・耐火などの強化，施設の多重化
　　シェルター化：避難と備蓄，救援拠点
（2）都市計画制度の整備（ソフトな対策）
　　防災マスタープラン：ハード整備と運用方法
　　防災アセスメント：リスク評価と対策立案

著者作成。

7・3　ラグビーW杯と東京2020大会

(1) スポーツイベントのロジスティクスの特徴

令和元年は二〇一九年五月一日に始まった。そして令和三年（二〇二一）までの二年間の間に、まるで令和の時代の始まりを告げるかのように、世界的な大きなスポーツイベントが二つ実施された。一つは、予定通りに令和元年に開催された日本で初めてのラグビーワールドカップ（以下、ラグビーW杯）である。もう一つは令和三年（二〇二一）に延期されたが前回の昭和三九年（一九六四）から二回目となるオリンピック・パラリンピック東京2020大会（以下、東京2020大会）である。

イベントといえば、スポーツに限らずコンサートやお祭りもあるが、大規模なスポーツイベントでは、資機材の調達から、選手や役員の携行品の輸送や宿泊施設の手配まで、さらには観客用の飲食料品や記念グッズと、ボランティアには飲食品や備品も含めて、様々な準備が必要になる。

このような状況の中で、人々に気づかれないように、何のトラブルも起きずに競技が開催され、観客が楽しく観戦できれば、ロジスティクスも成功したことになる（図表7-15）。

ここで、対象とする人員を観客に限定し、物資を食べ物と飲み物に限って、ロジスティクスを追いかけてみよう。競技会場の観客の手に渡るまでの「食べ物と飲み物のロジスティクス」を、分解して考えてみると、①補給と輸送（食べ物、飲み物）、②機材の整備（冷蔵庫、販売用リュック、調理機材）と回収（空き缶、コップ、食品容器）、③施設建設（店舗整備、テント設置）、④衛生（食品衛生、廃棄物処理）、⑤役務（諸作業）と労務（調達、販売）などとなる[17]（図表7-16）。

この「食べ物と飲み物のロジスティクス」を、レストランや居酒屋などのレストランのロジスティクスと比較してみると、「適切な量と品質（賞味期限、温度など）の商品を、予定の時刻までに確実に届ける」という点では共通している。しかし、レストランでは、定常的に輸配送や在庫管理が繰り返されており経験の積み重ねも多く、備品としての冷蔵庫も、またコップや皿も用意されている。一方のスポーツイベントでは、冷蔵庫や食材の手配から、コップや皿の準備、さらにはアルバイトの募集までしなければならないので、レストランに譬えるならば引越しと開店準備も同時に行っているようなものである。

この意味で、スポーツイベントのロジスティクス

図表 7-15　スポーツ・ロジスティクスの対象者と物資

対象者：選手，関係者，観客，ボランティアなど
物　資：競技用の資機材，包装用資機材，
選手の携行品，選手の食事や飲み物，
観客用の商品や記念グッズ，
ボランティアのウェアや食事など，

著者作成。

図表 7-16　スポーツ・ロジスティクスの活動内容

①　**補給**：物資の管理と配給（例，食べ物や飲み物の管理と配給）
　　輸送：物資の輸送（例，食べ物や飲み物の輸送）
②　**整備**：機材の整備（例，冷蔵庫，販売用リュック，調理機材）
　　回収：機材の回収（例，空き缶，コップ，食品容器）
③　**建設**：施設の建設と整備（例，店舗整備，テント設置）
④　**衛生**：衛生の確保（例，食品衛生，廃棄物処理）
⑤　**役務**：諸作業の担当（例，荷さばき，荷おろし，仕分け）
　　労務：業務の外部委託（例，調達，販売）

著者作成。

は、ビジネス・ロジスティクスよりも軍事のロジスティクスに近く、それだけにロジスティクスの本来の姿を見せているように思う。

(2) ラグビーW杯での食べ物の持参

令和元年に日本で開催されたラグビーW杯は、台風一九号により二試合が中止となったが、実施が危ぶまれた日本チームの予選最終戦も無事開催され、予選リーグを全勝で突破して初のベスト八になった。このラグビーW杯において、一部の競技会場を除けば、観客の移動に大きな問題は無かったようである。一方で、ロジスティクスについては表面的には大きな問題が無かったように見えるが、裏方の人たちは大変な苦労を重ねていた。

特に、競技会場内での食べ物については、当初観客による持ち込みが禁止されていたが、開幕(九月二〇日)の四日目(二三日)には持ち込み禁止が解除された。

これについて、マスコミは次のように報じている。

「ラグビーワールドカップ(W杯)日本大会組織委員会は二三日、来場者による競技会場への食べ物の持ち込みを認めると発表した。開幕戦から売り切れが続出し、苦情が相次いだことを受けての変更。食べ物の持ち込み禁止は前回W杯と同様だったが、大会四日目で異例の方針転換となった。」とある。そして記事は、「組織委は、施設内の食品販売業者の権利を保護する観点から飲食物の持ち込みを制限していた。この日から一人で消費できる程度の食べ物の持ち込みが認められた。」としている。「横浜市の日産スタジアムなどの売店で焼きそば、フランクフルト、唐揚げなどの食べ物の売り切れが相次いだ。再入場も禁止されているため食べ物を調達できず、観客から批判の声が続出。味スタ（著者注、味の素スタジアム、W杯では東京スタジアムという名称を使用した）では混雑すると見込み、事前に売店八店舗から一二店舗、無料給水所を一カ所から二カ所に増やすなど対策を立てていたが、予想を上回った。」とのことだった(18)。

私が最初に観戦したゲームは、九月二四日の熊谷での試合（ロシア対サモア戦、観客数二万二五六四人）だった。持ち込み禁止解除の決定の翌日だったので、つまみは競技場に行く途中の熊谷駅の売店で買い込み、飲み物は競技場で現地調達することにした。しかし、持ち込み禁止解除の効果なのか、はたまた観客数がそれほど多くないからか、競技場の売店がそれほど混んでいたという記憶はない。

二回目の観戦（一〇月五日、東京調布、イングラン

写真7-8　ラグビー競技会場での店舗前での人混み

令和元年10月5日筆者撮影。

ト対アルゼンチン戦、観客数四万八一八五人）では、同じように事前につまみを用意していたが、売店にも買い求めに行った。しかし、メニューの品数が多いせいか注文も多岐にわたり、商品を手渡すまでに時間がかかって列ができていたため、注文をあきらめた。

ロジスティクスの原則からすれば、人数が多い時には、品数をできるだけ少なくし、見込み生産により製品在庫を持つ方が供給しやすい。観客への食べ物の提供は、改めてロジスティクスの原則を思い出させてくれた（写真7－8）。

（3）ラグビーW杯でのビールの供給

飲み物については、観戦の一回目も二回目も、観客席にいながらスムーズにビールを手に入れることができた。観客席で売り歩く販売員にとっては、商品が三五〇ミリリットルの缶ビールだけという点で、販売も持ち運びも容易だったかもしれない。冷え切っていない缶ビールもあったものの、観客は試合を見ながら待つこともなく購入でき飲めていたのだから、飲み物のロジスティクスは大成功ということになる。しかし、ビールの物流を担当した企業の方によれば、観客が陽気にビールを飲む陰で大変な努力があったようだ。

ビール会社の倉庫から競技場への缶ビールの搬入は、セキュリティ確保の都合もあって、競技前日の深夜が多かったそうだ。そうなると、観客に販売するまでの時間は低温を維持しておかなければならない。しかし、競技場に大きな冷蔵庫があるわけではないので臨時に冷蔵庫を借りることにしたものの、置き場所も限られていたため、十分な量を冷やすことは難しかったとのこと。販売員は、缶ビールから簡易なコップにビールを注いで渡してくれるが、この理由は、飲み終わった空き缶を散らかさないためかもしれない。プラスチックのコップであれば、足元に重ねて置いておき、帰り際にゴミ箱に入れればよい。

そんな多くの工夫の中で、観客席まで届けた缶ビールの消費量を大雑把に計算すると、観客一人当たり缶ビール約三本程度だったようだ。私の場合は缶ビールを四本飲んだが、一緒に出掛けた家族はソフトドリンク二杯なので、二人のビールの消費量は平均以下となった。やはり海外からの観客の消費量が多かったのだろう。

東京調布の競技場からの帰り道、駅前広場は缶ビールを片手に歓談する海外からの観客であふれていた。コンビニの配送車が停車していたが、ひょっとすると飲み物や食べ物が足りなくなって、臨時に届けに来ていたのかもしれない。ビール一つとっても、競技会場への搬送・保管・販売から、冷蔵庫やアルバイトの手配まで、また競技場近くのコンビニでの販売急増という現象まで、ロジスティクスの話題は尽きない（写真7-9）。

先にスポーツイベントではロジスティクスの本来の姿を見せていると記したが、私は観客用の食べ物と飲み物という、ほんの一部分を垣間見ただけである。他には、選手のユニフォームやタオル、試合用のボールや旗などの資機材、グラウンドの芝生のメンテナンス用資機材、応援グッズや土産品の生産・搬入・販売、公式ガイドブックの編集作成と販売、果てはトイレットペーパーの手配や廃棄物の回収など、多くの人たちが多様なロジスティクスに関わり、選手や観客の行動を支えていたことだろう。

そのような人たちのおかげで、何事もなかったように淡々と当たり前のように競技日程が進んでいく。何か事故が起きて目立ってはいけない。むしろ、誰にも気づかれずに縁の下に居ながら「目立たないための努力」を続けるロジスティクスに携わる人たちの気高さを、改めて感じた。

（4）東京2020大会における大会物流の特徴

オリンピック・パラリンピックの東京2020大会は、新型コロナウイルス感染症（以下、新型コロナとする）の影響により、令和二年（二〇二〇）の開催予定が、翌年（令和三年、二〇二一）に延期された。当初、オリンピックは三三競技で選手約一万一〇〇〇人、観客七八〇万人、パラリンピックは二二競技で選手約四四〇〇人、観客二三〇万人の規模で開催される予定だった。しかし、令和三年（二〇二一）三月二〇日に、

写真7-9　ラグビー終了後の駅前広場（京王線飛田給駅）

令和元年10月5日筆者撮影。

現在のコロナ禍の状況では海外から日本への自由な入国を保証することは困難だとして、海外からの観客の受け入れ断念が決定された。さらに、七月八日には、一都三県（東京、神奈川、千葉、埼玉）の会場での無観客開催が決まった。

東京2020大会では、日常的に開催されているプロ野球やサッカーなどと異なって、またラグビーW杯のような単一種目と違って、ロジスティクスの準備も複雑多岐にわたっていた。そこで東京2020大会では、物流の視点でみると、「大会物流」と「一般物流」に分けて準備を進めていた[19][20]（図表7-17）。

大会物流とは、「大会運営に直接関係する物流」である。この大会物流には二種類あって、一つは「組織委員会が担う物流」であり、大会運営上必要な物資（競技備品、メダルなど）と、選手役員の携行品でバスに積載できないものと、別送品としての大型の競技用具など（ヨット、カヌー、馬術の馬など）である。もう一つは、「各

図表 7-17　東京 2020 大会の大会物流と一般物流

大会物流

① **競技委員会が担う大会物流：**
大会運営に必要な物資（競技備品，メダルなど）
選手役員の携行品でバスに積載できない物資（自転車，ポールなど）
携行品として持ち込めない別送品（馬，ボート，カヌーなど）

② **各国のＩＯＣ委員会やサプライヤーなどの物流：**
参加各国やメディアの物資（ユニホーム，練習用具，放送機材など）
サプライヤーによる物資（物販品，飲食物，生花，医薬品など）

一般物流

① **大会物流の支障をきたすような地域での物流：**
競技会場周辺での，商店街などでの商品搬入，市街地の宅配便など）

② **大会期間中に都市全体で削減したい物流：**
交通混雑回避のために削減したい物流（建設工事，引っ越しなど）

著者作成。

国のオリンピック委員会やサプライヤーが担う物流」であり、参加各国やメディアの物資（ユニホーム、練習用具、放送機材など）と、サプライヤーによる物資（物販品、飲食物、生花、医薬品など）である。

東京2020大会は、ラグビーW杯と違って多種類の競技を同時期に行う。しかも、選手数や観客数はけた違いに多く、競技用資機材から観客のお土産まで、様々な物資や商品が搬入・使用・回収・廃棄される。

たとえば、ヨットやボートを想像すればわかるように、またマラソンと棒高跳びを比較すればわかるように、競技運営に必要な資機材や、選手が携行する競技用具も多種多様になる。以前、競走馬の入国手続きや輸送方法を取材したことがあるが、海外からの輸送のための貨物専用機の予約、他国の馬との接触を避けながらの検疫期間中のトレーニングなど、大変な苦労があったとのこと。また、ゴルフ選手がコーチやトレーナーなども帯同してクラブを何十本も持ち込むように、一流アスリートは一般のスポーツ愛好家に比べて、物資の量も種類も格段に多い[21]（図表7-18）。

この大会物流については、組織委員会や東京都が、スポンサーやサプライヤーとともに具体的な調達や搬入の計画を立てていた。たとえば、競技場や選手村などへの物資搬入のスケジュールを立て、搬入や荷さばきの機

図表 7-18　一流アスリートに必要な物資の例

	一流アスリート	一般ゴルファー
競技用具	複数セット	ワンセット
スタッフ	コーチ，トレーナーなど	0人
契約会社	用具・衣料メーカーなど	なし
食料	食料品，炊事用具など	出先のレストラン
移動	専用車	クラブバス

著者作成。

器や設備と、検品とセキュリティ確保の計画も立てていた。特に、配送時間帯は、選手役員や観客の移動など人の交通との錯綜を避けるために、夜間納品や事前納品も実施していた。また、競技場別・競技時間別の選手や観客による交通混雑を想定し、人の交通と錯綜しないように配慮しながら、競技場までの物資の搬入のための迂回道路や大会用専用レーンとともに、競技場内で搬入・荷さばき経路を検討していた。

　結果として、関係者の多大な努力によって、大きな問題は未然に防げたようである。ただし、セキュリティ確保のためもあって、これらのロジスティクスの詳細な実態が公表されることは、今後も無いだろう。

(5) 東京2020大会における一般物流の削減対策

　一般物流とは、「競技には直接関係ないものの、競技場周辺や選手の移動経路の途中などで、大会物流に影響を与える物流」である。一般物流にも二つあり、一つは「地域的に大会物流と競合しそうな物流」ということで、競技場周辺の商店街やコンビニなどへの商品搬入の物流、繁華街での物流（デパート、スーパー、レストランなど）、近隣の住宅市街地への宅配便やネット通販の商品配送などである。もう一つは、交通混雑を避けるために「大会期間中に減少させたい物流」であり、建設工事現場への資機材搬入や引っ越しなどのうち、都内を通過したり、競技会場や選手村の近くを走行ないし発着する物流である。

　東京2020大会での大きな心配は、交通混雑だった。従来のオリンピック・パラリンピックでは、都心から少し離れた場所に選手村や主要競技会場を囲い込むように一ヶ所に集めていたため、物資の搬入も容易で保管場所も確保できていた。しかし東京2020大会の選手村や競技会場は、東京の都心近くに散在しており、選手や役員の移動も、また物資の搬入も、都市内の道路を利用することになっていた。

東京2020大会の組織委員会と東京都は、平成二七（二〇一五）七月に「第一回、輸送連絡調整会議」を開催し、その後平成二九年（二〇一七）六月九日に「第一回、東京2020オリンピック・パラリンピック競技大会、交通輸送技術検討会」を開催して、交通輸送対策の検討を続けてきた。交通輸送対策の目的は、「選手や観客などの安全かつ円滑な輸送（人の交通）」とともに、「競技用の用具備品や資機材、競技会場や選手村での食料品などの物資の輸配送（大会物流）」である。

交通輸送技術検討会の資料によると、当初の予定通りであれば、東京2020大会の期間中に、人と物の合計の輸送量は約二〇パーセント増加するとされていた。このため、この二〇パーセント分だけ通常の交通量を減少させなければ渋滞が起きてしまい、大会に関わる人（選手、観客の移動）や物（大会物流）を円滑に輸送することは難しい。つまり、大会期間中の交通混雑や渋滞を避けるために、人の交通では通勤通学などの交通の削減が求められており、物流についても一般物流の輸送量や配送回数を減らす必要がある。[22]

一般物流を削減するための具体的な対策として、TSM（Transportation System Management）、料金施策、TDM（Transportation Demand Management）の三つが導入された（図表7-19）。

TSMとは、「地区別時間帯別に交通規制（進入規制、走行規制など）を行うこと」である。TSMは、交通の混雑の回避と大会の安全で円滑な運営を図るために、競技場周辺や選手村周辺で実施された。具体的には、①進入禁止エリア（大会関係車両以外の進入禁止エリア）、②通行規制エリア（競技会場直近で、通行を規制するエリア）、③迂回エリア（競技会場直近の通り抜けを禁止して迂回させるエリア）、④専用レーン・優先レーン（大会関係車両の通行方法を指定する道路の通行帯）、⑤首都高の入口閉鎖・高速道路の車線規制である（図表7－20）。

料金施策（プライシング）とは、首都高速道路を対象に、「昼間の乗用車等の通行料金を値上げし、夜間の通行料金（乗用車、貨物車とも）を引き下げて、昼間の通行量を減らそうとするもの」である。そして、昼間の乗用車に対する一〇〇〇円の増額と、夜間の全車両に対する割引（料金半額）が実施された。

ＴＤＭとは、「交通需要を管理し交通量を制御することで、地域全体での交通の円滑化を図るもの」である。ＴＤＭは、広く市民に協力を仰ぐ対策であり、人の交通では通勤通学や買い物交通などの削減への協力、物の交通では商品の発注や輸送の依頼などを工夫することで、交通量削減に協力することになる。

図表 7-19　TSM と料金施策と TDM

TSM：交通システム管理（Transportation System Management）
競技場等の地区ごと（重点 16 地区）の交通規制
① 進入禁止エリア, ② 通行規制エリア, ③ 迂回エリア,
④ 専用レーン・優先レーン
⑤ 首都高の入口閉鎖・高速道路の車線規制

料金施策：プライシング（Pricing）
首都高速道路の料金課金による地域全体の交通円滑化
課金は，昼間（06-22 時）で乗用車等 1000 円上乗せ
夜間（00-04 時）は，全車両で料金半額

TDM：交通需要管理（Transportation Demand Management）
交通量の制御による地域全体の交通円滑化
業種・業態・協会，商品・物資，地域企業と住民
① 車両台数削減, ② 時間変更, ③ 経路変更, ④ 手段変更

著者作成。

（６）市民や企業の協力が不可欠な物流ＴＤＭ

東京２０２０大会で実施された物流ＴＤＭは、大会に関する人と物の交通輸送を円滑に行うために、日常生活に影響のない範囲で、一般物流の交通量を削減することに目的があった。

一般物流を対象とする物流ＴＤＭは、融通が利きやすい。なぜならば、電車などを利用する人（観客）の交通とは異なって輸送手段は概ね貨物自動車に限られる。また、配送スケジュールが厳しい大会物流と違って事前配送や事前保管が可能なものも多く、輸送でも迂回できるからである。具体的には、搬入方法の変更による貨物車台数削減（reduce）、夜間納品や事前納品による配送時間帯の変更（re-time）、迂回による配送経路の変更（re-route）、配送車両の大型

図表7-20　ＴＳＭによる交通規制の例
（オリンピックスタジアム周辺の，進入禁止・通行規制・迂回エリア）

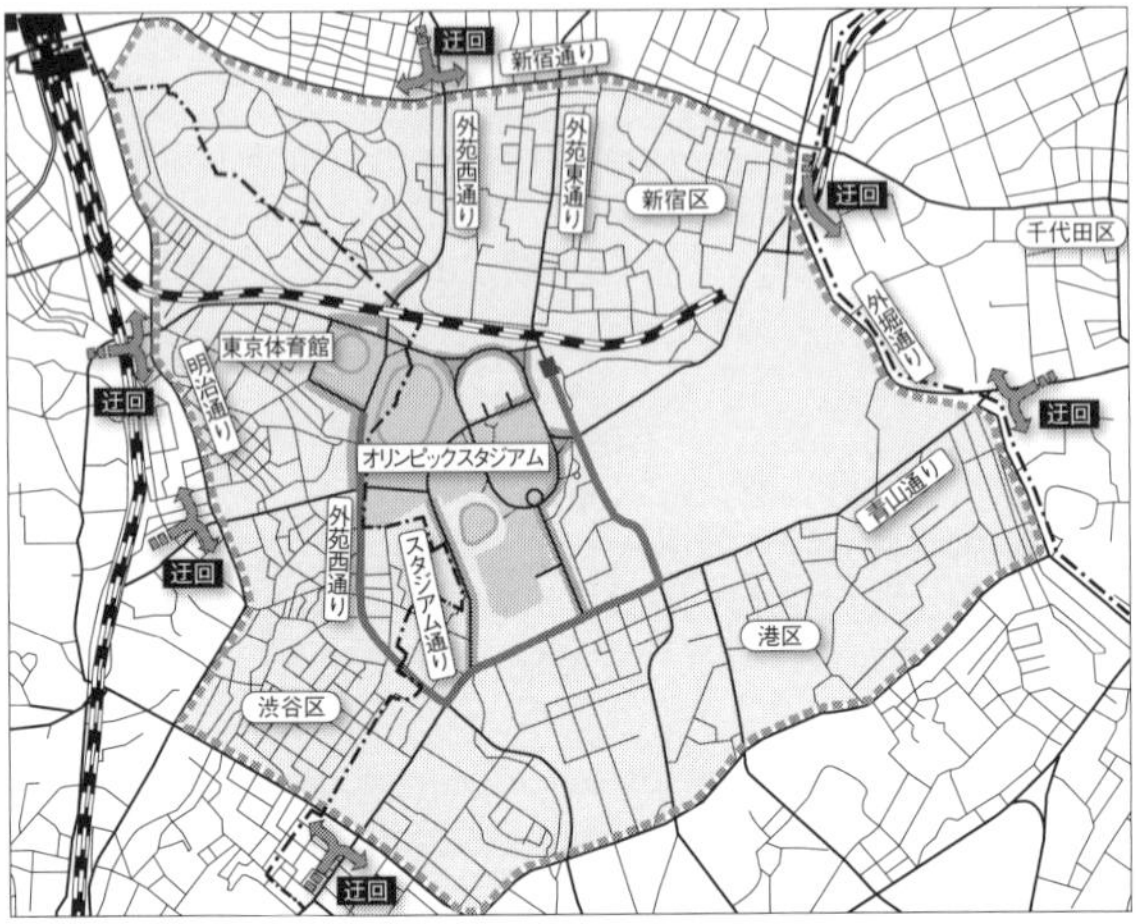

出所：東京2020オリンピック・パラリンピック競技大会 東京都ポータルサイト，交通対策，https://www.2020games.metro.tokyo.lg.jp/special/traffic/venue/

化や台車利用などの配送手段の変更（re-mode）などがある（図表7－21）。

令和元年（二〇一九）に東京都オリンピック・パラリンピック準備局は、スムーズビズ推進大賞の応募を募り、合計一八社（大賞五社、推進賞一〇社、特別賞三社）を選定して、一一月一八日にスムーズビズ推進大賞などの表彰を行った。これによれば、ある食品会社では、無駄のない配送のために、混雑・規制区域の回避、翌々日納品、簡易な検品レスの実施を検討していた。ある飲料メーカーでは、東京港での輸入時期の前倒しや、受入港の東京港以外への変更や、工場から都内配送センターへの転送などにより、大会期間中の大型トラック台数の三割以上の削減・分散を目指していた。ある旅客鉄道会社は、大会期間中の駅構内の飲料自販機の納品回数延べ三六回削減や、廃棄物回収の延べ一四回削減を検討していた(23)。

図表 7-21　物流 TDM の具体的な方法

数量の削減（reduce）：事前配送などによる輸送量の削減
① 台数を減らす（共同配送，高積載車優先通行）
② トン数を減らす（過度な包装の排除，過積載の排除）
③ 回数を減らす（在庫増による頻度削減，緊急配送の禁止）
④ 時間を減らす（荷さばき機器，動線計画，事前検品）

時間の変更（re-time）：夜間配送などによる配送時間帯の変更
① 通行時間を分ける（通行時間帯の分離，昼間の通行禁止）
② 到着時間を分ける（駐車許可時間帯，荷さばきの予約制）

経路の変更（re-route）：輸送ルートや配送ルートの変更
① 交通規制で換える（通行規制，信号制御，迂回路の設定）
② 料金で換える（時間帯・経路別の料金変更）
③ 人と物の経路の分離（貨物車専用道路，建物内動線計画）

手段の変更（re-mode）：舟運・鉄道や台車など輸送手段の変更
① 手段を換える（鉄道・バス・舟運の利用，台車の利用）
② 担当を換える（納品代行業者の利用，建物内館内配送）

著者作成。

令和二年（二〇二〇）三月に東京都は、「2020物流TDM実行協議会」を設立し、著者が会長を仰せつかった。そのホームページによれば、目的とねらいは次のとおりである。

「大会期間中及びその前後において、道路交通面での著しい交通混雑等を回避するために、企業に対する働きかけ等を含め、様々な取り組みを行っています。自動車交通の約半数を担う物流に関しても、流通、物流、出版、製造等多くの業界において、円滑な道路交通を確保するための取り組みについて、協力を要請しているところです。これらの取り組みは、中小の事業者を含め、全体として取り組む必要があると考えられますが、交通集中回避へのご理解やご協力等を含め、さらなる取り組みが必要と考えられます。

そこで、今後の具体的な対応方法として、2020物流TDM実行協議会が発足し、中小事業者への物流TDMに関する案内やアドバイス、相談等について、具体的な対応について検討、実施しています。」としている[24]（図表7‐22）。

そして、令和三年（二〇二一）七月七日には、東京都と2020物流TDM実行協議会は、物流TDMについての積極的に取り組んでいる一四社の活動を「未来につながる物流」として認定し、さらにそのうちの特に優秀な五社に対して知事表彰が行われた。

また、これらの一連の活動に先立って進められてきた「2020TDM推進プロジェクト」では、東京2020大会時の安全・円滑な輸送サービスの提供と、都市活動や経済活動の安定との両立を図ることを目的としキャンペーンが進められてきた。そして参加企業数が、九一〇団体、五万一六八九社・事業所（七月一三日現在）にまで達したことは、多くの人々がTDMを理解し協力してくれた証である。

さらに、東京商工会議所は、加盟各社に物流ＴＤＭの参加を呼びかけている。トラック運送業の協会である全日本トラック協会は、出荷人や荷受人向けも含めたリーフレットを作成して配布している。このように様々な形で、物流ＴＤＭへの積極的な協力があった（図表７－23）。

物流は、発荷主の製造業・メーカーや卸売業者と、着荷主の飲食店・小売店や消費者など、多くの人々が関与している。それだけに、物流ＴＤＭの実施には、多くの団体や企業や市民の協力が不可欠である。この意味において、何年も前から準備しながら物流ＴＤＭに協力してくださった方々には敬意を表したい。

図表 7-22　2020 物流 TDM 実行協議会が推奨する取り組み

飲食店・小売店
① 発注頻度を減らす，複数日分の一括発注
② 在庫切れを防ぐ，事前発注・事前納品
③ 円滑な走行のための，深夜や早朝など納品時間の見直し
④ 商店街地区等で，共同の荷捌き場や保管庫の設置・利用

製造業・メーカー
① 小口発注を見直し，複数日分の一括発注・一括配送へ
② 配送回数やコスト削減の，他社・他品目との共同配送
③ 在庫切れを防ぐ，事前発注・事前納品
④ 小口発注見直しと回数削減に，納品量と調達量を集約

卸売業者
① 発注頻度と配送回数を減らす，複数日分の一括発注
② 在庫切れを防ぐ，事前発注・事前納品
③ 輸送コストの削減に繋がる，ルート配送の最適化
④ 円滑な走行のための，深夜や早朝など納品時間の見直し

運輸業者
① ドライバー不足の対応で，共同配送実施に向けた準備
② 宅配ボックスや置き配で，非対面の受け取り方法の強化
③ 輸送コスト削減に繋がる，輸送ルートの最適化

著者作成。

図表7-23　全日本トラック協会による物流ＴＤＭ呼びかけ用リーフレットの一部

出荷人の皆様にお願いしたいこと

日時指定について

❶日時指定は最低限にしてください。とくに荷主から要望のない日時指定はお控えください。
❷日時指定については遅延の可能性があることをご理解ください。
❸お客様（着荷主）へ配送の遅延について事前のご案内をお願いします。

集配について

❶発注から納品までの期間に余裕をもってください。とくに生鮮品･医療品等はご注意ください。
❷お約束の時間に集荷に伺えない場合があります。
❸会場周辺では交通規制や観客の移動等により，時間通りの集荷に伺えなくなる場合があります。詳しくは4ページ目のQ&A「交通規制等のお知らせ」をご参照ください。

物流の抑制について

❶関東以外へのお荷物は，競技会場から離れた拠点からの出荷をご検討ください。
❷定期的に出荷しているお荷物は，大会で混み合う期間を避けての発送をご検討ください。

その他

●作業スペースを確保するなど，待機や附帯作業が発生しないよう，スムーズな積込みのための準備をお願いします。

受取人の皆様にお願いしたいこと

日時指定について

❶ご希望の日時指定通りにお届けできない可能性があります。
❷日時を指定して発注する際は遅延の可能性があることをご理解ください。

集配について

❶通常よりも配達までに日数がかかる可能性がありますので，注文から配達までの日数（リードタイム）に余裕をもって注文をお願いします。
❷受付，荷受可能時間の緩和をお願いします。

物流の抑制について

❶在庫調整をして計画的な荷物発注をお願いします。
❷大会直前の駆け込みでの発注はお控えください。
❸発注ロットやラインナップを工夫していただき，トラックの積載効率が上がるようにご協力をお願いします。

その他

❶荷受けスペースを確保するなど，待機や附帯作業が発生しないようスムーズな荷卸しのための準備をお願いします。
❷できるだけ1回で受取りができるよう，在宅時間の調整や配達サービス（宅配BOX・その他の場所での受取り）もご活用ください。

出所：全日本トラック協会「東京2020大会期間の物流に関するご理解・ご協力のお願い」。

（7）東京2020大会での物流TDMのレガシー

東京2020大会で、オリンピックは令和三年（二〇二一）七月二一日（水）に始まり二三日（金）の開会式を経て八月八日（日）の閉会式まで、そしてパラリンピックは八月二四日（火）の開会式から九月五日（日）の閉会式までにかけて、原則無観客で開催された。交通混雑の回避のためには、開会の約二年前から、多くの企業や市民が物流TDMなどの協力しやすく、かつ自らの配送計画の変更にも役立ててもらうために、インターネットで大会輸送影響度マップが公開されていた。開会式の約二週間前の七月七日からは、スマホ向けの交通混雑解消のための情報提供も、市民や企業等向けに開始された。具体的には、スマホ、WEBサイト、カーナビなどで、①各種交通対策の情報、②関係者輸送ルートや会場周辺の迂回をお願いするエリアの地図の表示、③関係者輸送ルート等を回避したルートの検索・案内のサービスである。そして実際の交通対策は、原則として七月一九日から八月九日と、八月二四日から九月五日まで行われた。

人（選手・関係者、観客）の輸送について、無観客開催ということで、交通混雑の心配が無くなったと考えた人もいたようだが、もともと観客は主に電車などの公共交通機関で会場に向かうことが前提なので、観客の有無が道路交通の混雑に大きく影響することはない。むしろ、新型コロナによる選手や関係者の輸送時のソーシャルディスタンスの確保に加えて、医療関係者用や感染拡大に備えた予備も含め、より多くの車両を必要とする場面もあった。

物流についても、大会物流（大会運営に関係する物流）は、観客の有無にかかわらず存在する。もちろん観客のための物流（開催記念グッズ、土産品、飲料水など）は原則不要となったが、その反対に、新型コロナ対策のために、医療関係者の増員や資機材の補充もあり、かつ三密を避けるために、物流がより複雑で手間がかかるようになった面も多い。

これらの困難を克服して大きな問題もなく開催できたのは、数年間にもわたって綿密に準備をしてきた関係者や物流ＴＤＭをはじめとする交通対策に協力してくださった方々の、ご努力のおかげとしか言いようがない。特に一般物流のＴＤＭに関しては、「２０２０ＴＤＭ推進プロジェクト」に参加していただいた九一〇団体、五万一六八九社・事業所（令和三年〔二〇二一〕七月一四日時点）の皆様をはじめ、「スムーズビズ」に協力いただいた企業の皆様、「物流ＴＤＭ実行協議会の参加企業」の皆様の協力が大きかったと考えている。新型コロナで様々な対応が必要だった時期にもかかわらず、地道に物流ＴＤＭに取り組んでいただいたことは大きな感激でもある。

振り返ってみると、今回の東京２０２０大会の準備と実施を通じて得た物流ＴＤＭの貴重なノウハウは、決して組織委員会や東京都など行政部門に留まることなく、スムーズビズや物流ＴＤＭ実行協議会に参加した多くの市民や民間企業（大規模商業施設、商店街、中小企業、物流事業者など）に広く蓄積されている。ということは、この貴重な物流ＴＤＭのノウハウが、今後の配送の効率化、大型商業施設での物資搬入の円滑化、商店街での交通混乱の回避などに活かされることだろう。こうして物流ＴＤＭのノウハウは、東京２０２０大会の貴重なレガシー（遺産）となり、次世代に引き継がれていくものと信じている。

［参考文献］

(1) 苫瀬博仁「物流における環境負荷削減対策」『生活と環境』No.七四六、（一財）日本環境衛生センター、二〇一八年、一三－一八頁。
(2) 国土交通省「運輸部門における二酸化炭素排出量」、https://www.mlit.go.jp/sogoseisaku/environment/sosei_environment_tk_000007.html。環境省「二酸化炭素排出量」、https://www.env.go.jp/doc/toukei/contents/tbldata/h29/2017-2.html
(3) 外務省「国連SDGs」、https://www.mofa.go.jp/mofaj/gaiko/oda/sdgs/about/index.html
(4) 苫瀬博仁「低炭素化実現のための都市物流政策」『ビオシティ』七三号（特集「パリ協定に向けた世界の都市デザイン」）、ブックエンド、二〇一八年、一〇〇－一〇五頁。
(5) 苫瀬博仁・矢野裕児「市民を兵糧攻めから守る「災害のロジスティクス計画」」『都市計画』二九一号、日本都市計画学会、二〇一一年、八七－九〇頁。
(6) 日本都市計画学会　防災・震災問題研究特別委員会　社会システム再編部会（第三部会）『防災・震災問題研究特別委員会、社会システム再編部会報告書』日本都市計画学会、二〇一二年。
(7) 苫瀬博仁「デジタル化による物流のパラダイムシフト」機関誌『日立総研』Vol.一三－三、日立総合計画研究所、二〇一八年、一六－一九頁。
(8) 苫瀬博仁・渡部幹「大規模災害に備えた緊急支援物資の供給システムの構築」『都市計画』三一八号、日本都市計画学会、二〇一五年、六八－七一頁。
(9) 苫瀬博仁「物流被害と対策と提言（物流調査団）」土木計画学研究委員会『熊本地震報告会』土木学会、二〇一六年五月二九日、https://jsce-ip.org/wp-content/uploads/2019/03/06d1263347a8ec6b0ec9e3d5f5095 6dd.pdf

(10) 苦瀬博仁「ロジスティクスからみた被災地への物資供給と産業復興計画の課題」『運輸と経済』第七二巻第三号、二〇一二年、一五-二二頁。

(11) 苦瀬博仁「第11章 災害のロジスティクス計画―生活物資の補給・備蓄と都市防災計画―」梶・和泉・山本編著『自然災害―減災・防災と復旧・復興への提言―』技報堂出版、二〇一七年、一九五-二一〇頁。

(12) 内閣府 首都直下被害想定、避難者最大約七〇〇万人(うち避難所約四六〇万人、阪神淡路大震災の約三〇倍)、http://www.bousai.go.jp/kohou/kouhoubousai/h25/74/special_01.html。http://www.bousai.go.jp/kaigirep/chuobou/senmon/shutohinan/1/pdf/shiryou_2.pdf

(13) 苦瀬博仁・鈴木奏到編著『物流と都市地域計画』大成出版社、二〇二〇年、三〇二-三〇四頁。

(14) 苦瀬博仁「災害時における緊急支援物資の補給の考え方と対策」『物流問題研究』No.七〇、流通経済大学物流科学研究所、二〇二一年、二三-二八頁。

(15) 苦瀬博仁「首都直下地震でシミュレーション、輸送による救援物資確保は不可能、施設単位での「備蓄」が重要に」日経ムック『物流革命2020』日本経済新聞出版社、二〇一九年、六一-六三頁

(16) 苦瀬・鈴木、前掲書(13)、三一九-三二四頁。

(17) 苦瀬博仁「スポーツイベントと物流TDM」『交通工学』第五四巻四号、交通工学研究会、二〇一九年、五一-五六頁。

(18) 日刊スポーツ「ラグビー競技会場食べ物持ち込み可に、苦情続出方針転換」、二〇一九年九月二三日二〇時四一分配信、https://www.nikkansports.com/sports/rugby/news/201909230000930.html

(19) 苦瀬博仁「東京2020大会の物流の課題とTDM対策」『計画行政』第四三巻第二号、日本計画行政学会、二〇二〇年、三三-三八頁。

(20) 苦瀬博仁「東京2020の物流TDMとロジスティクス改革」『物流展望』二〇一九春号、全国運輸事業研究協議会、

二〇一九年、一〇-一三頁。

(21) 苦博博仁・岡村真理『みんなの知らないロジスティクスの仕組み』白桃書房、二〇一五年、一七-二八頁。

(22) 東京２０２０オリンピック・パラリンピック競技大会　交通輸送技術検討会「東京２０２０大会の交通マネジメントに関する提言」、二〇一九年一二月、https://www.2020games.metro.tokyo.lg.jp/123d1190a7e6b8a4b35d4f6617e50021.pdf

(23) 東京都オリンピック・パラリンピック準備局　スムーズビズ、https://smooth-biz.metro.tokyo.lg.jp/https://smooth-biz.metro.tokyo.lg.jp/data/event191118-00.pdf

(24) 東京都　２０２０物流ＴＤＭ実行協議会、https://tdm-logi-2020.tokyo/

第8章

令和時代に始まるソーシャル・ロジスティクス

8・1　パラダイムシフトによるロジスティクスの変化

(1) パラダイムシフトとは何か

パラダイムシフトとは、「大きな社会変化や技術革新などでの出来事によって、人々の行動様式や価値観などの社会の枠組みが劇的に転換すること」である。

歴史を振り返ってみても、江戸時代の廻船航路開発をはじめ、戦争や自然災害、さらには産業革命や情報化などが起きるたびに、行動様式や価値観が変わることでパラダイムシフトが起きて、ひいてはロジスティクスのあり方も変わってきた。

令和時代が始まって三年目の現在、三つの点で劇的な転換（パラダイムシフト）が起きている。すなわち、第一にデジタル化の進展、第二に新型コロナウイルス感染症（以下、新型コロナ）、第三に平成時代から託された課題（人材育成、少子高齢化、環境、防災対策など）である（図表8－1）。

(2) デジタル化によるパラダイムシフト

第一は、デジタル化の進展によるパラダイムシフトである。

デジタル化の歴史を振り返ってみると、平成七年（一九九五）にウィンドウズ95が発売され、本格的な情報化時代に突入した。日常生活においても、インターネットによる商品の発注が容易になったことで、オフィスへの日用品の宅配、住宅への食料品や衣料品の宅配などが当たり前になった。これとともに、小さな貨物（三〇キログラム以下）を運ぶ宅配便や宅配事業も急成長していった。

　現代の便利で快適な日常生活は、「自らは移動せずに、商品を届けてもらうサービス」に支えられている。これは、従来の買い物に出かけて自ら持ち帰るという「人の交通から、

図表 8-1　パラダイムシフトとソーシャル・ロジスティクス

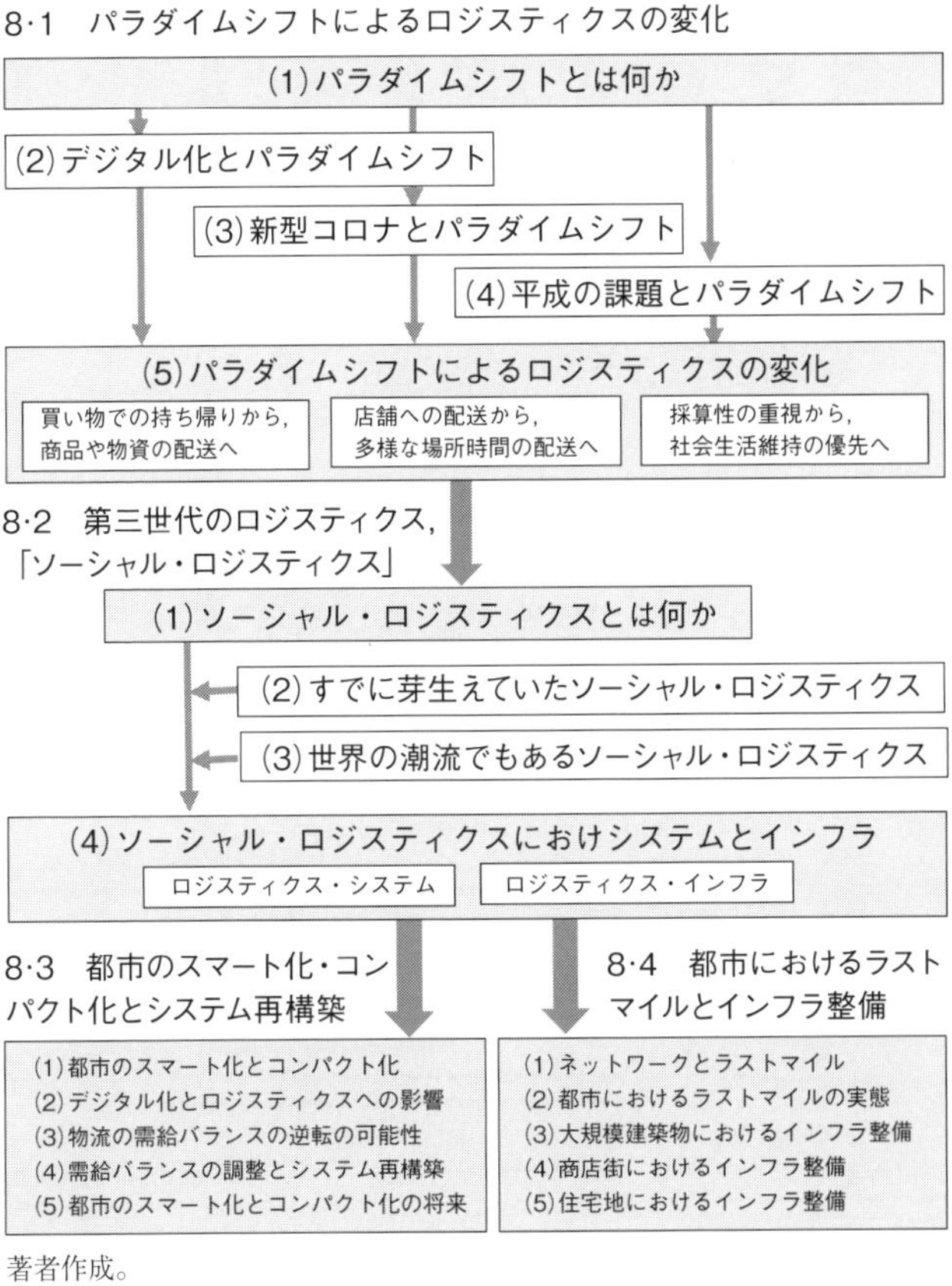

著者作成。

配送という物の輸送への転換（パラダイムシフト）」である。このことは、ロジスティクスの重要性がより高まっていることでもある[1]（図表8－1、図表8－2）。

近年、情報化やデジタル化とともに、DX（デジタル・トランスフォーメーション）という用語が頻繁に使用されている。経済産業省のホームページによれば、「DXとは、データとデジタル技術を活用して、顧客や社会のニーズをもとに、製品やサービス、ビジネスモデルを変革するとともに、業務そのものや、組織、プロセス、企業文化・風土を変革し、競争上の優位性を確立すること」ということである[2]。

令和三年（二〇二一）六月に閣議決定された第七次の総合物流施策大綱においても、物流DXを「機械化・デジタル化を通じて物流のこれまでのあり方を変革すること」として、「物流DXにより、他産業に対する物流の優位性を高めるとともに、我が国産業の国際競争力の強化につなげる）」と記している。このために、「サプライチェーン全体で機械化・デジタル化により、情報・コスト等を見える化、作業プロセスを単純化・定常化」を目指すとともに、「物流における標準化（ソフト、プロセス、ハードの標準化）を進める」としている。そして、輸送においては自動

図表 8-2　人の交通から，物の輸送への変化

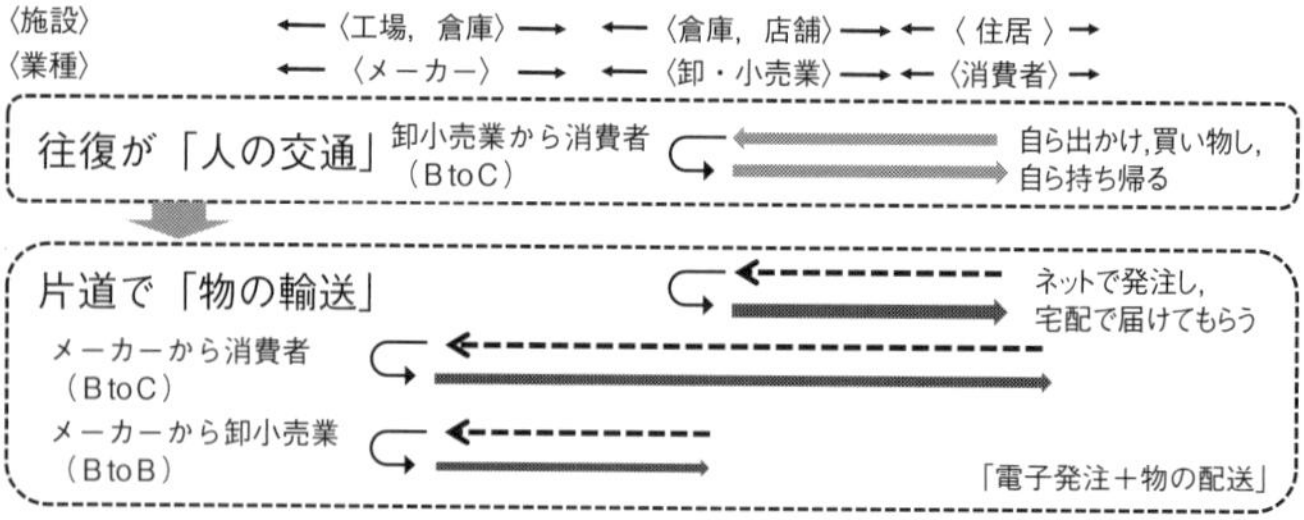

著者作成。

運転や配送ロボットやドローンなど、また保管においては倉庫内の自動化や荷役ロボットなど、DXをはじめとするデジタル技術は、ロジスティクスに必須の技術になると考えられている(3)。

(3) 新型コロナウイルス感染症によるパラダイムシフト

第二は、新型コロナウイルス感染症（以下、新型コロナ）によるパラダイムシフトである。

令和元年（二〇一九）一二月に中国武漢市を中心に発生したとされている新型コロナは、短期間のうちに世界に広まった。令和三年（二〇二一）七月一四日現在で、世界の感染者数は一億八七七五万人、死者は四〇四万人となっている。

日本でも、令和二年（二〇二〇）二月に横浜港に着岸したクルーズ船で感染者が発見され大きな話題となった。世界各国に比較すれば感染者が少ないとされているが、厚生労働省の発表によれば、令和三年（二〇二一）七月一四日現在で、国内での累計の陽性者数は八一万六八一八人、死亡者は一万四九六六人、退院または療養解除となった者は七八万六七六五人となっている(4)。

新型コロナによる生活様式の変化は、都市の三つの空間（住む、働く・学ぶ、憩う・楽しむ）と、これらを結ぶ交通（人の交通、物の交通）において、現れている（図表8-3、図表8-4）。

「住む（第一空間）」では、以前からネット通販による書籍や日用品の配送が増えていたが、新型コロナの発生により外出自粛やテレワークが増えたため、都心の商店や飲食店の売り上げが減少し、その分住宅地での販売や食料品の配送が増加した。令和二年（二〇二〇）五月には、宅配便が約二〇パーセント増加

図表 8-3　都市の３つの空間と移動

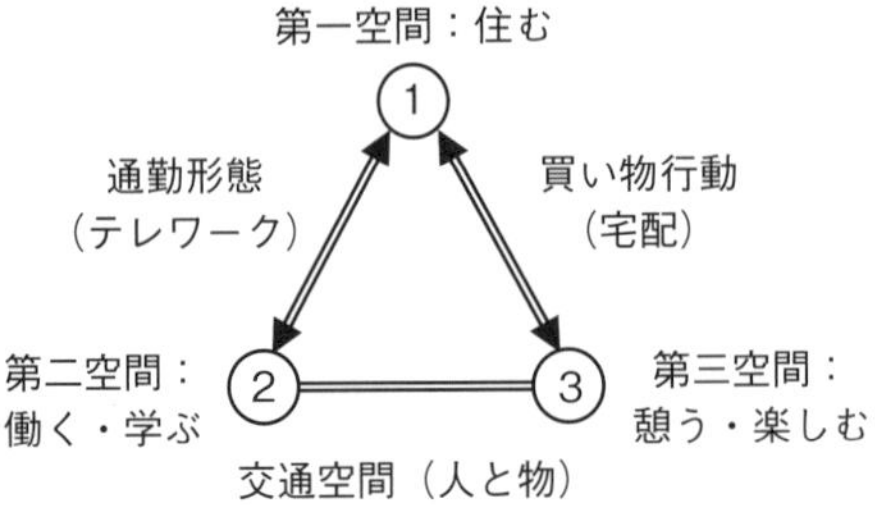

著者作成。

図表 8-4　新型コロナ感染症による生活様式の変化

第一空間：住む→「居住空間での，配送需要の増加」

① 住宅市街地での貨物用の駐車荷さばき施設の整備
② 商品特性（重量，鮮度等）による受け取り多様化（置き配，ボックス等）

第二空間：働く・学ぶ→「テレワークによる，配送先の変化」

① テレワーク（在宅，サテライト等）による，都心の配送需要の減少
② 働く場の分散による，配送需要の分散化と長距離化

第三空間：憩う・楽しむ→「買い物交通に代わり，配送の増加」

① 消費者が運ぶ買い物に代わりに，配送と買い物代行の増加
② 外出自粛の定着次第で，配送先の需要も変化
（B2B から B2C。Door to Door から Room to Room の時代へ）

移動空間：交通（人）→「時差通勤とテレワークで，交通の変化」

① ３密（密集，密接，密閉）回避のための，交通量の減少と平準化の定着
② 道路交通の混雑減少と，鉄道ダイヤ変更や貨客混載の試行

移動空間：交通（物）→「人手不足と駐車・受取りの深刻化」

① スーパーや飲食店による，配送と買い物代行の増加
② 商品特性による配送方法や受け取り方の多様化
③ 配送増加による，駐車・荷さばきの場所不足の深刻化
④ 供給不足（人手，車両等）の深刻化で，配送サービス水準の見直し

著者作成。

し、食料品などを宅配する生協の配送量が約一七パーセント増加した。そして、フードデリバリー（インターネットで注文し、店舗以外の人が出前の代行をする）という新しい業態も大きく成長した。

この背景には、「働く・学ぶ（第二空間）」での、テレワークや大学のリモート授業もあって、都心のオフィスや大学に届けられる商品や物資が減ったことがある。また、「憩う・楽しむ（第三空間）」でも、外出自粛と営業自粛により商業施設や飲食店の売り上げが減少し、家庭での飲食（家飲み）が増えたことがあげられる。

この結果、人の交通では、通勤交通が減少するとともに、買い物交通も減り、新幹線や航空などを利用する出張も大幅に減少している。この一方で、物の輸送では、住宅地に近い店舗への配送が増加している。また、サプライチェーンについては、住宅建材の輸入中止で建設中断もあったようだが、個人的な体験ではプリンタのトナーカートリッジが東南アジアの生産国から輸入できず、国内で在庫切れという経験もした。

これらの生活様式の変化を日常生活の視点から一言でまとめるならば、「通勤・レジャーから、テレワーク・外出自粛への転換（パラダイムシフト）」とすることができるだろう。そして、「この転換が一過性で、新型コロナ終息後に元の状態に戻るのか」、それとも「このうちの何割かが、コロナ後も定着するのか」、判断の分かれるところである。しかし、通学は元に戻ったとしても、通勤については一部でテレワークが定着する業種業態もあるだろうし、ビジネスでの出張も以前のような水準に戻ることは難しいかもしれない。(5)

(4) 平成時代から託された課題とパラダイムシフト

第三は、本書の第6章で記した平成時代の課題(人材育成、少子高齢化、災害対策)や、第7章で示した環境負荷削減問題によるパラダイムシフトである。

人材育成については、いまだにロジスティクス教育を専門とする大学は少ない現状にある。人手不足については、流通センターや配送の業務が、ギグワーカー(雇用契約が無く短時間だけ働く人)や労働時間の制約が無い個人事業主などに支えられているが、今後も人手不足は続くと思われる。少子高齢化については、買い物弱者(食料品や日用品など生活必需品の買い物が困難な人)が増加し、スーパーによる配送や買い物代行が増えている。

また第7章で取り上げている環境負荷削減対策や災害時の緊急支援物資の供給対策は、令和時代においても相変わらずロジスティクスの重要な課題となっている。

これらの課題は、環境少子高齢化対策における「配送料無料から、配送料支払いへ」、環境負荷削減対策における「経済的価値の優先から、社会的価値の優先へ」、防災対策における「在庫削減から備蓄優先へ」などのように、生活様式や価値観の転換(パラダイムシフト)が起きている。

(5) パラダイムシフトによるロジスティクスの変化

三つ(デジタル化、新型コロナ、平成からの課題)によるパラダイムシフトにより、ロジスティクスも変化している。この変化については、以下のように整理することができる。

第一のデジタル化によるロジスティクスの変化は、「買い物交通による持ち帰りから、商品や物資の配送への変化」である。米国では、数年前に「No Parking No Business の時代から、No Delivery No Business の時代へ」と言われていたそうである。従来は、大規模な駐車場のある郊外型の大型ショッピングセンターに集客して商品を販売し持ち帰ってもらうビジネスだったが、これからはネット通販による配送や買い物代行がビジネスの主流になることを示唆している。日本においても、似たような現象が起きている。たとえば、書籍の購入では、以前は本屋さんに出かけ、好みの本を選びながら購入して家に持ち帰っていたが、今では自宅にいながらネット通販で発注して、家に配送してもらう人が増えている(6)。

第二の新型コロナによるロジスティクスの変化は、「店舗などへの配送から、多様な最終消費場所への時間指定での配送への変化」である。たとえば、従来は店舗配送ということで、箱単位の商品を決められたルートで配送していた。しかし、新型コロナによる三密（密閉、密集、密接）回避のためのテレワークや外出自粛により、配送先が店舗から住宅へと変わることで、配送単位も箱（ケース）単位から少量の個（ピース）単位になり、しかも最終消費場所への配送となることで、場所や時刻も多様になっている(7)。

第三の平成時代から託された課題によるロジスティクスの変化は、「採算性の重視から、社会生活維持の優先への変化」である。すでに第7章で示したように、環境負荷削減対策や災害対策は、企業のビジネスにおける経済的価値（採算性の確保やコスト削減など）の向上だけでは解決にも限界がある。むしろ、社会福祉や人道上の役割も含めて、政府、自治体、企業、市民などの協力が不可欠である。

8・2　第三世代のロジスティクス、「ソーシャル・ロジスティクス」

(1) ソーシャル・ロジスティクスとは何か

令和の時代にパラダイムシフトが起きてロジスティクスも変化することにより、ロジスティクスの新しい概念（第三世代のロジスティクス）が生まれつつある。

ロジスティクス（兵站）の第一世代は、その起源でもある「ミリタリー・ロジスティクス（Military Logistics）」である。このロジスティクスは軍事目的なので、予算計画などはあるものの採算を度外視する面もあり、軍事的価値を最優先にしている（図表8-5）。

第二世代は、次に続いた「ビジネス・ロジスティクス（Business Logistics）」である。ここでは、ビジネスとしての成立が最優先だからこそ、ライバルとの競争に勝つために、サービスレベル（多頻度小口配送、時間指定など）を高めて顧客満足度を向上させるとともに、ロジスティクスの経済的価値（採算性、コスト削減など）を追求している。

第三世代のロジスティクスは、令和時代のパラダイムシフトにより登場が期待される新たなロジスティクスであり、本書では「ソーシャル・ロジスティクス（Social Logistics）」とする。このソーシャル・ロジスティクスとは、「消費者を含む民間部門（荷主と物流事業者）による物流の需給バランスの再構築と、公共部門によるインフラの整備によって、社会的価値（社会全体の利益向上、社会貢献など）の向上を目指すロジスティクス」である（図表8－6）。

このとき、ソーシャル・ロジスティクスは、社会的価値と経済的価値の両立が極めて重要である。なぜならば、社会的価値の向上を目指すロジスティクスだからこそ、災害時のような有事のときには、人命救助や緊急支援物資の輸送のように、採算性（経済的価値）を度外視してでも、社会貢献（社会的価値）のために実施しなければならないこともある。しかし一方では、平時における高齢者や買い物弱者への配送など（社会的価値）では、事業を継続させていくために、多少のサービスの低下や費用負担を含め採算性（経済的価値）を確保しなければならないからである。

図表 8-5　3つのロジスティクスの特徴

第一世代，ミリタリー・ロジスティクス
目標：軍事的価値の最大化
担当：国家，政府，軍隊等
活動：統制
（補給・輸送，整備・回収，建設，衛生，役務・労務）

第二世代，ビジネス・ロジスティクス
目標：経済的価値の最大化
（コスト削減，付加価値の向上）
担当：荷主（製造業，卸小売業），物流専業者等
活動：効率化
（受発注，調達・生産・販売，輸送・保管）

第三世代，ソーシャル・ロジスティクス
目標：社会的価値の最大化
（需給バランスの調整，インフラの整備）
担当：市民・企業（荷主・事業者），公共部門
活動：管理と分担，社会基盤の安定化
（サービス水準と費用負担の適正化，施設制度の整備）

著者作成。

（2）すでに芽生えていた我が国のソーシャル・ロジスティクス

ソーシャル・ロジスティクスという用語は耳慣れないが、実はその生い立ちは二〇年ほど遡ることになる。

平成一〇年（一九九八）に開かれた日本物流学会の第一五回全国大会の統一テーマは、「ソーシャル・ロジスティクスの課題」だった。学会としてソーシャル・ロジスティクスという用語を使用したのは、このときが初めてだったように思う。その趣旨としては、企業利益を追求するビジネス・ロジスティクスとは一線を画して、「公共部門が、市民や企業などを含む社会全体の利益の向上を目指し、ひいては社会に貢献するロジスティクス」だったように思う[8]。

平成一一年（一九九九）三月には、先の学会の全国大会を受けて、ソーシャル・ロジスティクスに関する論文が、日本物流学会誌において発表されている。

ここでは「ソーシャル・ロジスティクスの計画と評価」として、その基本的な考え方について、「国が主導する物流改革のビジョンあるいは道路計画の策定などは、そのプロセスを見れば、まさにシステム設計そのものである。

図表 8-6　ソーシャル・ロジスティクスの定義と内容

定義：荷主（市民，企業）と物流事業者による
サービスと料金の適正化による需給バランの調整と，
公共部門による
ロジスティクスのインフラ（施設・技術・制度）整備により，
社会全体の利益向上と社会貢献を目指すロジスティクス

内容：①ロジスティクスに需給バランスの調整（ソフト対策）（8·3）
②ロジスティクスのインフラの施設整備（ハード対策）（8·4）

著者作成。

そしてこれらは、公の立場ではあっても企業のロジスティクス活動を支援し、最終的には人々の生活を助けようという目的をもっている。日頃、われわれが主として論じている対象をビジネス・ロジスティクスというなら、このような公的部門主導のシステムをソーシャル・ロジスティクスということができる。」と記されている[9]。

この時期のソーシャル・ロジスティクスは、「効率化の実現（経済的価値の向上）するビジネス・ロジスティクスのために、インフラ（施設、技術、制度）の整備を含めて公共部門が主導するソーシャル・ロジスティクス」という概念だったように思う。この一方で、近年は、「事業継続のための経済的価値を重視するが、原則として社会的価値の向上を目指すソーシャル・ロジスティクス」という概念も加わっていると考えて良いだろう。ただし両者とも、社会的価値や公共を意識している点では共通している[10][11]。

我が国の学会や一部の企業において、ソーシャル・ロジスティクスという用語は、少しずつ範囲を広げていった。たとえば、環境負荷削減や公害防止などの「企業や市民を含めて環境問題解決のロジスティクス」、災害時の緊急支援物資の補給など「有事における人々の救助救援に関わるロジスティクス」、ロジスティクス活動を支える都市計画や道路計画など「社会基盤としてのロジスティクスのためのインフラ整備」などである。ただし、平成の時代において、広く社会に定着するまでには至らなかった。

（3）世界の潮流でもあるソーシャル・ロジスティクス

世界に目を転じてみると、海外の文献では、ソーシャル・ロジスティクスという用語はあまり見かけない。しかし、社会福祉（Social Welfare＝社会的弱者への援助）や、社会資本（Social Capital＝道路や学校・病院など産業や生活の基盤となる公共施設）という言葉もあり、ＳＮＳ（Social Networking Service＝インターネットを利用した個人間のネットワーク）もあるのだから、あっても良さそうな気がしないでもない。

似たような概念としては、環境保護に重点を置いたサステナブル・ロジスティクス（Sustainable Logistics＝持続可能なロジスティクス）や、飢餓・災害支援を念頭に置いているヒューマニタリアン・ロジスティクス（Humanitarian Logistics＝人道主義的なロジスティクス）という用語もある。また、シームレス・ロジスティクス（Seamless Logistics＝継ぎ目が無く円滑なロジスティクス）は、企業間や国際間でのロジスティクスにおいて、通関や荷役などの円滑化について話題になることが多かった。さらには、環境負荷削減を意図したグリーン・ロジスティクス（Green Logistics）や、資

図表8-7　サステナブル・ロジスティクスの範囲

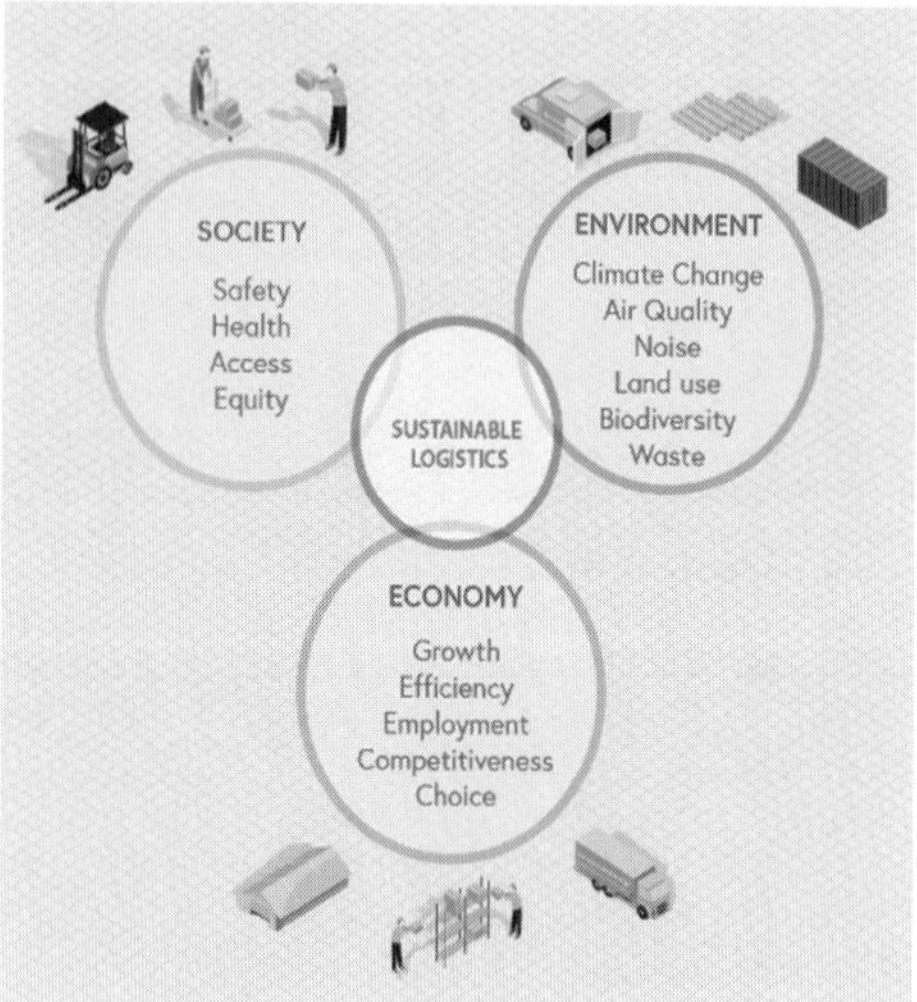

出所：Coventry University, ttps://www.futurelearn.com/info/courses/sustainability-and-green-logistics-an-introduction/0/steps/60174

源回収を意味するリバース・ロジスティクス（Reverse Logistics）などの用語もある[12][13][14]（図表8-7）。

国連は、平成二七年（二〇一五）に「持続可能な開発目標（ＳＤＧｓ：Sustainable Development Goals）」を提唱した。ここでは、地球上の「誰一人取り残さない（leave no one behind）」という趣旨での一七のゴールについては、サステナブルやヒューマニタリアンのロジスティクスに近い面もある。また、近年は、環境対策や社会貢献に熱心な企業ほど成長するとして、ＥＳＧ投資（環境＝Environment、社会＝Social、ガバナンス＝Governanceを考慮した投資）が注目されている（前出7・1参照）。

このように考えてみると、社会的価値を高めるというソーシャル・ロジスティクスの趣旨は、名前や表現は異なったとしても、世界の潮流となっている。

（4）ロジスティクスにおけるシステムとインフラ

ソーシャル・ロジスティクスが、公共部門のインフラ整備を含むという点を踏まえるならば、ロジスティクスのシステムとインフラ（インフラストラクチャー：Infrastructure）の考え方を整理しておく必要があるだろう。

ロジスティクス・システムは、「発注・受注・出荷・入荷」のプロセスにおいて、商流（商取引流通）と物流（物的流通）で構成されている。このとき、商流においては、発注と受注を結ぶ「受発注システム」がある。また、物流においては、受注から出荷までの「生産在庫システム」と、出荷から入荷までの「輸配送システム」がある（図表8-8）。

図表 8-8　ロジスティクスのシステムとインフラ

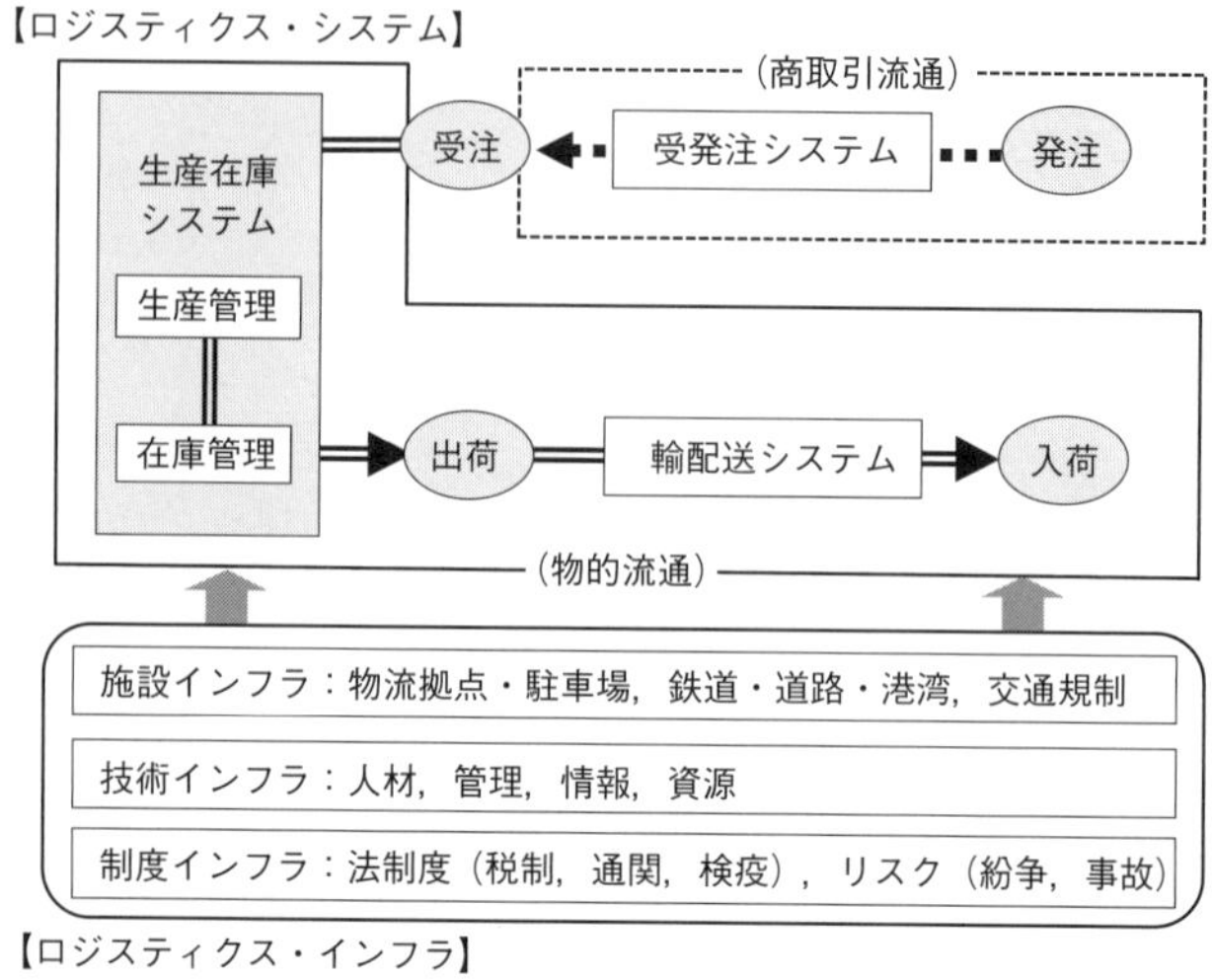

著者作成。

図表 8-9　ロジスティクスのシステムとインフラの内容

ロジスティクス・システム		
1) 商流	受発注システム	物資の品目・数量・納期などの受発注内容を管理する
2) 物流	倉庫管理システム	倉庫全体の作業(在庫,入出荷,作業など)を管理する (在庫管理)保管物資の,数量・品質・位置を管理する (作業管理)保管・流通加工・包装のときの作業を管理する
	貨物管理システム	輸送中の物資の,数量・品質・位置を管理する
	輸送管理システム	物資を輸送する貨物自動車の,位置や走行状況を管理する
ロジスティクス・インフラ		
1) 施設	ノード(物流施設)	工場,港湾,空港,流通センター,店舗,オフィス,住宅など
	リンク(交通路)	道路,鉄道,航路,航空路など
	モード(輸送手段)	貨物自動車,貨車,船舶,航空機,台車,自転車など
2) 技術	人材	(公共)行政・手続き遂行,公平性,法令遵守など (民間)品質管理技術,改善意識,機密保持など
	管理	輸送管理・貨物管理技術,パレット利用,冷蔵・冷凍技術など
	情報	通信機器,伝票ラベル,標準化・規格化・共有化,ルールなど
	資源	電力,電話,上下水・工業用水,燃料など
3) 制度	法律	規制と許可の基準,通関・検査・検疫システム,金融税制など
	慣習・慣行	宗教上の慣習,労働慣行,損害補償システム,契約履行など

著者作成。

ロジスティクス・インフラとは、ロジスティクス・システムが円滑かつ効率的に運用できるように、公共部門が整備する基盤である。このロジスティクス・インフラには、「施設インフラ（道路や港湾の整備状況）」、「技術インフラ（情報システム、品質管理技術など）」、「制度インフラ（規制、通関手続きなど）」の三つがある（図表8－9）。

ソーシャル・ロジスティクスが公共部門の役割も含むのであれば、その将来についても、ロジスティクス・システムの再構築と、ロジスティクス・インフラの整備という二つを考える必要がある。

そこで次節からは、日常生活に身近な都市を対象に、都市のスマート化・コンパクト化を実現するためのロジスティクス・システムの再構築（8・3）と、都市におけるラストマイルにおける施設インフラの整備（8・4）という視点から、ソーシャル・ロジスティクスの将来を考えてみることにする。

8・3　都市のスマート化・コンパクト化とシステム再構築

(1)　都市のスマート化とコンパクト化

令和時代になって、デジタル化による「都市のスマート化」と、人口減少社会を意識した「都市のコンパクト化」が注目されている。

都市のスマート化とは、「ICT等の新技術を活用して、都市をマネジメント（計画・整備・管理・運営）

すること」である。そして、スマートシティとは、「都市の抱える諸課題に対して、ICT等の新技術を活用しつつ、マネジメント（計画、整備、管理・運営等）が行われ、全体最適化が図られる持続可能な都市または地区」である。このうち、買い物行動と物流の関係に着目すると、すでに述べたようにスマート化の進展により、消費者が自ら買い物に出かけずにネット通販などを利用することで、商品の配送需要が増加・拡大している[15]（図表8-10）。

都市のコンパクト化とは、「住居や勤務地を都心に集積させることで、都市の市街地そのものを小さくまとめること」である。コンパクト化のメリットとして、人の移動距離と物の輸送距離の短縮や、道路や供給ネットワーク（水道、ガス、電気など）のインフラの整備費用の削減ができ、行政サービスの効率化も可能となる。この一方で、デメリットとしては、都心型居住に画一化され、居住地が集中することで、災害のリスクが高まることもある[16]（図表8-11）。

（2）デジタル化によるロジスティクスへの影響

デジタル化の進展にともない、ロジスティクスにおいて、商流における受発注の多様化や即時化と、物流における作業の省力化や短時間化が進んでいる。このとき象徴的な変化が、リードタイムの短縮と代替・相乗効果である[17]。

リードタイムとは、「商品の発注から受取り（入荷）までの時間」であり、三つの段階（①受発注時間、②生産在庫作業時間、③輸配送時間）で構成されている。そして、デジタル化の影響は段階ごとに異なる。

図表8-10　スマートシティの概念

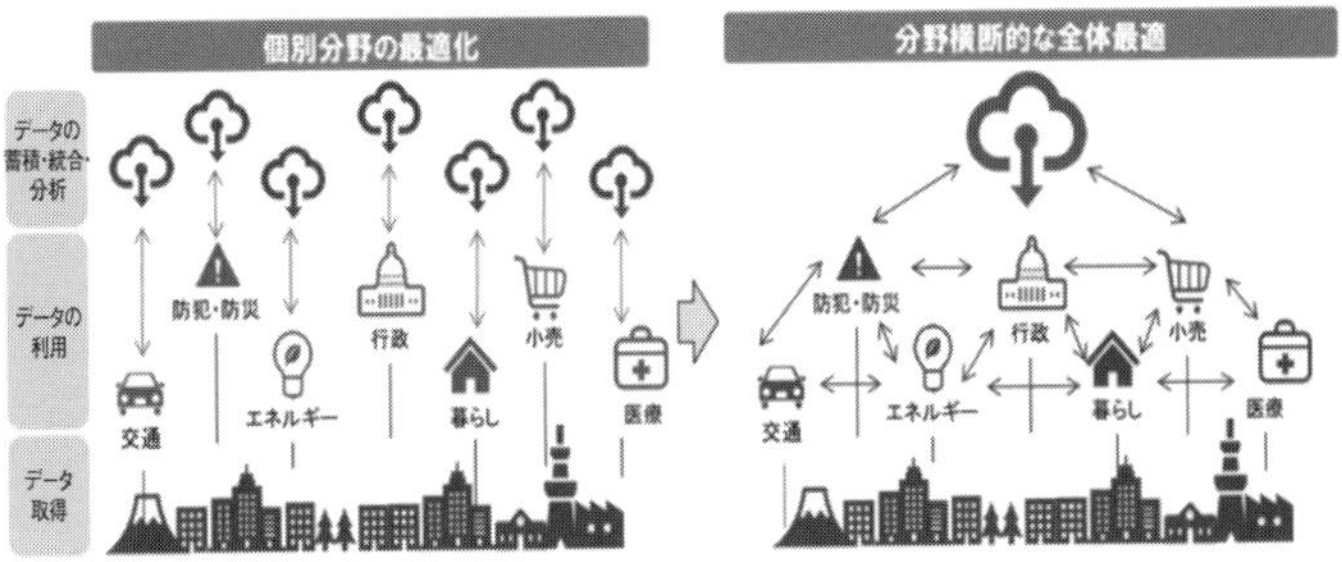

出所：国土交通省，https://www.mlit.go.jp/common/001249775.pdf
https://www.mlit.go.jp/toshi/tosiko/toshi_tosiko_tk_000040.html

図表8-11　コンパクトシティ＋ネットワークの概念

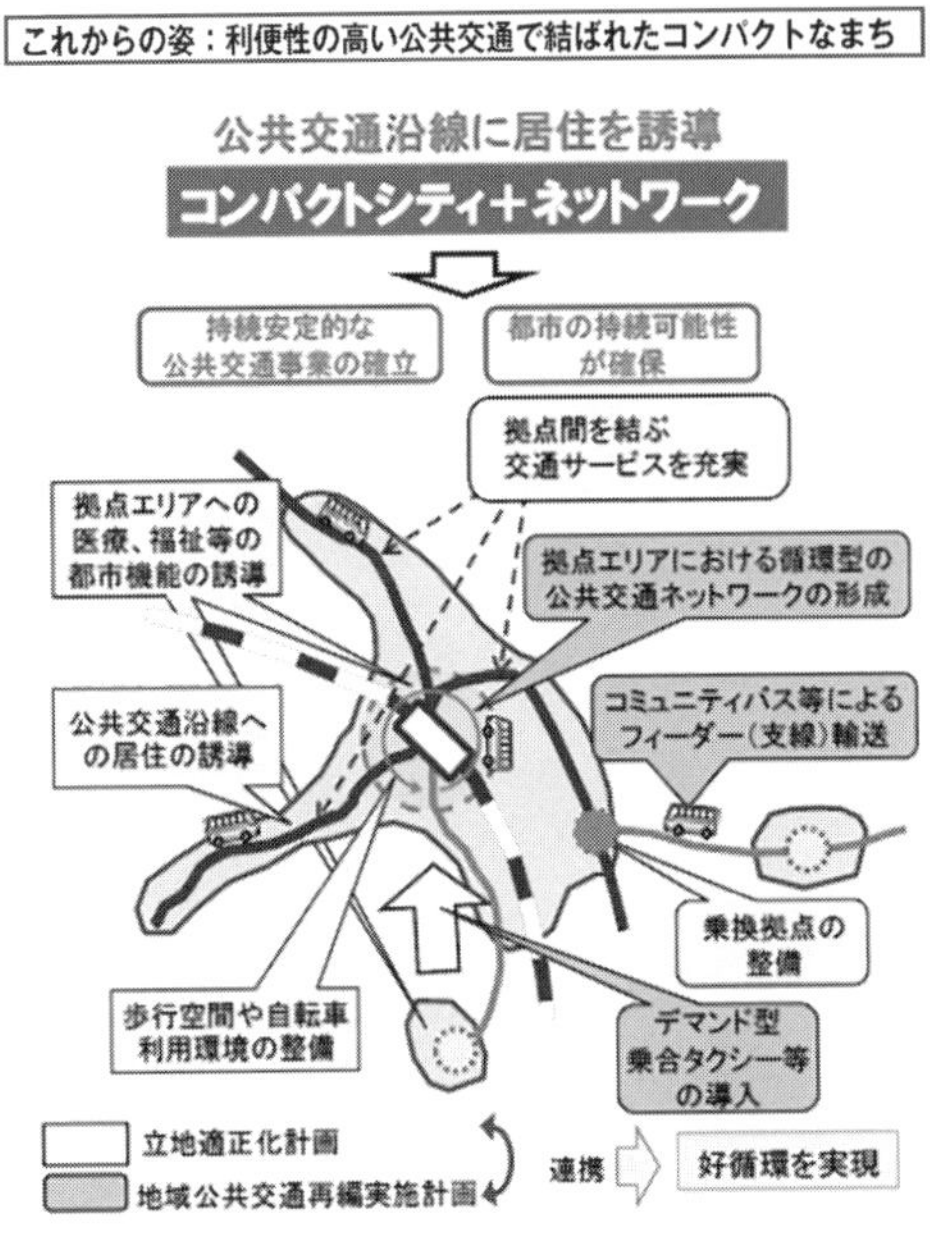

出所：国土交通省

たとえば通信販売で考えてみると、受発注時間（①）は、郵便や電話で注文した時代からインターネットを利用する時代となって、日単位や分単位の受発注時間が、秒単位へと大幅に短縮された。次に生産在庫作業時間（②）は、人手による商品の取り出しから、自動倉庫での商品のピッキング（取り出し）や包装の自動化などもあって、受発注ほどではないが作業時間が短縮してきた。しかし輸配送時間（③）は、運行管理や貨物追跡管理により効率化が進んだものの、物理的かつ空間的な移動をともなうことから大幅な時間短縮は期待できない（図表8-12）。

つまり、デジタル化が進展するほど、受発注情報システムの発達に、物流情報システム（生産在庫、輸配送の情報システム）が追い付けない可能性が高い。これは、受発注情報システムによる物流活動の増加（相乗効果）と、物流情報システムによる物流活動の減少（代替効果）を比較したとき、相乗効果が代替効果を上回ることでもある。近年においても、DXやAIなどで、物流における作業の省力化や短時間化（先の②生産在庫と③輸配送）が進められているが、商流（①受発注）の高速化と多様化に追いつ

図表 8-12　デジタル化によるリードタイム短縮効果

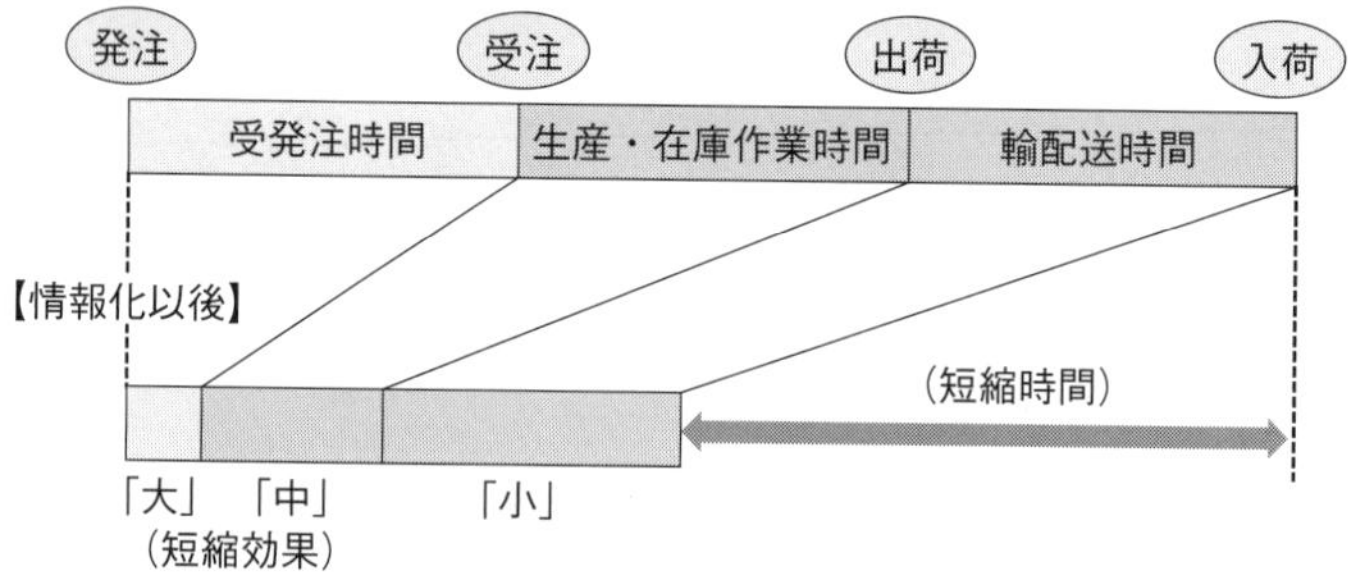

著者作成。

くまでには至っていない（図表8－13）。

(3) 物流における需給バランスの逆転の可能性

近年の人手不足や再配達問題などの物流危機の背景には、デジタル化による受発注情報システムの進歩による物流量の増加と業務の複雑化に対して、在庫処理や輸配送業務が追いつけていない面がある。

本格的なデジタル化以前であれば、「物流需要量（例、配送してほしい量）よりも、物流供給量（例、配送可能な量）が多い状態」であり、多くの運転手・作業員、車両などにより十分な物流供給量を確保できていた。このため、多頻度小口配送や時間帯指定などのサービスが可能となり、宅配便での再配達や届け先の変更にも応じることができた。

しかし、物流需要量が増加する一方で、人手不足に代表されるように物流供給量は減少傾向にある。こうなると、「物流需要量（例、配送してほしい量）に比べて、物流供給量（例、配送可能な量）が少ない状態」となって需給バランスが逆転し、「貨

図表 8-13　デジタル化による情報の代替・相乗効果

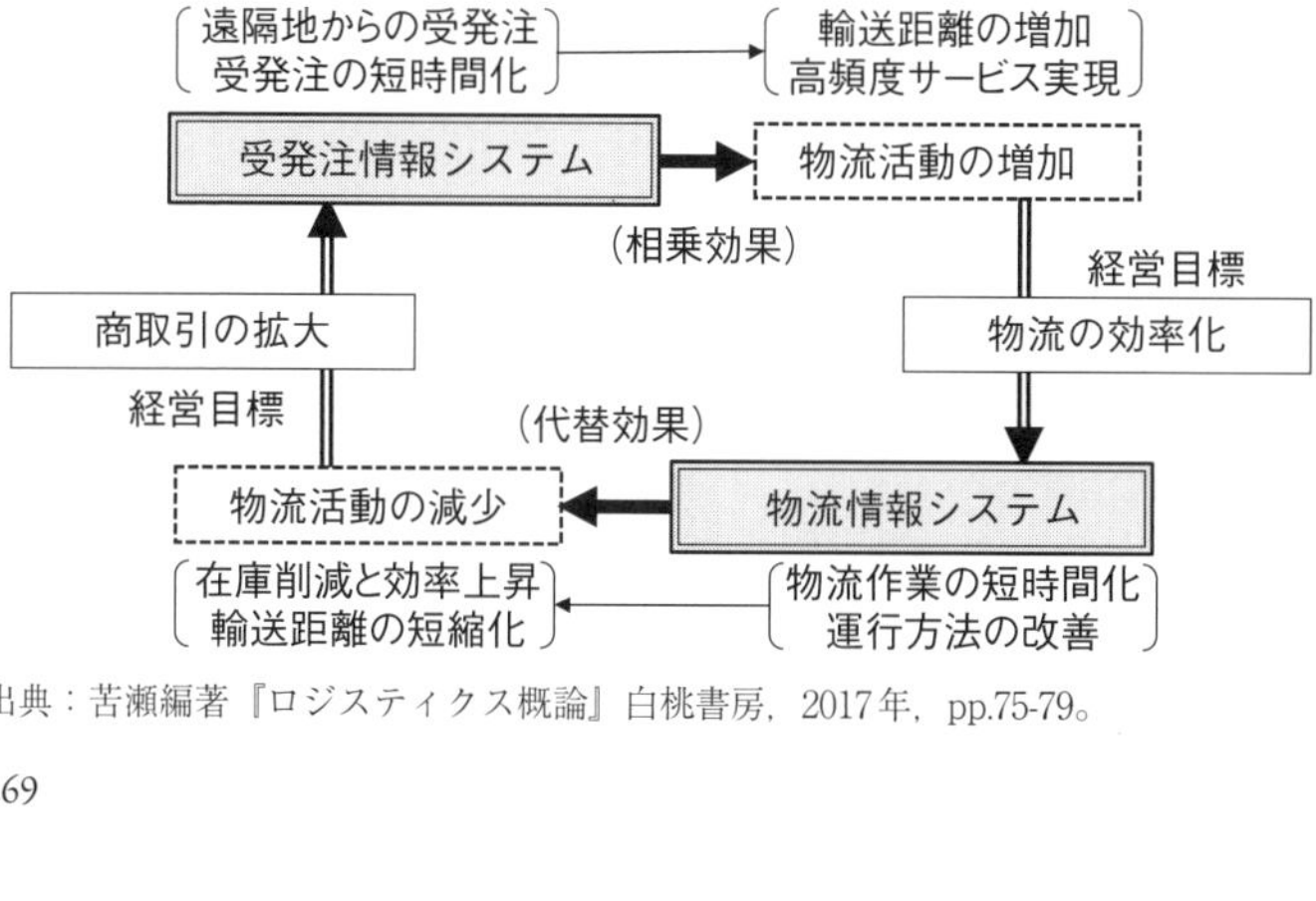

出典：苦瀬編著『ロジスティクス概論』白桃書房，2017年，pp.75-79。

物はあるが運べない状況」が生じてしまう。最近でも、人手不足によりお歳暮が届かない事態が起きたり、年度末の引っ越しが難しいこともあった。

もしも物流の需給バランスの逆転が日常的に起きるようであれば、商品や物資が届かずに、日常生活や商品販売などが維持できなくなる可能性さえある。このような事態を避けて、エッセンシャルワーク（日常生活に必須の仕事）としてのロジスティクスや物流を維持するためには、ロジスティクス・システムにおける需給バランスを再構築する必要がある。

（4）需給バランスの調整によるシステム再構築

物流の需給バランスを調整しロジスティクス・システムを再構築する方法には、物流需要量を減少させるための「物流システムの柔軟化」と、物流供給量を維持するための「サービスレベルや料金の適正化」がある[18]（図表8-14、図表8-15）。

第一の「物流システムの柔軟化」とは、「物流を分ける・減らす・換える」という視点から、物流需要量を削減するものである。従来のビジネス・ロジスティクスでは顧客第一主義のために、配送先（顧客、着荷主など）の希望する場所や日時に届けることが最優先であり、ネット通販では翌日配送も再配達も無料という状態も多かった。このとき、顧客へのサービスレベルを維持できる範囲で物流の効率化が可能であれば問題はない。しかし、効率化が不十分で物流需要量が物流供給量を上回るような場合には、サービスレベルを変えながら物流の需給バランスを調整する必要がある。たとえば、人手不足ならば配送する量

図表 8-14　物流の需給バランスの変化

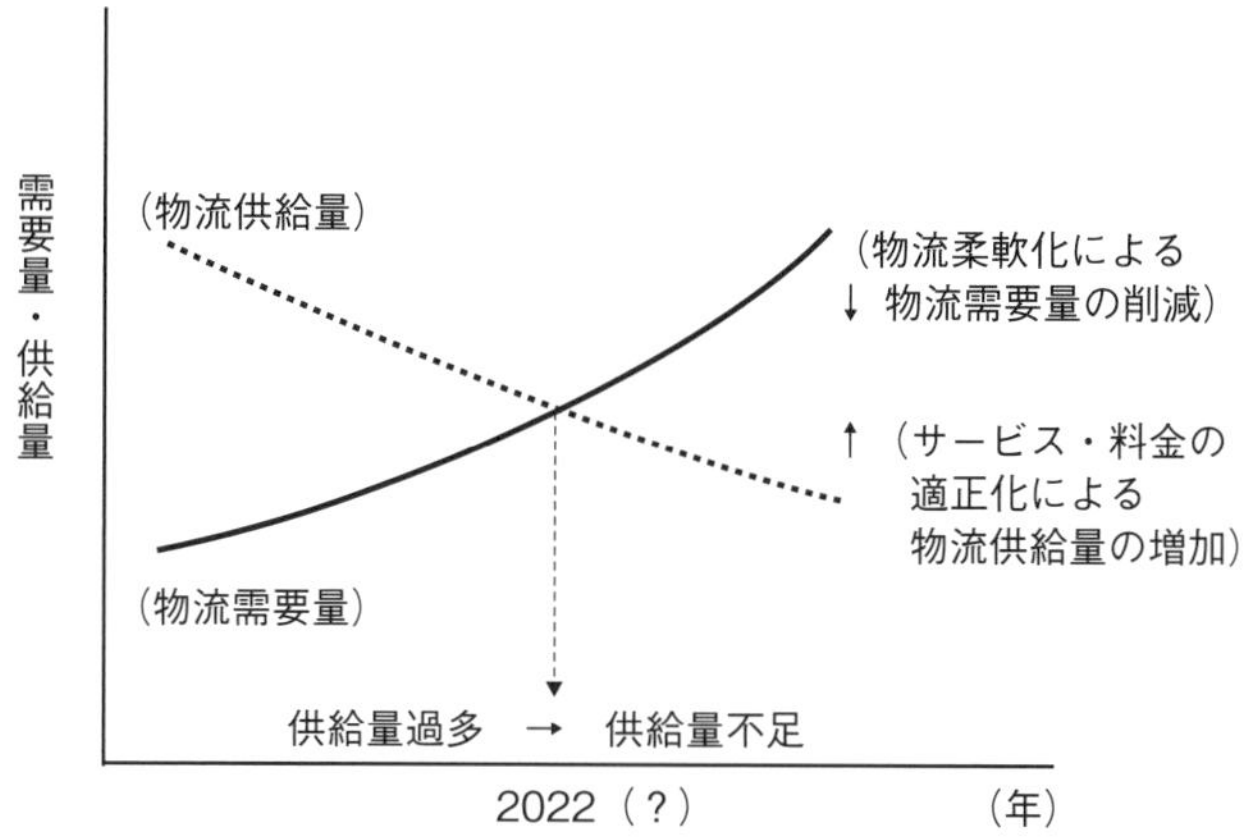

著者作成。

図表 8-15　物流の需給バランスの再構築

「物流需要量の削減」のための「物流システムの柔軟化」

①　物流の分散（分ける：空間，時間，手段の多様化）
　　例，宅配ボックス，コンビニ，置き配など）
②　物流の削減（減らす：量，個数，回数の削減）
　　例，駐停車・荷さばき・仕分け方法の自動化，配送ロットの変更
③　物流の転換（換える：手段，経路，施設，担当の変更）
　　例，配送ロボット，最短経路設定，荷さばき施設整備，共同荷さばき

「物流供給量の増加」のための「サービスレベル・料金の適正化」

①　サービスの限定（限る：商品，地域，曜日の限定）
　　例，販売商品の限定，配送エリアの限定，販売・配送品の限定
②　サービスの抑制（抑える：低頻度化，リードタイム長時間化）
　　例，配送頻度の削減，翌々日配送，受注締切りの前倒し
③　費用の負担（負担する：受益者負担，会費制度，自治体補助）
　　例，価格上乗せ，プライム会員，コミュニティバス，買い物バス

著者作成。

は変わらなくても一回当たりの配送量を増やして配送回数を減らすような調整である。このことは、いままでのように、発注者が自らの事情や都合だけを優先して、多様もしくは過剰なサービスを、安価に（または無料で）要求する時代が終わる、ということでもある。

たとえば、①物流の分散（分ける）は、物流事業者の配送順序を優先しながら配送時刻を調整する方法であり、手渡しに代わって宅配ボックスや置き配などの方法もある。②物流量の削減（減らす）は、配送件数の増加や配送時間の短縮する方法であり、納品リードタイムを長くして（翌日から翌々日など）、作業効率や積載率の向上と、駐車荷さばき施設の設置による事業者の利便性の向上などがある。③物流の転換（換える）は、手段、経路、施設、担当（業者）を変更することであり、配送ロボットや電動台車などに置き換えることが考えられる。

第二の「サービスレベルや料金の適正化」は、「物流を限る・抑える・負担する」という視点から、サービス抑制と料金負担などを検討するものである。つまり、物流業務を継続していくためには、物流事業者の採算性の確保が必須であるから、採算性が合うレベルまでサービスレベルが下げることや、費用の補塡（自治体による補助、会費の徴収など）があって良い。

たとえば、①サービスの限定（限る）は、配送回数や販売品目を限定する方法である。午前中の配送を前日の午後に変えて配送車両数を減らしたり、中山間地域の移動販売で週一回にすることで販売量も増えて採算性を確保することになる。②サービスの抑制（抑える）は、小口配送や緊急配送をしないということである。これにより、積載率の向上や適切な配送ルートの設定が可能となり、効率化が実現できた例がある。③費用負担（負担する）は、採算性を確保するために、商品価格に配送費用を上乗せすることや、会員制度による会費徴収や、自治体の補助などである。また、曜日によって配送料金を変えることで、土日に集中していた配送が、平日に移動して平準化ができれば、結果として物流の供給量不足を解消できる可能性がある。さらに離島などのように、輸送費が高く採算が合わないときであっても、社会的価値ということで物流を維持する必要がある場合には、公共部門の補助や受益者の適正な負担が必要になるだろう。

(5) ロジスティクスからみた都市のスマート化とコンパクト化の将来

都市のスマート化とコンパクト化は、通勤通学交通にも大きな影響を与えると考えられるが、ここではロジスティクスの視点ということで、買い物交通に焦点を当てて考えてみたい。

現在、都市のスマート化が進み、何時でも何処でもネット通販で商品を発注することができるようになって、配送需要が増加・拡大している。そしてロジスティクスから考えたときには、都市のスマート化とコンパクト化の動向は、先に述べた物流の需給バランスの再構築（受物流システムの柔軟化と、サービス・料金の適正化）の内容次第で変わるものと考えられる（図表8-16）。

そこで最初に、これから「物流システムの柔軟化」が進むと仮定してみよう。このとき、都心と郊外で配送頻度などに明らかな差が生じるのであれば、スマート化の利便性を享受したい人々は、図表8-16の右方向（→）の行動をとり、都心居住を助長しコンパクト化を促すことになる。しかし逆に、買い物弱者の救済などを含めて郊外部においても都心と同じような配送サービスを受けられるのであれば、図表8

-16の左方向（←）となって、郊外居住を助長し、コンパクト化とは逆のスプロール化が進むことになる。

「サービス・料金の適正化」についても同様で、都心では郊外に比べて質の高い（高頻度、品質管理など）サービスを安い料金で享受できるようになれば、図表8-16の右方向（→）となって、都心居住を助長しコンパクト化を促すことになる。しかし逆に、都心でも郊外でもサービスや料金が均一であれば、どこに住んでも同じサービスを受けられるので、図表8-16の左方向（←）となって、郊外居住を助長し反コンパクト化が進むことになる。

　これらの「物流システムの柔軟化」や「サービス・料金の適正化」は、すでに一部で始まっており、移動販売で商品価格に料金を上乗せしたり、中山間地域の宅配が隔日配送という例もある。さらには、会費を徴収するネット通販、表現は持ち帰りで商品価格半額としているが実態は配送費が有料のピザの宅配、商品価格の約三五パーセントを配達のマージンとしているフードデリバリーなどもある。これらの背景には、「多少料金

図 8-16　ロジスティクスからみた都市のスマート化とコンパクト化

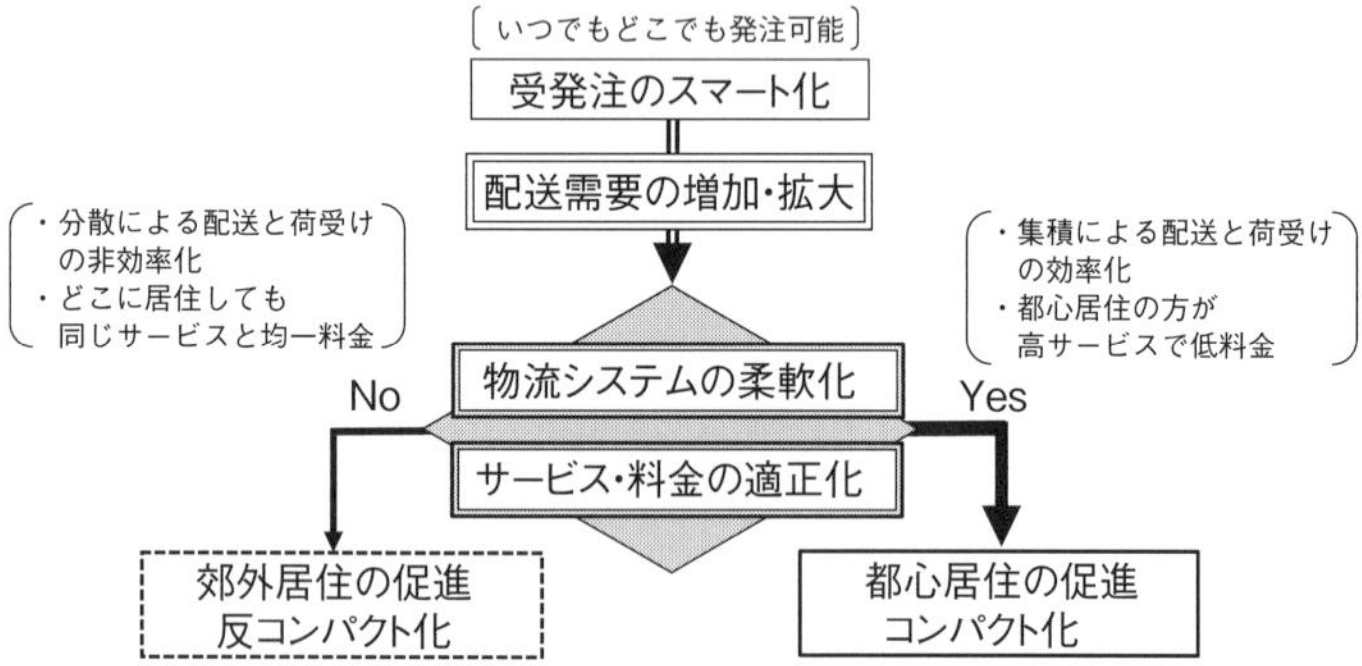

著者作成。

が高くなったとしても、販売に来てほしい」「多少サービスは低下しても運んでもらえれば良い」という「買い物者難民」や「物流難民」の存在もある。

このように考えてみると、都市中心部と郊外部を比較したとき、同じサービスで同一料金のシステムが、将来にわたって維持できるとは思えない。だとすれば、「物流システムの柔軟化」と「サービス・料金の適正化」を通じて、物流システムを再構築していく必要がある。

8・4　都市におけるラストマイルとインフラ整備

(1) 都市におけるロジスティクス・ネットワークとラストマイル

ロジスティクスのネットワークは、輸送手段（モード、自動車・鉄道・船舶・航空機など）と、交通路（リンク、道路・線路・航路・航空路）と、結節点施設（ノード、広域物流拠点・都市内集配拠点・荷さばき施設など）で構成されている。そして、ロジスティクスのネットワークは、輸送ネットワーク・配送ネットワーク・搬送ネットワークで構成されている（図表8－17）。

ラストマイルとは、「商品や物資の最終届け先への配送や搬送のこと」である。もともとラスト・ワンマイルと称していたが、最近ではラストマイルと呼ぶことが多くなっている。

このラストマイルには、二つのとらえ方がある。一つは、配送ネットワークにおいて、貨物自動車による配送の最後という意味で「配送センターなどから出発したとき、配送先の荷さばき施設（路上や建物内の駐車場）まで」とする場合である。もう一つは、搬送ネットワークにおいて、手持ちや台車を利用して運ぶ届け先までの最後という意味で「路上や建物内の駐車場で荷おろしされてから、最終届け先の住宅や店舗やオフィスまで」とする場合である（図表8‐18）。

図表 8-17　都市における配送システムとラストマイル

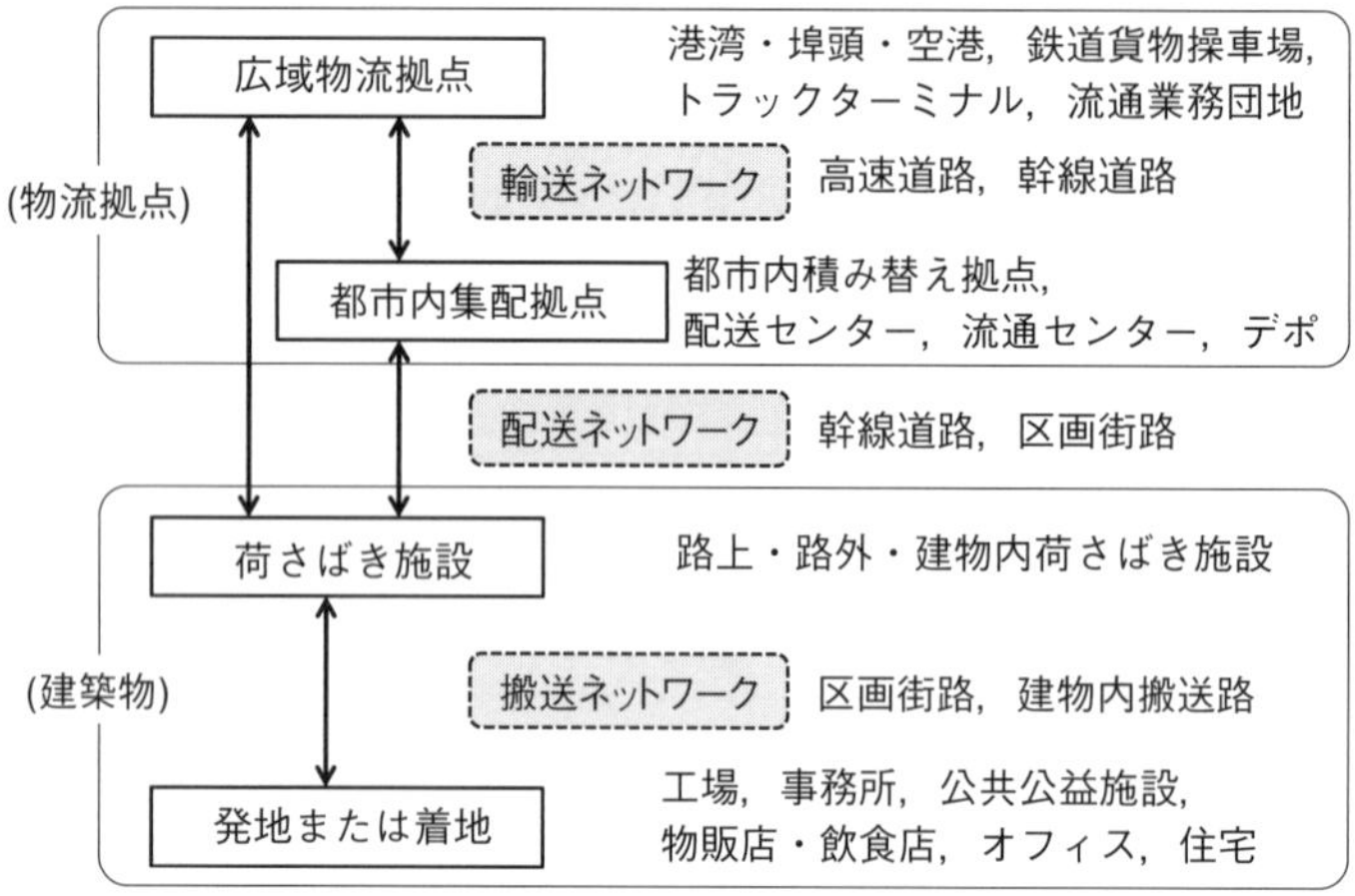

著者作成。

図表 8-18　都市におけるラストマイルと搬送

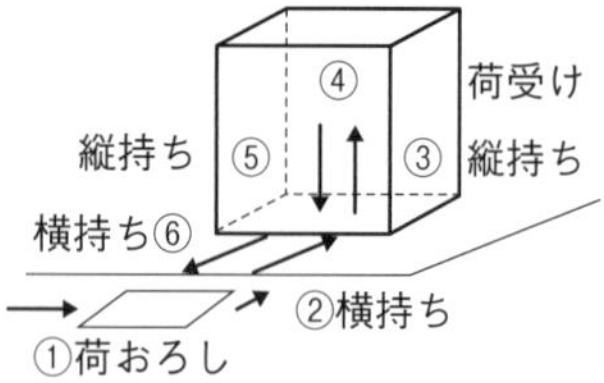

著者作成。

（2）都市におけるラストマイルの実態

ロジスティクスにおけるラストマイルの到着先は、宅配便であれば住宅やオフィス、商品であれば商店や飲食店やデパート、原材料であれば工場ということになる。物流施設というと流通センターや倉庫などを思い浮かべがちだが、都市のなかで商品や物資が最終的に到着する場所は、一般の建物なのである。だからこそ、これら一般の建物でのラストマイルが重要になっている[19]。

大都市の都心にある大規模建築物（高層ビル、大型ビルなど）は、オフィスだけでなくホテルやレストランなどの様々な施設で構成されていることが多く、それぞれの施設に多様な商品や物資が届けられている。オフィスには書類やコピー用紙が、レストランには食材が、ホテルではシーツなどのリネン類が届けられている。さらには、自動販売機のペットボトルや観葉植物も定期的に運ばれてくる。

ちなみに、東京駅前にある高層オフィスビルには、食事やショッピングを含め一日約六万人が訪れていて、ここに来る自動車（約一三〇〇台）のうち約五二・三パーセントが貨物車で、乗用車の約四七・七パーセントを上回っている。加えて、午前中のピーク時には数十台の貨物車が集まるために、貨物車用の駐車スペースの約二〇台分だけでは足りず、貨物車と乗用車の兼用スペースで、におろしや荷さばきを行っている[20]。

市街地にある商店街の店舗や飲食店では、販売した分の商品や食材を補充もあれば、廃棄物も運び出されている。もしも、店舗に商品が届けられず、飲食店に食材が搬入されなければ、商売できない。

一般住宅においても、宅配や食材の配達が滞れば、日常生活に差し障ってしまう。特にスマホが普及して手軽に商品を発注できるようになって、買い物に行くかわりに、ネット通販による自宅への宅配需要が増えている。さらに令和時代に起きた新型コロナにより、三密回避のためのテレワークと外出自粛が増えたことで、住宅地にある商店の販売量が増えている。

そこで、本節では、ラストマイルの対象を、都市における大規模建築物（オフィス、デパートなど）、商店街（商店や飲食店の集積地区）、住宅地（戸建て住宅、マンション）の三つについて、ラストマイルの視点から都市のロジスティクスの将来を、具体的に考えてみることにする。

（3）大規模建築物におけるラストマイルとインフラ整備

大規模建築物（高層ビルなど）において、多くの商品や物資を円滑にさばいて配送していくためには、ラストマイルにおいて施設や設備の整備が不可欠である[21]（図表8－19）。

第一は、①駐車スペースと、②荷さばき施設の整備である。大規模建築物に多くの貨物車が配送のために来るので、貨物車用の駐車スペースが必要になる。現在の駐車場法関連の条例は改正の動きもあるようだが、現時点では大規模建築物であっても貨物車の駐車スペースは最大一〇台で良いとされており、実態に追いついていない。また大規模建築物では、駐車場に荷物の積みおろしや仕分けができるスペースも確保しておく必要がある。笑い話と思われるかもしれないが、貨物車を指定された地下の駐車場所に止めたら、車両後部に余裕のスペースがなくて荷室のドアが開けられなかったという有名な高層ビルもある（図表8－20）。

第二は、①貨物車の進入路と、②台車などによる貨物搬送路の整備、③建物内での配送の時間分離である。現存するビルのなかには、駐車場の設計にあたって乗用車しか想定していない場合もあるために、高さや回転半径が不足して貨物車が駐車場に入れないビルも多い。また、スムーズな商品搬入のために必要な、搬入路や貨物用エレベータが無いこともある。[22]

第三は、ソフトな配送管理システムとしての、①搬送の時間指定や、②館内配送の共同化である。建物内搬送の時間指定（配送時間予約・指定、一括納品）により、限られた駐車スペースを有効利用できるとともに、車両の渋滞を避けスムーズな配送が可能となる。また、館内配送の共同化は、管理を委託された物流会社が、地下の駐車場で配送業者から荷物を預かり一括して配送することにより、効率化とセキュリティの確保を同時に実現できる（図表8‐21、写真8‐1）。

三つに共通する効果は、ビルの周辺での貨物車の路上駐車を回避し、来客（人）と商品や物資（物）の動線を分離して、オフィスや店舗への来街者と納品業者の移動を円滑にしてい

図表8-19　大規模建築物におけるラストマイルの将来

駐車スペースと荷さばき施設の整備
①　建物内の駐車施設（駐車スペースの確保，設計の工夫）
②　荷さばき施設（仕分け，仮置き，一時保管）

貨物車の進入路と貨物搬送路の整備
①　建物への貨物車の進入路の確保（高さ，回転半径など）
②　荷さばき施設からの動線（搬入路，貨物用エレベータ）
③　建物内での時間分離（納品時間や駐車場利用時間帯）

高層ビルにおけるソフトな配送管理システム
①　建物内搬送の時間指定（配送時間予約・指定，一括納品）
②　館内搬送の共同化（館内共同配送，仕分けの一括化）

著者作成。

図8-20　物流を考慮した建築物の設計基準の例

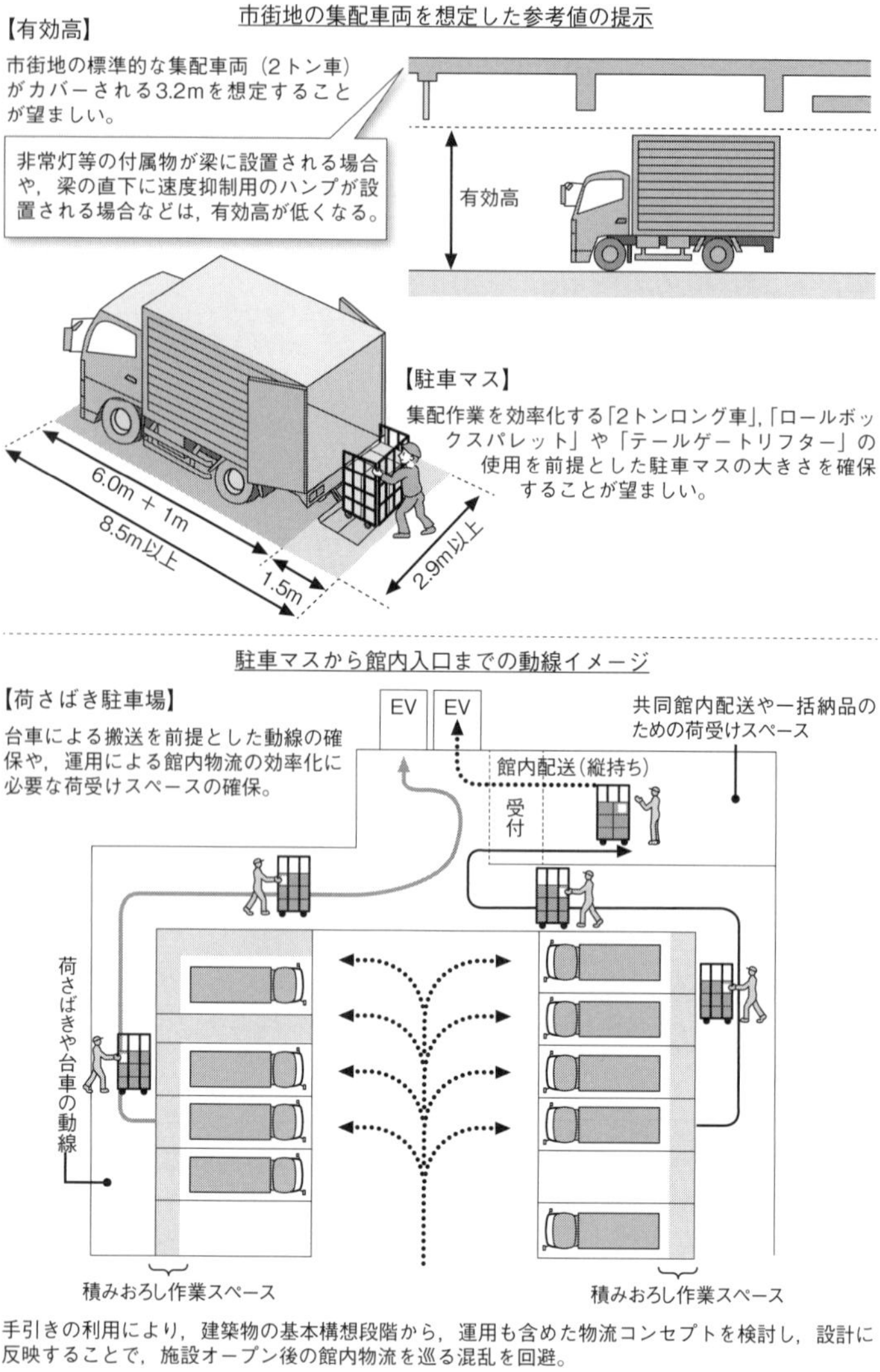
市街地の集配車両を想定した参考値の提示
【有効高】
市街地の標準的な集配車両（2トン車）がカバーされる3.2mを想定することが望ましい。
非常灯等の付属物が梁に設置される場合や，梁の直下に速度抑制用のハンプが設置される場合などは，有効高が低くなる。
有効高
【駐車マス】
集配作業を効率化する「2トンロング車」,「ロールボックスパレット」や「テールゲートリフター」の使用を前提とした駐車マスの大きさを確保することが望ましい。
6.0m + 1m
8.5m以上
1.5m
2.9m以上
駐車マスから館内入口までの動線イメージ
【荷さばき駐車場】
台車による搬送を前提とした動線の確保や，運用による館内物流の効率化に必要な荷受けスペースの確保。
EV
EV
共同館内配送や一括納品のための荷受けスペース
館内配送（縦持ち）
受付
荷さばきや台車の動線
積みおろし作業スペース
積みおろし作業スペース
手引きの利用により，建築物の基本構想段階から，運用も含めた物流コンセプトを検討し，設計に反映することで，施設オープン後の館内物流を巡る混乱を回避。

出所：国土交通省総合政策局物流政策課「物流を考慮した建築物の設計・運用について～大規模建築物に係る物流の円滑化の手引き～」2017年。

写真8-1　大規模建築物の館内共同配送（平成22年9月22日著者撮影）

（顧客のフロア）

（店舗の裏の動線）

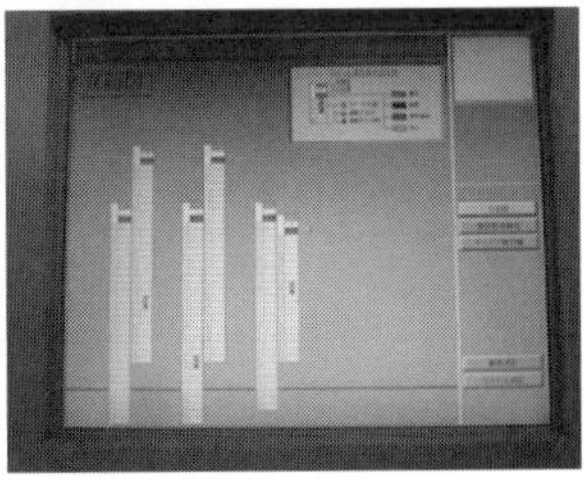

（エレベータ）

（仕分け）

図表8-21　大規模建築物における館内共同配送

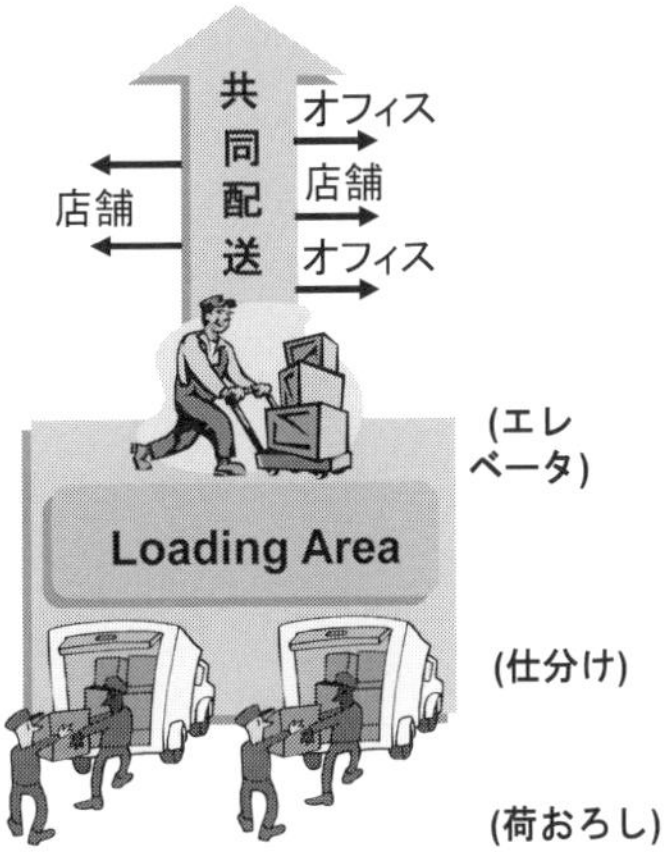

著者作成。

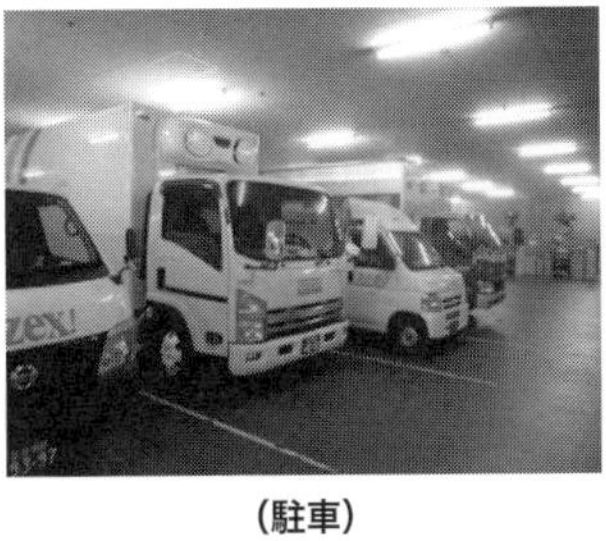

（駐車）

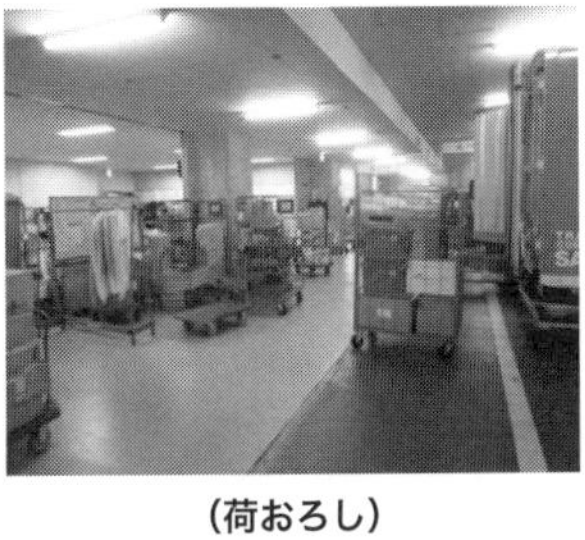

（荷おろし）

ることである。これにより、優れた景観と安全を確保することになる。このような大規模建築物におけるラストマイルの対策は、現在でも先進的なビルでは取り入れられているが、人手不足に代表されるような物流危機を考えれば、近い将来は当然のこととして取り入れられていくことになるだろう。

(4) 商店街におけるラストマイルとインフラ整備

どんな都市にも、繁華街や商店街が存在する。東京でいうならば銀座や新宿などの都心の繁華街もあれば、地域の人々の日常生活を支えている戸越銀座や砂町銀座などの商店街もある。しかし、繁華街や商店街は駐車場のない小さな建物が多いことから、商品の搬入には店舗前の路上に貨物車を停めるしかない。もちろん、商品を搬入できなければ商売そのものが成立しないので仕方ない面があるが、だからと言って店舗の前を貨物車が占領していれば、買い物客にとっては不便であり、景観上も好ましくはない。だからこそ、「商売に不可欠な商品搬入のラストマイルと、買い物客の利便性や景観の両立」は、不可欠なのである。[23]

そのため、商品の配送と搬入を物流事業者に任せきりにせずに、商店街を通行する配送車両について通行時間帯や走行経路などのルールと、駐車してから商品搬入時について搬入時間帯や搬入方法のルールを決めながら、安全で快適な商店街づくりを実践してほしい。ロジスティクスにおいて最も力があるのは発注者なのだから、商店街の人々の努力と協力があればロジスティクスの改善も可能であり、人々に好まれる商店街に近づくことになるだろう。

そこで、いくつかの方法を示しながら、商店街におけるラストマイルの将来を考えてみることにする（図表8-22）。

第一は、荷さばき用駐車施設の整備であり、①路上駐車場と、②路外駐車場の整備である。路上については、駐車スペースの区画を設け駐車時間の制限を設けるローディングベイやローディングゾーンとすることがある。また、路外の民間の駐車場を利用するものである。これらは、実際に導入されている例も多い（写真8-2）。

第二は、荷さばきの規制誘導対策であり、①時間分離と、②共同配送である。時間分離とは、貨物車が駐車できる時間帯の指定（ローディングタイム）や、同じ駐車場所を貨物車とタクシーで利用できる時間を規制して使い分ける方法（タイムシェアリング）などがある。また、午前中は商品搬入優先時間として、午後から歩行者天国とする

図表 8-22　商店街におけるラストマイルの将来

荷さばき用駐車施設の整備
① 路上駐車場（ローディングベイ，ローディングゾーン）
② 路外駐車場（民間駐車場，公共駐車場）

荷さばきの規制誘導対策
① 時間分離（ローディングタイム，タイムシェアリング）
② 共同配送・共同荷受け

商流における入荷調整
① 納品時間の調整（日時予約，午前指定，日時お任せ）
② 保管場所の確保（手渡し，宅配ボックス，置き配）
③ 受け取り場所の指定（駅，スーパー，コンビニ）

商流における発注調整
① 発注回数の抑制（まとめ買い，小口・多頻度発注の回避）
② 発注平準化（定期発注）
③ 在庫計画の変更（在庫増，買い置き，ローリングストック）

著者作成。

方法も多くの事例がある。共同配送は、地区として商店街の人々が主導的に取り組んでいる例が多い。

第三は、商流における入荷調整であり、①納品時間の調整と、②保管場所の確保、③受け取り場所の多様化がある。たとえば、商店街全体で、納品時間を調整して搬入の時間帯を決めておくことや、複数の店舗の荷物を一括して荷受けして保管場所を設ける方法もある。

第四は、商流における発注調整であり、①発注量・回数の抑制、②発注の平準化、③在庫計画の変更がある。発注回数の抑制では、小口・多頻度発注を避ける方法がある。また、発注を平準化して定期的に発注すれば、搬入も定期的になり効率化しやすくなる。さらに、搬入回数を減らすために、在庫計画を変更して在庫を増やすこともある。

写真8-2　商店街におけるローディングベイ（8-20時）
福岡天神駅横

平成15年3月12日著者撮影。

（5）住宅地におけるラストマイルとインフラ整備

都市の住宅地の住民は、いままで徒歩や自転車や自動車でスーパーや商店街に買い物に出かけ、自ら商品を持ち帰ることが多かった。このため、住宅地の街路に住民の乗用車や自転車は走行するものの、トラックなどの配送車両が住宅地に入り込むことは少なかった。このため、いままでの都市計画も「住民の自動車以外の通過交通を排除して、安全で暮らしやすい住宅地」を基本としてきた[24]。

近年、ネット通販や生協による宅配が当たり前になると、マンションや戸建て住宅などの住宅地においても、多くの配送車両がやってくる。このとき、住宅への配送が増えると、荷姿は箱（ケース）単位よりも個（ピース）単位が増えていく。また、受け取り方も、必ず受取人がいるオフィスや商店とは違って、住宅であれば留守のときも多い。このため、駐車時間も長くなり交通事故の危険も増加することになる。そこで、自宅まで配送してもらえる便利な日常生活を維持するためには、「配送車両も安全に走行し駐車して、スムーズに商品を配達できる住宅地へ」と変えていかなければならない。これに合わせて、搬送については「対面受け取り、宅配ボックス、置き配など多

写真8-3　マンション前で路上駐車する宅配車両

令和3年5月25日著者撮影。

令和3年7月14日著者撮影。

様な方法に応じた設備」を、戸建て住宅やマンションなどで設ける必要があるだろう。

私の住んでいるマンションは約二〇〇戸であるが、ある宅配業者が毎日数十個の宅配貨物を届けている。ある宅配業者は、荷物をトラックから降ろすとトラックは別の場所に向かい、配達専門の担当者が配達を始めることもある。しかし、別の宅配業者は、ドライバーが配達にまわるので、その間トラックは駐車したままである。各住戸の郵便受けに入れる手紙やはがきと違って、玄関まで行って印鑑やサインを必要とする宅配貨物だから時間もかかる。仮に五〇個の荷物を一個二分で配達したとしても一〇〇分（約二時間）は駐車していることになる。これ以外に、郵便、生協の食材の配達など、さまざまな貨物車がやって来る（写真8-3）。

そこで、いくつかの方法を示しながら、住宅地のラストマイルの将来を考えてみることにする（図表8

図表8-23　住宅地におけるラストマイルの将来

荷さばき用駐車施設の整備
①　路上駐車場（ローディングベイ，ローディングゾーン）
②　路外駐車場（マンション内の宅配用駐車場所）

荷さばきの規制誘導対策
①　時間分離（ローディングタイム，タイムシェアリング）
②　空間分離（ローディンベイ，ローディングゾーン）

居住者による入荷調整
①　納品時間の調整（日時予約，午前指定，日時お任せ）
②　荷受け・保管場所の確保（宅配ボックス，置き配）

居住者による発注調整
①　地区単位での発注抑制（生協の発注曜日，小口発注の回避）
②　家庭内の在庫計画の変更（発注ロットの変更，買い置き）

著者作成。

－23）。

第一は、荷さばき用駐車施設の整備であり、①路上駐車場と、②路外駐車場である。住宅地であっても、実態として定常的に貨物車が止まっている例は多いので、通学時間帯を避けながら駐車可能な時間を決めて、荷さばき用の路上駐車施設（ローディングベイなど）を設ける方法もある。また、大規模マンションなどでは、宅配車両の専用駐車スペースを設ける方法もあれば、来客用の駐車場の一部を宅配車両用に貸す方法もある。

第二は、荷さばきの規制誘導対策であり、①時間規制と、②空間規制である。時間的な規制では、街路ごとに通学時間帯の駐停車を禁止する方法（スクールゾーン）がある。また、空間的な規制では、住宅地を街

写真8-4　荷さばきと障害者の駐停車を優先するイギリスの駐車政策

平成13年6月10日著者撮影。

区単位で進入規制する方法がある。この場合には、街区の外周部に荷さばき施設を設けて、駐車を許可する必要がある（写真８－４）。

第三は、居住者による入荷調整であり、①納品時間の指定や、②荷受け・保管場所の整備がある。戸建て住宅の多い地区では、居住者が地区全体として納品時間を午前中などに限定しておけば、少なくとも自らが発注する配送貨物はその時間にのみ配送されることになる。また、荷受けた保管場所については、マンションでの共同荷受けや宅配ボックスの設置などは、必須である。

第四は、居住者による発注調整であり、①地区内での発注抑制や、②家庭内での在庫計画の変更である。たとえば、住宅地の居住者が、自ら依頼する配送を週末などに限るように努力すれば、他の曜日の納品を減らすことができる。また、家庭内で在庫調整を行い小口発注を避ける工夫は、荷受け側（着荷主）による物流のコントロールとして、より重要になると考えられる。

【参考文献】

（1）苦瀬博仁編『ロジスティクス概論、増補改訂版』白桃書房、二〇二一年四月、二四三－二六九頁。
（2）経産省、https://www.meti.go.jp/press/2019/07/20190731003/20190731003-1.pdf
（3）国交省、https://www.mlit.go.jp/seisakutokatsu/seisakutokatsu_tk_000041.html
（4）厚生労働省、https://www.mhlw.go.jp/stf/covid-19/kokunainohasseijoukyou.html
（5）苦瀬博仁「新型コロナウイルスによる生活様式の変化と都市物流計画」『物流問題研究』No.六九、流通経済大学物流

科学研究所、二〇二〇年一一月、二〇-二三頁。
(6) 苦瀬博仁「デジタル化による物流のパラダイムシフト」機関誌『日立総研』Vol. 一三-三、日立総合計画研究所、二〇一八年一一月、一六-一九頁。
(7) 苦瀬博仁「これから起きる三つのパラダイムシフト」月刊『ロジスティクス・ビジネス』二〇二〇年七月号、ライノス・パブリケーションズ、二〇-二三頁。
(8) 『日本物流学会全国大会研究報告集』（統一テーマ「ソーシャル・ロジスティクスの課題」）日本物流学会、一九九八年。
(9) 高橋輝男「ソーシャルロジスティスクの計画と評価」『日本物流学会誌』第七号、一九九九年、六-七頁。
(10) 苦瀬博仁「都市計画からみたソーシャルロジスティクスの課題」『日本物流学会誌』第七号、一九九九年、八-一〇頁。
(11) 苦瀬博仁「21世紀に向けたロジスティクスの展開―ビジネス・ロジスティクスとソーシャル・ロジスティクスの融合」『ロジスティクス・システム』第9巻第8号、日本ロジスティクス・システム協会、二〇〇〇年、七-一二頁。
(12) MIT、Sustainable Logistics Initiative, https://sustainablelogistics.mit.edu/about-us/20210419
(13) Coventry University, https://www.futurelearn.com/info/courses/sustainability-and-green-logistics-an-introduction/0/steps/60174
(14) ヒューマニタリアン・ロジスティクス、https://ja.janghan.net/wiki/Humanitarian_Logistics
(15) 国土交通省都市局「スマートシティの実現に向けて」、平成三〇年（二〇一八）八月、https://www.mlit.go.jp/common/001249774.pdf
(16) 国土交通省都市局「立地適正化計画の意義と役割～コンパクトシティ・プラス・ネットワークの推進～」、https://www.mlit.go.jp/en/toshi/city_plan/compactcity_network2.html
(17) 苦瀬博仁『付加価値創造のロジスティクス』税務経理協会、一九九九年、七七-八八頁。

⒅　苦瀬博仁『物流管理の基礎知識』「7：物流のパラダイムシフトと物流管理の将来」イプロス、二〇二〇年五月二一日配信、https://www.ipros.jp/technote/basic-logistics-management7/

⒆　苦瀬博仁「日本における都市物流政策の変遷と将来」『都市計画』三二八号、日本都市計画学会、二〇一七年、一〇-一三頁。

⒇　苦瀬博仁・鈴木奏到編著『物流と都市地域計画』大成出版社、二〇二〇年、七六-九三頁、三〇二-三〇四頁。

㉑　前掲書⒇、二四一-二六二頁。

㉒　国土交通省　大規模建築物の物流ガイドライン、https://www.mlit.go.jp/report/press/tokatsu01_hh_000317.html

㉓　前掲書⒇、二三一-二四〇頁。

㉔　前掲書⒇、五〇-五八頁、二〇五-二一六頁。

おわりに

本書の背景を語るためには、何はさておき、二〇代から四〇代初めにかけてご指導いただいた二人の先生のことを、記さなければならない。

ひとりは、都市の成り立ちや都市計画の考え方を教えていただき、「学者よりも、学を備えた易者を目指すように」と諭してくれた大塚全一先生である。三〇歳目前に提出した博士論文は、東京と地方都市の「都心の成り立ち」を調べたものだった。そして、「物流と都心」や「ロジスティクスと都市」の深い関係に気づいたときは、四〇代半ばになっていた。そして、分不相応ながらも歴史を勉強しようと思ったのは、都市の歴史に詳しかった大塚先生の薫陶の賜物と思っている。

もうひとりは、物流を基礎から手ほどきしていただき、「日陰にいる物流に、光を当ててほしい」「工学出身だからこそ、データに頼らず縦書きの文章に挑戦しなさい」と指南してくれた中西睦《ちかし》先生である。

振り返ってみると、極めて不思議な巡り合わせだった。今からちょうど四〇年前の大学院生だったときに、初めて月刊誌（『高速道路と自動車』昭和五〇年〔一九七五〕一一月号、物流特集号）に載せていただいた原稿のタイトルは「物流問題と都市商業機能」だった。その号の巻頭言は、執筆の機会をつくってくださった中西先生（当時早稲田大学教授）だった。このことに不思議はない。一方で、所収されている三つの論文の著者は、中田信哉先生（神奈川大学名誉教授）と高橋洋二先生（東京海洋大学名誉教授）と私だったが、当時は互いに顔を合わせたことはなかった。

ところが、「物流」の持つ磁力によってか、その後は引き寄せられていく。中田先生とは原稿執筆から一四年後（平成元年、一九八九）に日本物流学会で初めてお会いし、三六年後（平成二三年、二〇一一）に会長の職を引き継ぐことになった。高橋先生とは、一三年後（昭和六三年、一九八八）に日本都市計画学会の学会誌として初めての物流特集号（都市内物流）を一緒に編集し、一五年後（平成二年、一九九〇）に私の上司の教授として東京商船大学に赴任してこられた。両先生には現在もご教示いただきながら、親しくお付き合いさせていただいている。

この四〇年前に始まる巡り合わせに気づいたのは、退職時の最終講義のために資料整理をしている一昨年（平成二六年、二〇一四）の二月のことだった。そして実は、大学に勤務することになったのも、中西先生が西山安武先生（当時東京商船大学教授）に私を紹介してくださったことに始まる。今さらながら、中西先生が取り結んでくれた縁と、ここからつながる定めのようなものを感じざるを得ない。

ご指導の成果というには気恥ずかしいが、もしもこの本の奥底に、都市や物流への想いが少しでも流れているとしたら、二人の先生のおかげとしか言いようがない。そして今、二人の先生に、この本をお見せできないことが寂しい。

ロジスティクスの歴史を調べ始めてからまとめるまでの間には、多くの励ましをいただいた。

松井達夫先生（元早稲田大学教授）、佐貫利雄先生（帝京大学名誉教授）、鈴木信太郎先生（元東京都方、

元早稲田大学講師）、廣瀬盛行先生（明星大学名誉教授）、黒川洸先生（計量計画研究所代表理事、東京工業大学・筑波大学名誉教授）には、大学院生の頃から、都市計画の実務を教えていただき、研究で迷うたびに多くのアドバイスをいただいた。

大学に勤めだして間もない頃、大学院時代からの友人である外尾一則先生（佐賀大学名誉教授）と川上洋司先生（福井大学大学院教授、前福井大学副学長）からは「いずれ物流と都市のことを勉強することになるでしょうね。宿命ですよ」と予言しつつ道を示していただいた。また、長く研究の相談相手になってもらっている原田昇先生（東京大学大学院教授、前東京大学副学長）からは「物流研究に突き進む運命なのでしょう」という励ましをいただいていた。そして本にまとめることは、研究会でお世話になっている高田邦道先生（日本大学名誉教授、元日本大学副理事長）の「考えてきたことを書くことが使命だよ」というアドバイスに応えることでもあった。

調査や執筆にあたっても、実に多くの方々にお世話になった。

行く先々の博物館や歴史資料館などで、細かい質問にも応じていただいた皆様に感謝したい。さらには様々な機会を通じてお世話になった、学会、行政機関、協会、民間企業などの多くの皆様にも感謝したい。

また本書は、東京海洋大学時代の研究室のスタッフや学生諸君と一緒に研究して学会などに発表した内容や、科学研究費の助成にもとづく研究成果などを随所に取り入れている。特に、橋本一明氏（元東京海洋大学）、岩尾詠一郎氏（専修大学）、原田祐子氏（ＮＴＴロジスコ）、森慶彰氏（日本ロジテム）、小林高英氏（デンソーロジテム）、仲野光洋氏（東海タンカー）、李志明氏（流通科学大学）、田中香子氏（トランスコスモス）、阿部麻理子氏（JR東日本）、渋田彩子氏（埼玉県警）、山田龍敬氏（東芝ロジスティクス）、柴田翔太郎氏（東京海洋大学大学院）、石川友保氏（福島大学）、長田哲平氏（宇都宮大学）などの皆様にご協力をいただいた。もちろん他の学生諸君にも、様々な場面でお手伝いいいただいた。

富樫道廣氏（物流評論家）、国久荘太郎氏（建設技術研究所）、杉山雅洋氏（早稲田大学名誉教授）、渡部幹氏（東京海洋大学特任教授、元日通総合研究所取締役）、味水佑毅氏（高崎経済大学准教授）、大門創氏（計量計画研究所）、内田大輔氏（建設技術研究所）には、細かい専門的な部分で相談にのっていただいた。

研究室の元吉有紀秘書には、本書の構成について相談にのっていただくとともに、読者の立場に立って原稿の読みやすさをチェックしていただいた。宮原ゆい秘書と大学院生だった安藤令氏（三井住友海上保険）には、参考文献と図表の整理を入念にしていただいた。その一方、味わいのある文章や粋な表現が不得手なので、井上ひさしの「むずかしいことをやさしく、やさしいことをふかく、ふかいことをゆかいに、ゆかいなことをまじめに、書くこと」の自筆のコピーを手に入れ、パソコンの横に張っておいた。深くは書けなかったとしても、少しでも読みやすい部分があれば、この人たちのおかげである。

原稿をまとめながらも出版を逡巡していたとき、背中を押してくださったのが白桃書房の大矢栄一郎社長である。丁寧にアドバイスしていただき、出版を引き受けていただいた。

こうして、多くの人たちに助けていただいたからこそ、本書がある。ここに記して感謝の意を表したい。本当にありがとうございました。

物流の研究を始めてから約四〇年、大学に勤め始めてから約三〇年、ロジスティクスの歴史を調べようと思いたってから約二〇年が経ってしまった。そして今、長く背負っていた荷物を、路傍に降ろしたような気分が少しある。一方で、この本はロジスティクスの「歴史」を振り返ったものだから、「易者を目指すように」との大塚全一先生の教えに応えるためには、「次の時代のロジスティクス」を書かなければならない。機会があれば、恩返しのためにも挑戦してみたいと思っている。

最後に私事にわたるが、本書をまとめるにあたり、平日に余裕がなかったため、週末の土日を執筆にあてざるを得なかった。事情を理解し、わがままを許してくれた家族にも感謝しておきたい。

平成二八年（二〇一六）二月

苦瀬　博仁

本書を書き終えて

本書を加筆しながら、改めて物流に関してご指導をいただいた先生方のことを思い出していた。一部は繰り返しになってしまうが、ここに記しておくことにする。

大塚全一先生（元早稲田大学教授）は都市計画の恩師であり、私と同じ兎年三月生まれで三回り違いだった。先生の「学を身に付けた易者になれ」という言葉があったからこそ、「将来」を含む加筆に踏み出すことができた。そして先生が定年退職した年齢に私も達したが、思考の深さは足元にも及ばない。少なくとも都市と物流の関係については、これからも精進を重ねて、先生のご指導に少しでも報いたい。

佐貫利雄先生（帝京大学名誉教授）も兎年だが二回り違いで、母とは誕生日が三日違いという縁である。大学三年生から地域開発や産業政策のご指導をいただき、現在も勉強会で定期的にお会いしている。データの読み方や論理の組み立て方は、毎回勉強になっている。本書でもしばしば登場していると思うが、「結論を先に書き、次に理由を順番に示す文章のスタイル」は、先生からの直伝である。

中西睦先生（元早稲田大学教授）からは、学生時代に物流の手ほどきを受け、物流の多くの書籍も生前に譲り受けている。先生の恩師である島田孝一先生（元早稲田大学総長、元流通経済大学初代学長）の縁もあり、小生が勤務していたこともあって、書籍の一部は流通経済大学で役立てていただく予定である。「物流に光を当ててあげてくれ」というご下命については、もうしばらく努力したいと思っている。

富樫道廣氏（物流評論家）は、大学院生時代からお世話になっている。印刷会社といいつつ、実態は流通加工（包装、仕分け、発送など）をおこなう物流の会社を経営していた。私の最初の単行本（『付加価値創造のロジスティクス』）は、タイトルのネーミングも含めてご指導をいただいた。このとき実務での付加価値の意味や広さをご教示いただいていなければ、本書の加筆部分に辿り着くことはなかったと思う。

杉山雅洋先生（早稲田大学名誉教授）は、交通経済学の大家であり、流通経済大学（学校法人日通学園）の理事でもある。何冊かの本でもご一緒させていただいており、小生の物流研究の強力な理解者であるとともに、現在も、いくつもの委員会や勉強会を通じて、丁寧にご指導いただいている。深い洞察力と幅広い知識にもとづく、目配りのきいた本質的な議論は、素養に欠ける小生にとって学ぶことばかりである。

白桃書房の大矢栄一郎社長には、六年前に『ロジスティクスの歴史物語』の出版を受け入れていただいただけでなく、今回の本書での加筆を勧めていただいたことには、格別の想いがある。

本書があるのも、これらの方々のおかげであり、長い間のご指導を含めて心より感謝申し上げます。

最後に私事ではあるが、前書が出てから本書刊行までの六年の間に、二人の子供はそれぞれ家庭を持った。現在は家内と二人の生活になったが、いまだに自由気ままな研究生活を続けさせてもらっている。放し飼いのような生活を認めてもらっていることを記して、感謝しておきたい。

令和四年（二〇二二）六月

苦瀬　博仁

著者紹介

苦瀬　博仁（くせ　ひろひと）

一九五一年三月東京生まれ。一九七三年早稲田大学理工学部土木工学科卒業、同大学院博士課程修了、工学博士。日本国土開発㈱を経て、一九八六年東京商船大学助教授、一九九四年同教授、二〇〇三年大学統合により東京海洋大学教授、二〇一四年流通経済大学教授（二〇二一年三月まで）。この間、一九九四－一九九五年フィリピン大学客員教授（赴任）、二〇〇六－二〇〇九年東京大学客員教授（併任）、二〇〇九－二〇一二年東京海洋大学理事・副学長、二〇一一－二〇一五年日本物流学会会長、二〇一二－二〇二二年乾汽船㈱取締役。

現在、東京海洋大学名誉教授、（一財）計量計画研究所理事、（一財）山縣記念財団理事、㈱建設技術研究所国土文化研究所研究顧問、国土交通省グリーン物流パートナーシップ会議事業推進委員会委員、東京都２０２０物流ＴＤＭ実行協議会会長、江東区都市計画審議会会長、中央区都市計画審議会会長職務代理など。

主要著書：『ソーシャル・ロジスティクス』（白桃書房、二〇二二年）、『ロジスティクス概論　増補改訂版』（白桃書房、二〇二一年）、『物流と都市地域計画』（大成出版社、二〇二〇年）、『サプライチェーン・マネジメント概論』（白桃書房、二〇一七年）、『ロジスティクスＢａｓｉｃ級』（社会保険研究所、二〇一五年）、『みんなの知らないロジスティクスの仕組み』（白桃書房、二〇一五年）、『先端産業を創りつづける知恵と技』（成文堂、二〇一四年）、『物流からみた道路交通計画』（大成出版社、二〇一四年）、『ロジスティクス管理２級・３級』（社会保険研究所、二〇一一年）、『ロジスティクスオペレーション２級・３級』（社会保険研究所、二〇一一年）、『病院のロジスティクス』（白桃書房、二〇〇九年）、『都市の物流マネジメント』（勁草書房、二〇〇六年）など。

受賞：第６回世界交通学会論文賞（一九九二年）、日本ロジスティクスシステム協会「物流功労賞」（二〇〇六年）、日本物流学会賞（著作賞『都市の物流マネジメント』）（二〇〇七年）、日本都市計画学会「石川賞」（二〇〇九年）など。

■江戸《えど》から令和《れいわ》まで　新《しん》・ロジスティクスの歴史物語《れきしものがたり》

■発行日――2022年8月6日　初版発行　〈検印省略〉

■著　者――苦瀬《くせ》 博仁《ひろひと》

■発行者――大矢栄一郎

■発行所――株式会社　白桃書房《はくとうしょぼう》

〒101-0021　東京都千代田区外神田5-1-15

☎03-3836-4781　Ⓕ03-3836-9370　振替00100-4-20192

https://www.hakutou.co.jp/

■印刷・製本――藤原印刷

　ISBN 978-4-561-71226-8 C3063